近代の記憶

民俗の変容と消滅

野本寛一

七月社

【カバー写真】中内家のイロリ（高知県吾川郡仁淀川町椿山／271ページ）

【扉写真】残雪の高森山と焚木運びをする小椋安光さん（福島県耶麻郡西会津町弥生／60ページ）

近代の記憶

民俗の変容と消滅

＊目次

序章　ムラびとの語りを紡ぐ

柳田國男は『故郷七十年』の「布川のこと」という文章の中で、間引きについて次のように述べている。[*1]「約二年間を過ごした利根川べりの生活で、私の印象に最も強く残っているのは、あの河畔に地蔵堂があり、誰が奉納したものであろうか、堂の正面右手に一枚の彩色された絵馬が掛けてあったことである。その図柄は、産褥の女が鉢巻を締めて生まれたばかりの嬰児を抑えつけているという悲惨なものであった。障子にその女の影絵が映り、それには角が生えている。その傍らに地蔵様が立って泣いているというその意味を、私は子供心に理解し、寒いような心になったことを今も憶えている」――。

利根川べりの生活とは、長兄松岡鼎《かなえ》が医院を開業していた茨城県北相馬郡布川町（現利根町）で、柳田が一三、一四歳の二年間を過ごした頃のことである。少年柳田の心に焼きつけられた間引絵馬は折にふれて柳田の内部で蘇生した。底知れぬ貧困とそれゆえの人間破壊を物語るこの恐怖の図柄が、日本民俗学の萌芽を促したことは確かであろう。
柳田が利根川べりでこの絵馬を見たのは明治二〇年（一八八七）か二一年（一八八八）のことで、その頃、長塚節《たかし》は、そこから地続きの鬼怒川べりで八、九歳の少年として暮らしていたのだった。節は茨城県岡田郡国生村山前（現石下町国生）で豪農長塚源次郎の長男として生まれた。節の代表作となった『土』は明治四三年（一九一〇）六月一三日から一一月一七日まで『東京朝日新聞』に連載され、明治四五年（一九一二）五月春陽堂から単行本として出版された。[*2] この作品は当地の農民の暮らしや民俗世界を克明に描いたものとして注目される。

主人公勘次も妻のお品も小作農の貧しい暮らしに喘いでいた。おつぎという娘が一三の時、与吉が生まれた。そしてお品はまた身ごもる。おつぎを奉公に出してしまえば生まれてくる子の守や家の手伝いもさせられない。子は産めない――お品は堕胎を決行した。――挿入した酸漿《ほおずき》の根によって軽微の傷を作り、そこから破傷風菌が入って、その結果お品は死に至ることになる。ここに描かれた堕胎こそ、救いがたい貧困の象徴だった。

『土』に描かれた民俗世界を学ぶために石下町国生を訪れたのは、平成七年五月二八日のことだった。長塚節の生家は広い屋敷林に囲まれた大きな萱葺屋根の家だった。その節の生家の東隣も大きな屋敷だった。それは、長塚清太郎さん（大正七年生まれ）の家だった。清太郎さんからはこの地の様々な民俗を学んだ。清太郎さんの口からはお品が行ったような堕胎の話は聞けなかったが、当地で戦前まで行われていたという堕胎について聞くことができた。それは、桑の木の根から出る白いヤニが堕胎に効くというものだった。

酸漿と堕胎については体験者から話を聞いたことがある。静岡県伊豆の国市大仁《おおひと》小字浮橋の古屋みつさん（大正元年生まれ）は九人の子供に恵まれた。その中のある子を身ごもった時のことである。すでに多くの子宝に恵まれていたので、暮らしむきは苦しかった。夫（明治四〇年生まれ）と相談の上、修善寺の病院に赴き、中絶を願い出た。しかし、医者は「こんな健康な体の人はいない。もったいないから産みなさい」と言って受けつけてくれなかった。女として、身ごもった子を生みたくない者がどこにあろう。父親として生まれて来る子に期待をかけない者がどこにいよう——日本の近代はこうした思いを踏みにじるところに立場を据えていたのである。家に帰って医者の言葉を夫に伝えると、夫は苦悶の末、田中山へ行って酸漿の根を掘って持ち帰り、みつさんにこれを煎じて飲んでくれと呟いた。この地では酸漿の根は「子ハライ」の薬になると言い伝えられていた。「苦《にが》かった。あの苦さは忘れません——」とみつさんは語る。苦いのは酸漿の根の味ばかりではなかった。授かった命をこうまでして絶たねばならぬ苦さである。幸いにして、みつさんの健康な体は「子ハライ」の薬を受けつけることなく、みつさんは元気な女児を出産した。

ところで、『土』には氏神桑原神社の秋祭りの一〇月一五日に瞽女《ごぜ》が巡回してくること、そしてその瞽女が瞽女宿に泊まって芸や口寄せを行ったことが描かれている。長塚清太郎さんは、ムラを訪れ、瞽女宿に泊まった瞽女の実態を知る最後の世代である。以下は清太郎さんによる。

——国生には三人組の瞽女が七組巡回してきた。三人組は、娘（一八、一九歳）・中年（三〇代）・

婆さん（六〇～七〇歳）といった構成が普通で、娘が三人分の荷物を持った。荷物は風呂敷包みだった。婆さんが三味線を持ち、三味線を弾いた。中年の女は、門付《かどづけ》した家々でひとつかみずつくれる米を入れる袋を持つ係だった。瞽女の服装は、袷《あわせ》に帯、羽織を着、駒下駄履き、頭は「ゴゼッカブリ」と呼ばれる手拭かぶりである。門に立ち、三味線に合わせて唄を歌った。家人が五厘渡すと「隣じゃ一銭くれた。五厘じゃ無理だ」などとねだったりした。清太郎さんの知る時代では大体一組一銭と米ひとつかみだった。こうして七つの組が巡回してくるのだから、七銭と七つかみの米が必要だった。ムラ祭りには餅とは別に、どの家でも強飯《こわめし》・ケンチン汁などを作ってあったので瞽女たちはそれも求めた。

瞽女宿をする家は「食べるのに骨が折れる家」とされた貧しい小作農家だったという。瞽女を泊めることによって、瞽女が門付で得た米や、若干の銭を宿賃として得て暮らしの足しにしたのであった。国生で瞽女宿をする家は二軒で、七組の瞽女はその二軒に分宿した。

瞽女とムラびととの関係は、地方や時代によって異なったはずであるが、清太郎さんの語りから驚くべき実態を知らされた。清太郎さんは「瞽女の唄聞き歩くと嫁なんぞはもらえないからな」——と親たちから瞽女宿へ行くことを禁じられた。普通の人は瞽女宿へは行かなかった、という言葉に対してその説明を求めると、「二二、三歳から三〇代になっても嫁のもらえない小作人の男たちが集まった」「瞽女は一〇銭で言うことを聞くという話を聞いたことがあった」という説明が返ってきた。一部では、瞽女宿は、ムラの中にある社会経済的格差に起因した鬱屈や性的抑圧を解放する場となっていたのである。もとより宵の口には、瞽女唄や口寄せが行われたのであるが、夜が更けると宿に泊まってゆく男たちがあったのである。

瞽女宿は、視力に障害を持つが故に他郷を経巡り、芸を売って口を糊する者と、前近代的な社会構造の矛盾と痛手を背負わされた者同士が、生を確かめ合うという悲しい宿だったのである。瞽女宿に泊まる男たちのことをムラびとたちは「ゴゼスキ」と呼んだ。

清太郎さんは、親に注意されてはいたものの瞽女の語る唄の口説《くどき》と曲節が好きだったので「こっそり、もぐるようにして瞽女宿へ行った」と語る。瞽女唄の歌い出しは、「〽めでたや　めでたい　今日は国生のお祭りで　お粗末ながら聞かせます……」だった。「聞かせます」というところに瞽女が単なる物乞いではなく、由緒ある語り手の系譜に属していることが感じられる。

『土』の冒頭にはお品がもらい風呂に行く場面が描かれているのだが、長塚清太郎家にも二〇軒の小作があったので、大正から昭和初年にかけては小作人たちがもらい風呂に来ていたという。晴天続きの折には一〇日に一度ほどだが、雨の日にもらい風呂に来ることが多く、雨の夜は人数が多かった。玄関を入ったところの土間に縁台が置いてあり、もらい風呂に来た人びとはそこで順番を待った。茶菓子・オカズ・手拭などを持って来る者もおり、そうした人びとはイロリのある部屋に入り、火に当たって家人と談笑しながら順番を待った。もらい風呂をする人びとの中にも階層があったようだという。

長野県飯田市上村下栗の小字半場は標高一〇〇〇メートルの地にある。以下は同地の野牧久言さん（大正七年生まれ）の体験と伝承である。――家で使う水は井戸水ではなかった。飲料水・炊事用水は一六〇〇メートルほど奥の水見沢に求め、昭和一〇年までは水源まで水担ぎに出かけていた。天秤棒の前後に一斗入りの桶を吊って運び、四荷で風呂が一杯になった。しかし、平素の風呂水は水見沢から運ぶことなく、板葺屋根の時代、屋根からの雨水を使った。風呂水は茶色だった。小学生の頃から、下校後水見沢から飲料水を運んだ。昭和一一年以降竹筒埋設の古式水道を使うようになった。竹は淡竹の三、四年もの、鉄棒を使って節をぬいた。分岐点の接合には松材を使った。地下埋設をすれば、冬季の凍結や水汚れを免れることができた。竹水道の管理には常時三人が当たっていた。最盛期には半場三〇戸とそれ以遠の中根まで水見沢の水が竹筒で配水されていた。竹筒がエスロンパイプに変わったのは昭和三〇年のことだった。竹筒埋設以前、半場には風呂仲間があった。仲間組は最大一五戸に及んだこともある。当地には仲間風呂に紫蘇《しそ》の葉を入れる慣行があった。紫蘇の芳香によって汚れた感触や臭気を除き、爽快感を求めたのである。

静岡県賀茂郡南伊豆町吉田は山が海に迫っている入江のムラである。同地の飯田千代松さん（明治三二年生まれ）から次のように聞いた。――七軒で一つの据え風呂を所有していた。これを持ち回りで沸かし、七戸の子供たちはすべて夕飯前に入れた。大人たちは、帰宅順に都合のよい者から入った。この習慣は昭和初年まで続いた。

倉本幸さんは明治四五年、福岡県山門郡両開村大字西開官有仮二番（現柳川市）で生まれた。当地は有明海の干拓地である。干拓地は常に燃料が乏しかった。よって風呂は昭和三〇年代まで共同風呂だった。終焉期の燃料は石炭だったが、それ以前は長い間、当番が柳や藁などを苦労して集めたのだった。当番は家中総出で午前中に水汲みをし、燃料を集めた。午後五時には風呂が沸いていなければならなかった。一番には隠居などが入り、スソブロには働き手の夫婦がいっしょにやってきた。脱衣所は男女別々でも中は混浴だった。駐在が巡回してくる時だけ「セビ」という境板を滑車で降ろして風紀上問題がないことを装った。当番は九時までで、それ以後、若い衆が石炭を持って入りにくることもあった。

近代以降も人びとは入浴に苦労してきた。それは経済格差ばかりではなく、自然環境に影響されるところもあった。

私が幼少年期を過ごしたのは静岡県牧之原市の農村だった。国民学校に入学した昭和一八年のことだった。小作農家某家の風呂を覗いたことがあった。その風呂はヘソ風呂と呼ばれるもので、桶の中に焚き釜が組みこまれたものだった。それは、狭い庭先に雨ざらしの状態で置かれていた。風呂桶の中を覗いてみると寒天か麩《ふ》のようなものが濁った灰色の水に浮かんでおり、異様な臭いだった。垢の固まりである。子供心にもその衝撃は大きく、長く心に刻まれ、小作という言葉とその世界を象徴するものとして、放置するように置かれた風呂桶の中身が釘のように心に刺さった。

民俗を学ぶ旅を続けていると各地で小作・地主の関係を耳にすることがあった。昭和の時代はまだこれが生々しかったのでこの話題に及びにくかったのであるが、平成に入ってからは地主制度にかかわる話題が次第に増え始めた。水田のない山中、耕地が少ない山中では山地主から山を借り、地代を払って焼畑を行って食糧を得るという時代が長く続いた。高知県高岡郡檮原《ゆすはら》町大蔵谷の西村晴實さん（昭和五年生まれ）はその経験を持つ。当地では焼畑のことをキリハタ・ソバヤブなどと呼び、ヤマキビと呼ばれるトウモロコシや大豆・ソバ・ヤナギ（ミツマタ）などを栽培した。山を持たない家では山地主から山を借りてそこでキリハタをした。当地では作地代、年貢のことを「カジシ」（加地子）という古い伝統的な言葉で伝えていた。当地のカジシは収穫物の六割だった。六割を地主に収め、四割を小作が受け取った。穀物のみならずヤナギのような換金作物についても同率だった。それは苛酷なものだった。

静岡県浜松市天竜区佐久間町でも焼畑が盛んだった。以下は佐久間町相月の栗下伴治さん（明治二七年生まれ）による。当地では焼畑のことをヤマヅクリと呼んだ。ヤマヅクリでは稗・粟・大豆・ソバなどを栽培した。稗は一合蒔けば一〇俵収穫できることもあった。山のない家では山地主から山を借りてヤマヅクリをした。年貢のことを「ジシ」と呼んだ。「地子」とは『養老令』以来の古い言葉である。さらに注目すべきことに、この地に「ジシガケ」という言葉が伝わっており、伴治さんはそれを使った。ジシガケとは、山小作が借り受けた地でヤマヅクリの作物が稔ったところで地主と小作が、その作物の稔りの具合を見ながらその年のジシ（年貢）を決めることだという。当地では、ジシは普通収穫の二割とされていたが、それでもジシガケによってさらに少なくなることもあった。土佐山中に比べれば当地の焼畑地の年貢はかなり低いのであるが、それでも、伴治さんは貧乏人は困り、地主は太ったと語る。なお、戦後は「杉年貢」と称して、借りた焼畑地の跡を杉の植林にしたり、杉山を皆伐出材し、その跡を焼畑地として借りたりした場合は、山に杉苗を植える手間賃を以って年貢に代えるという慣行が広く行われた。長野県飯田市の遠山谷では山地主と山小作の間で、「ハタレイ」（畑礼）、「ゴカンニチレイ」（五箇日礼）などと呼ばれる正月儀礼を行っていた[*3]。

長野県飯田市遠山谷の農業は焼畑・畑作が中心で稲作は稀少だった。少ない水田でも小作に田を貸す慣行はあったのだが、その年貢は特殊なものだった。飯田市南信濃八重河内《やえごうち》の遠山常男さん（大正六年生まれ）は次のように語る。当地では、稲刈りの日に稲株の数を半々に分け、これを「刈り分け」と呼んだ。南信濃木沢上島の下平福義さん（大正七年生まれ）は、地主と小作の刈り分けは畝《うね》で分けたものだと語る。

宮城県の大崎平野や関東平野で屋敷林について学んだことがあった。遠望して古社の社叢のような屋敷林を持つ家はかつての大地主の家だった。イグネ（屋敷林）もなく、カシグネ（樫の木の屋敷垣）もない家もあり、これらは小作だった家だと思われた。いくらかの垣やイグネのある家もあった。大崎平野で次のような話を聞いた。——冬季、吹雪から家を守るのにイグネは大きな力を果たした。イグネのない家では、防風・防雪のために萱（薄《すすき》）または藁で簀《す》を編み、それで母屋を囲んだ。これをヤドツと呼んだ。「宿簀」の意だと思われる。

刈った稲の乾燥法に稲杭を使う方法と使わない方法があった。稲杭とは杉の間伐材を長さ九尺に切ったもので、これを田に打ち込み、田床から尺五寸ほど上にヨコギッコ（尺二寸ほどの横木）を結びつけてその上に稲束を井桁に積み重ねて乾燥させる。稲杭のない家では次のようにした。田の土を八寸×尺六寸×六寸のブロック状に掘り出し、まず中央に二段重ねる。そして、その四方にブロック一段ずつを置く。これが一基台のできあがりで、これに対して四方から三把ずつの稲束を根方を外に、穂が二段重ねのブロックの上にくるように積む。こうして一五段重ねる。この方法をホンニョトリと呼んだ。別に、田床に稲束を直接立てて干すソラダテ、またはジンダテと呼ぶ干し方もあった。稲の干し方にまで格差が生まれていたのである。

地主・自作農・小作農の格差と抑圧は暮らしの隅々まで翳りをもたらしていた。柳田國男の『日本農民史』を読むと、柳田が、いかにしたら小作農を減らし、自作農を増やすことができるかと苦悩していたことが知れる。[*4] 柳田のこの悩みは結果的に、第二次世界大戦後の農地改革（一九四六年一〇月、自作農創設特別措置法案・農地調整改革法案）によって解消されることになった。

交通手段が発達し、流通が多質・高速・大量化を果たしている現今でも山深いムラムラでは、人の移動や生活必需品の入手には多大な苦労がある。ましてや、交通手段、流通の未発達だった時代での苦渋は深かった。次に、二つの山中のムラのイエイエに巡回してきた商人・職人・その他の来訪者を列挙することにより、暮らしの変容の一部を探ってみたい。

①宮崎県東臼杵郡椎葉《しいば》村竹の枝尾（標高六〇〇メートル）・中瀬守さん（昭和四年生まれ）。

㋐桶屋　㋑鍋ふたぎ（鋳掛屋）　㋒傘張り（洋傘直し）　㋓反物屋（呉服屋）　㋔古着屋（中国人・エキン爺）　㋕塩魚屋（ⓐ塩鯖　ⓑ塩鰯　ⓒ塩鯨　ⓓ皮鯨）　㋖乾物屋（ⓐ干鱈　ⓑ海藻）　㋗篩屋（ⓐ

米箍　ⓑ稗箍）　㋘箕屋（鹿児島から）　㋙薬屋（ⓐ富山　ⓑ奈良　ⓒ肥後＝膏薬・赤玉）　㋚石臼目立て　㋛園掘り（畑地造成＝野掘り鍬・三つ鍬・斧・鉈・引きモッコ・ショウケなどを持って五ヶ瀬町からやってきて半年ほど泊まりこんだ）　㋜田掘り（石垣づくりのうまい職人が球磨からやってきて田を拓いた。一升瓶に水を入れて水平をとっていた）　㋝筑前琵琶法師（子供の頃、巡回してきて琵琶を弾き、家の浄めをした）　㋞胡弓弾き――。　巡回来訪者はおのおのに泊まる家が決まっていた。中瀬家には毎年巡ってくる桶屋が一週間泊まり込んで桶の修理や製作にあたっていた。

②長野県飯田市南信濃八重河内小字谷峰（標高八〇〇メートル）・山崎今朝光さん（大正一一年生まれ）。

㋐衣類（反物）　㋑魚屋（ⓐ塩鰯　ⓑ塩秋刀魚　ⓒ身欠鰊）　㋒鯨屋（コマギレにした干鯨を目方で売り買いした）　㋓薬屋（ⓐ富山　ⓑ滋賀　ⓒ飯田）　㋔時計屋（南信濃地区の中心地和田のマチに時計屋が二軒あったが、豊橋の時計屋が巡回してきて柱時計に油を注し、修理などをした。時計屋は山崎家に泊まって八重河内の各戸を巡回した）　㋕鋳掛屋　㋖鍛冶屋（和田のマチに鍛冶屋が三軒あったが、谷峰には世間の鍛冶屋が巡回してきた。そして、刃先の磨耗したトングワ（唐鍬）・鍬・イセングワ（又鍬）などの鉄の部分を持ち帰り、先《さき》掛《が》け（鋼《はがね》入れ）をした後、それを届けて代金を受けていった）　㋗洋傘直し（巡回してきてその場で直して帰った）　㋘三河万歳（正月に巡ってきて、太夫と才蔵が掛け合いをして帰った）　㋙俵ころがし（「〽大黒様という人は　一に俵をふんまえて　二でにっこり笑って　三で盃上手に持って　四つ世の中よいように　五ついつものごとくに……」と数え唄を歌いながら、その歌に合わせて、縄の先につけた俵を家の中に転がし込んでは手元に引くといった動作をくり返す。

前回祝儀をはずんだ家や、祝儀を多く出しそうな家で、俵が縄から切れて離れるようにあらかじめ仕組んでおくのではないかと言われていた）㋚兎買い（和田の人が飼い兎を買いに回ってきた）㋛鶏買い　㋜コンニャク買い（コンニャク芋を買いにきた）㋝椎茸買い（静岡県の水窪《みさくぼ》や和田から来た）㋞胡桃買い（和田のマチには核から身をぬくことを専門にする胡桃ヌキ屋が十数軒あり、その人びとが胡桃の実を買い集めにきた）㋟馬喰《ばくろう》（今朝光さんの父は馬喰、祖父は伯楽〔馬医〕だった。馬喰は、馬を飼う家を定期的に巡回した。伯楽も折々馬を飼っている家から呼ばれた）㋠桶屋　㋡籠屋　㋢石臼目立屋――。

右に宮崎県（①）、長野県（②）の二軒を訪ねた巡回商人や巡りくる職人などの来訪者を列挙した。これを詳細に検討してゆくと日本近代の様々な暮らしの襞《ひだ》や暮らしの変化、ムラの外部や産業との連動が浮上してくる。①では塩鯨と皮鯨、②では鯨屋が登場する。宮崎県椎葉村における鯨の食法を紹介してみよう。――㋐皮鯨は、タケノコが出る季節に行商人が持ってきた。四寸角で一尺ほどに切られていた。一寸角に切ってナマのタケノコとともに味噌で煮た。種蒔きの時期の体力をつけるのによかった（向山日当・甲斐馨さん・大正五年生まれ）。㋑皮鯨は真竹・淡竹のタケノコと煮るとタケノコがやわらかくなってうまい。タケノコの時期には、皮鯨と麦でムッケー（麦粥）を煮た。冬には丸トウキビと皮鯨でトウキビ汁を作った。体が温まってうまかった。また別に、酢味噌にしてもうまかった（戸屋の尾・那須芳蔵さん・昭和四年生まれ）。㋒椎葉村に入った鯨には三種類があった。その一つは塩漬けの皮鯨で砥石のような形状をしていた。真竹・虎攢竹《こさんちく》（ホテイチク）・淡竹のタケノコと煮しめにした。鯨はタケノコとよく合った。他に塩蔵の身鯨があり、いま一つはハナ鯨と呼ばれる脂肪だった。ハナ鯨は酢味噌和えにした（竹の枝尾・中瀬守さん・昭和四年生まれ）。㊁皮鯨売りの行商人が、砥石状の皮鯨を売りに来た。蓋つきの角籠に入れ、吊って保存、必要なだけ切って使った。タケノコ・馬鈴薯・芋ガラと皮鯨で煮つけにした。また、トウキビと麦を同量にして皮鯨を入れてムッケー（麦粥）も作った。肉・魚を食べるときには平素の箸とは別に、カシ・薄・麻ガラなどでそのつど箸を作って食べた。皮鯨の時にもそうした（古枝尾・那須登さん・昭和四年生まれ）。

①椎葉村へは主として塩漬けの皮鯨が入ったのに対して、②飯田市南信濃に入ったものはコマ切れの干し鯨だった。ここでは、二度イモと呼ばれる馬鈴薯と鯨肉を煮つけて食べるのが一般的だった。鯨の肉は流通条件の悪い奥深い山中のムラムラにまで運ばれていたのである。しかし、こうした流通は古式捕鯨の時代には考えられないことだった。明治中期になってノルウェー式銃殺捕鯨が行われるようになり、徐々に鯨肉が流通し始めるのであるが、国の隅々まで皮鯨や干し鯨が流通するようになるのは母船船団式捕鯨が始まる一九三〇年代を待たねばならなかった。山襞のムラムラの鯨食、そこまでに至る鯨肉の流通は近代捕鯨の発達と連動していたのである。

近代の社会生活・経済活動・公的組織に不可欠なものの一つに時計があった。学校・軍隊・鉄道・工場、それらのどこでもすべて時間を定めての行動が求められた。『岩波日本史辞典』の「時計」の項には次の記述がある。[*5]「維新後の時計国産は、一八八〇年頃から気運が起り、日清戦争後に名古屋を中心に四〇程度の製造所を数えたが、市場の成熟を待たずに消えていったものも多い。東京の精工舎は九二年の創立、掛時計に加え、九五年には懐中時計、一九〇〇年からは目覚し時計を製造、販売（後略）」――。ここに見える掛時計は柱時計のことである。柱時計は徐々に全国の家庭に普及した。明治三一年（一八九八）に著された国木田独歩の『忘れえぬ人々』の中に「柱時計がゆるやかに八時を打った。」という文がある。[*6] 昭和一二年（一九三七）六月にはキングレコードから富原薫作詞の「早起き時計」が発売されている。[*7]

ちっくたっく　ちっくたっく　ぼーんぼん　おはよう　おはよう　夜があけた　きれいな朝だよ　とびおきろ　時計がなってる　よんでいる　ちっくたっく　ちっくたっく　ぼーんぼん

この時計は柱時計であり、この時期には柱時計が広域に及んでいたことがわかる。柱時計の動力は、薄い鋼を渦巻状に巻きこんでその発条力を利用するゼンマイである。ゼンマイは一定期間でネジを巻かなければならなかった。これにはイエイエの男や、高学年の男子が当たった。しかし、柱時計を正しく長期間使うためには機械に注油したり、機械を調整する必要があった。そこで、先に②長野県飯田市南信濃八重河内谷峰の山崎家の例で紹介したような時計屋の巡回慣行が生まれたのだった。

私が初めて時計屋の巡回について聞いたのは平成一五年、静岡県浜松市天竜区春野町川上の富田英男さん（大正七年生まれ）からライフヒストリーの聞きとりをしているときだった。富田家には、二俣（現浜松市天竜区、旧天竜市）から時計屋が年に一度油注しに回ってきた、と聞いた。幼い頃から柱時計の時報の響きになじんでいたはずなのに、これを聞いた時には妙な驚きを感じた。いつの間にか暮らしの中から柱時計が姿を消し、壁面には時報を告げることのない電子時計が座を占めるようになっていたのである。「巡回職人」という概念を意識化し、話題にすることによって時計屋の巡回が浮上してきたのである。われわれの身のまわりではこうして、じつに様々な物や慣行が意識化されないうちに変容し、気づかないうちに消えてゆくのである。それらの中には、喪失してはいけないものも数多く混在しているのである。

来訪者の中には門付芸人もあった。①椎葉村の筑前琵琶法師・胡弓弾き、②飯田市南信濃の三河万歳・俵ころがしなどがそれである。浄めや祝儀といった信仰要素を含むものも多い。冒頭部で紹介した瞽女も門付芸人ではあるが、群馬県には越後から来た瞽女が歌う瞽女唄を蚕に聞かせると繭が豊作になると伝える地もあった。長野県の飯田市近郊では越後から巡回してくる瞽女のことを「ゴゼンサマ」と呼びならわしてきた。伊勢神楽や、青森から岩手へかけてのエンブリ（農耕予祝で、名称は水田の土をならす柄振《えぶり》に由来する）の巡回にも信仰要素がある。鹿児島県指宿市池田仮屋の吉永隆巳さん（大正八年生まれ）から「ザッチュードン」という不思議な巡回門付びとの話を聞いたことがあった。ザッチュードンはモグラ退治の呪力を持つ人で、袋を担ぎ杖をついて巡回してきた。杖で地面を叩く呪的儀礼を行い、謝礼として米を受け、それを袋に入れて立ち去ったという。ザッチュードンという呼称は、「ザトウドン」（座頭殿）の転訛である。目の不自由な座頭どんは、杖をセンサーとしてすべてを知る。地下に棲み、作物を荒らしたり、田の畔に穴をあけて漏水をさそうモグラの動静も感知できる――杖の呪力によってモグラを鎮めることができると考えられていたのである。

時計屋の巡回について語ってくれた浜松市天竜区春野町の富田英男さんから、珍しい来訪者、風水師についても聞いた。ある時富田家に風水師が巡回してきた。父の正平（明治一八年生まれ）は風水に関心を持っていたのでその風水師を家に五泊させ、母屋の風水判定図を書いてもらった。その図は今でも富田家に保存されている。

長野県飯田市立石の佐々木要蔵さん（大正七年生まれ）は木曽ッ子（木曽種）と伊那ッ子（木曽系馬）を一頭ずつ飼っていたことがある。自動車・耕耘機前の話である。駄送をするには荷鞍をつけなければならない。鞍は「鞍師」という専門の職人が作った。要蔵さんはその鞍師について次のように語っていた。――銀蔵さという鞍師が毎年根羽村からやってきた。鞍は鞍橋という木の骨組に藁で肉づけをして外側に木綿の厚布をかぶせて作るのであるが、使い続けると布が破れたり、藁のバランスが崩れたりしてくる。鞍師はそれを修繕するのであるが、その鞍の修繕のことを「鞍包み」と言った。鞍を包み直すからである。その際、馬の体と鞍を合わせ、鞍擦れのする「アタリ」と称する箇所の藁を抜いて調節した。銀蔵さは毎年二晩泊まって鞍の修繕をした。銀蔵さは鞍修繕のほかに馬の面綱《おもづな》も作った。麻を芯にしてビロウドを巻き、金具をつけた。面綱は当歳馬（その年に生まれた馬）からつけた。銀蔵さは風呂に入らない人だった。寒中でも水をかぶっていた。僻陬《へきすう》の山中のムラムラを巡る商人や職人がムラの民家に泊まるのは常だった。①椎葉村の中瀬家には桶屋が一週間泊まったり、②飯田市南信濃の山崎家には豊橋の時計屋が泊まり、そこをベースにしてムラ中を回った。風水師が泊まり込んだ例も紹介した。鞍師の泊まった飯田市立石は僻陬ではなく中山間地であるが、ここでも民泊が見られた。

社会通念としては山のムラムラは閉鎖的だと思われがちなのだが、実際には開放的で外来者は歓迎された。外来の訪れびとの力を得ることによって暮らしが成り立つという側面があったのだ。新聞・雑誌も奥深い山のムラに届かない時代があった。ラジオもテレビも電話も普及は遅れがちだった。新聞・ラジオ以前――、僻遠の家に暮らす人びとは常に世間の動向、情報に飢え、強くそれを求めた。来訪者、巡りくる旅人は世間の動向、流行、情報を持ち来たってくれる伝達者だった。訪れびとを歓待し、心を開いて人を迎えるのは長い間に培われ、伝承された山びとの心であり、生き方だった。この、人に対するぬくもりのある眼ざし、人をなつかしむ心は現代人、都市民が希薄化させているものである。

流通システム・交通が発達した現在、ＩＴの発達・普及により瞬時にして大量の情報を手にすることもできる。こうした至便の時代にあって、山深いムラムラは、過疎化・高齢化の波にさらされている。山地のムラムラは豊かな自然と直接的に接し続けてきた先端の地である。そこは日本文化の多様性の一極を担ってきた地である。その衰退を座視するわけにはゆかない。

一般的には、明治維新から太平洋戦争終結の昭和二〇年（一九四五）の間が近代だとされている。これに異を唱えるわけではないが、昭和三〇年（一九五五）から昭和四八年（一九七三）にかけての高度経済成長期の様々な社会変容に注目しなければならない。産業構造・イエと家庭・生活様式などが激変し、価値観の変化、民俗の衰退が顕著になった。ここでは、こうした高度経済成長期をも含めて変容と記憶を追ったものが多い。記録し、紡ぐべき変容の襞はあまりに多く、ここでとりあげたものはその中のごく一部に過ぎない。

記憶は反芻によって褪色と忘却を免れ、語ることによって共有化される。そして、記憶は記録されることによって省察と建設の活力源となる。視覚的な記憶、観察結果も映像として記録されない限り、記憶の中にしかとどまることができず、くり返し想起しないと消え去ってしまう。しかし、映像記録が不可能でもその一部を文字化することはできる。

本書はⅡ部の「イロリとその民俗の消滅」に多くの紙幅を割いている。イロリという設備は、単なる固定的な一つの物ではないし、その機能も多岐に及んだ。様々な付属設備や関連用具を伴い、多くの慣行を発生・伝承させてきた。イロリが纏ってきた民俗の総体は多彩でふくらみがあった。おのおの緒《いとぐち》をたどってゆけば、煮沸や採光・暖房の変遷・住まいの歴史・家族のありよう・心のありよう・生業や暮らしにかかわる様々な貯蔵物や食物などが浮上してくる。太平洋戦争の終末から高度経済成長期にかけてイロリは姿を消していった。イロリという設備の消滅はじつに多くのものを道づれにしていったのである。そうしたイロリの記憶をなるべく細かく記しておきたかった。

1――柳田國男『故郷七十年』初出一九五九年（『柳田國男全集』21・筑摩書房・一九九七年）。

2――長塚節『土』初出一九一二年（岩波文庫・一九七〇年）。

3――野本寛一『民俗のことばで探る――遠山谷の環境と暮らし』（伊那民研叢書3・柳田國男記念伊那民俗研究所・二〇一八年）。

4――柳田國男『日本農民史』初出一九三七年（『柳田國男全集』3・筑摩書房・一九九七年）。

5――永原慶二監修『岩波日本史辞典』（岩波書店・一九九九年）。

6――國木田獨歩『忘れえぬ人々』初出一八九八年（現代日本文学大系11『國木田獨歩・田山花袋集』筑摩書房・一九七〇年）。

7――与田準一編『日本童謡集』（岩波文庫・一九五七年）。

Ⅰ 消えゆく民俗の記憶

第一章　木地師の終焉と膳椀の行方

一　木地師の終焉

木地師《きじし》は古代以来の技術集団とされ、一定の集団をなして事に当たってきた。朝廷や古社・大寺院の食器・容器・調度類・祭具・仏具などの製造を担ってきたのである。木地師は轆轤《ろくろ》を使って「丸もの」と呼ばれる椀・盆・丸膳などを刳《く》る職人である。木地素材を求めて「トビ」（飛び）と呼ばれる渡り・移動をしていたのだが、近世に入って定住も見られるようになった。近代以降、子供の学校教育や徴兵令対応その他で定住は決定的になった。

トビから定住化に際しての木地師の住居選定は、木地素材伐出の必要性にもとづき、自ずから河川支流の水源部のごとき山深い地となった。水田の拓きにくい山地では、木地刳りという専門技術を核として、焼畑・狩猟・渓流漁撈・採集といった始原性の強い生業の要素を複合させて暮らしを立てるという方法がとられていた。木地師が終焉を迎える直前までこうした生業の複合が見られた。ここでは木地にかかわる伝承のみならず、こうした複合的な生業の要素などにも耳を傾けた。

1　木地のムラ参入

福島県喜多方市山都町川入《かわいり》は、阿賀川支流の一ノ戸川ぞいで最上流部のムラである。ここは飯豊《いいで》山《さん》登山口の一つで、標高四六〇メートルにも及ぶ。地図で見ると、下流のムラ一ノ木とは約八キロほど離れており、隔絶した山のムラといった感じである。このムラに最初に入ったのは平成八年四月二三日のことで、それは、サクラマスの溯上とサクラマスにかかわる民俗を学ぶためだった。途中の谷はもとより、川入もまだ雪に埋まっていた［写真①］。

写真①　木地のムラ・川入、残雪の頃（福島県喜多方市山都町）

小椋なみさん（昭和三年生まれ）は、夫の故久作さん（大正一二年生まれ）からマスを獲った話は聞いたことがあるというが、自分は見たことがないと語る。小椋という姓のことから話が木地師のことに及んだ。なみさんが福島県耶麻郡西会津町弥平四郎《やへいしろう》から山都町川入に嫁いできたのは昭和二三年一二月四日のことだった。

実家のある弥平四郎も標高四三〇メートル、下隣の極入部落とは約七キロ離れており、そこは阿賀川支流奥川最上流部のムラである。二つのムラの立地条件は極めてよく似ている。なみさんは弥平四郎の小椋善作・うめの長女として生まれ、川入の小椋久作さんのもとへ嫁いできたのである。実家も嫁ぎ先も小椋姓、二つのムラは木地師のムラとして強い紐帯で結ばれていたのだった。弥平四郎から川入へは稲荷峠越えで約一五キロの道のりである。一二月四日はもう雪の季節だった。両親・仲人夫婦・親戚の小椋くま・同くまのなどとともに道中にかかった。藁沓《わらぐつ》をはき、トリキ（クロモジ）で作ったカンジキをつけた。髪はムラのおりんさんという人に日本髪に結ってもらい、モンぺに半コートを着た。午前一〇時に家を出て、稲荷峠を目ざした。稲荷社のあるところはブナ・ナラの巨樹の森になっていた。峠を越え、三キロほど歩くと山都町藤巻に至るが、ここも木地師のムラである。父方の叔父赤城馨家で昼を兼ねた休憩をとった。川入へ着いたのは午後の五時頃で雪が降り始めていた。川入の家は皆どこもカヤで雪囲いがしてあった。

まず、仲人の小椋利男家に入り、裾模様に着がえた。それから小椋久作家で婚礼となった。久作の父喜一・母みつえの代は木地専門で暮らし、なみさんも、昭和二六年までは粗どりした椀木地の内刳りをした。その技術は実家の母うめに教えこまれたものだった。夫の久作は昭和二七年に病没するのであるが、昭和二七年以後は炭焼きに力を入れたのである。小椋久作の木地師としての仕事は昭和二六年に終わった。

なみさんの話は実家弥平四郎時代の採集民俗に及んだ。

図①　福島県耶麻山地・木地のムラの通婚関係（部分）

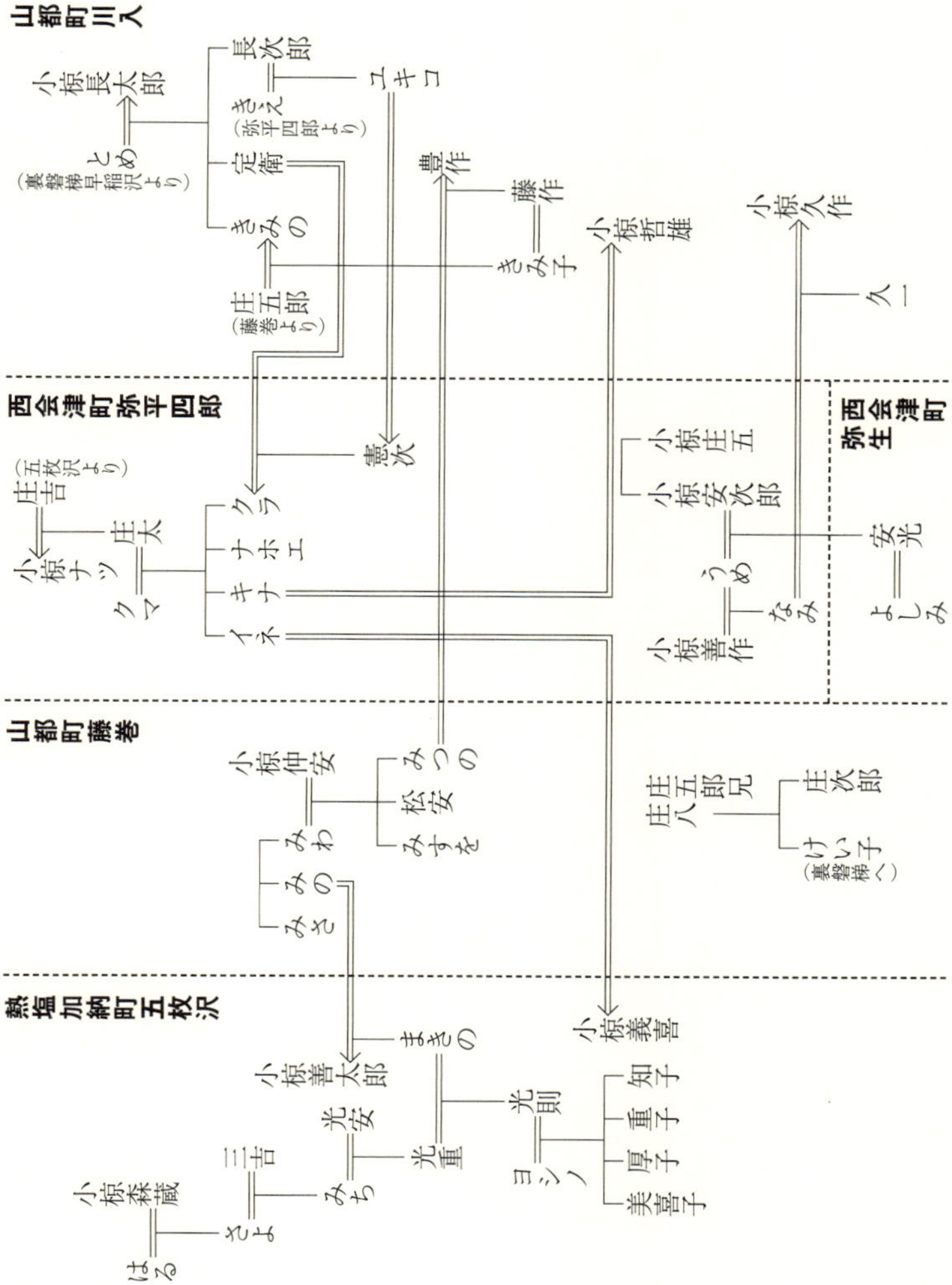

〈栃〉　秋の彼岸頃ムラ中で一斉に拾いに出かけた。「一斉に」ということは、「山の口あけ」を定めていたということである。栃の実の処理は次のようにした。①採集→②虫出しのための水つけ→③一週間干す→④湯に一晩つける→⑤トチヘシで皮をむく→⑥栃一升に対しアク（灰）一升五合の割で三晩あわせる。実を焼いて食べてみてまだ苦ければアクを加える→⑦一晩水につけてから洗う→⑧蒸す。こうして調整したものを次のように利用した。ⓐ栃モチ＝米・モチ粟などと混ぜて餅にする　ⓑ餡にする　ⓒ臼で搗いて粉化し、餅や団子のカラミにする　ⓓ粟・黍・稗などの雑穀を二に対して、栃を一の割合で混ぜて粥にする。食法の種類は他地に比べて多い方であるが、中に、雑穀を混ぜての粥があることは注目される。このことは栃の実がこの地の食糧構造の中に組みこまれていた様子をよく語っている。また、雑穀の多用は焼畑の盛行を意味するものである。栃の実のアクヌキ過程で、「焼いてみる」ということ、栃を餡にすること、栃の粉をカラミにすることなども注目される。

〈栗〉　山栗は、雨・風のあとに拾った。年間二斗ほど拾い次のように利用した。ⓐ①一週間水につける→②茹でる→③一週間干す→④袋に入れて保存する。ⓑ①二晩水につける→②箱または一斗罐の中に川砂と栗とを交互につめて保存する。砂栗は正月に食べたが、五月までもった。食法は、塩を入れて栗だけを煮る方法や栗飯などだった。干した栗を臼ではたき、篩《ふるい》にかけ、その粉を砂糖と混ぜ、餅につけるという方法もあった。

〈カタクリ〉　五月上旬に根を掘り、蒸してから干し、根をつぶして水に沈澱させて澱粉を採り、再度干しあげた。食法はアンカケ餅、団子などだった。

〈クゾ根（葛根）〉　葛の根を採取して澱粉を採った。一番・二番・三番と採り、黒みのある部分も団子にした。馬鈴薯からも澱粉を採ったが、ともに団子にしたり湯がいたりした。また、澱粉を飯に混ぜて食べるという方法もあった。

〈ホドイモ〉　ホドイモには「石ホド」と呼ばれる固いイモと、「水ホド」と呼ばれるやわらかいイモがあったが、ともに茹でて食べた。

右のような弥平四郎での体験を語り、弥平四郎には木地師の体験者が多くいるから行ってみるとよいと教えてくれた。こうして、川入・弥平四郎・藤巻、さらには喜多方市熱塩《あつしお》加納《かのう》町五枚沢《ごまいざわ》も木地師のムラだと教えてくれた。五枚沢は標高四九〇メートル、下手隣村である山岩尾・与内畑との

表①　福島県耶麻山地・木地のムラの環境

所在地・村落名	標高（m）	下流隣村との距離（km）	『新編会津風土記』の戸数	現戸数	木地小屋
福島県喜多方市熱塩加納町五枚沢	490	5	7	9	ツキの木平
福島県喜多方市山都町川入	460	8	9	13	大白布沢上御沢上
福島県喜多方市山都町藤巻	530	7	5	10	九郎三郎沢
福島県耶麻郡西会津町弥平四郎	430	7	19	38	奥川上流部
福島県耶麻郡西会津町弥生	430	5	—	13	—

※「『新編会津風土記』の戸数」は一八〇九年頃、「現戸数」は一九九八年現在の数値

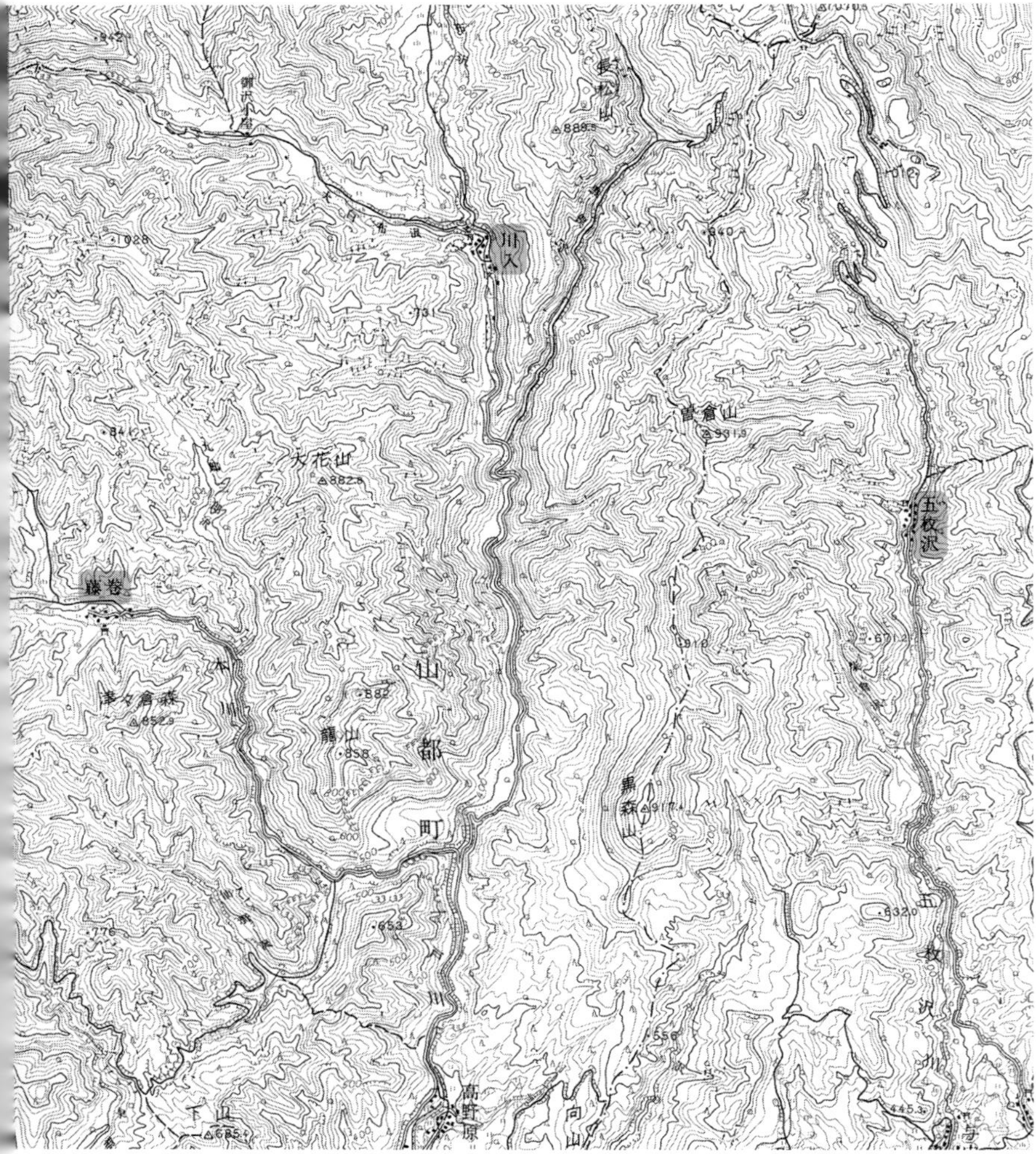

図②　福島県耶麻山地・木地のムラ（弥平四郎・藤巻・川入・五枚沢・弥生）の所在
（弥生は弥平四郎の出ムラ）　国土地理院1：50,000（77％に縮小して掲載）

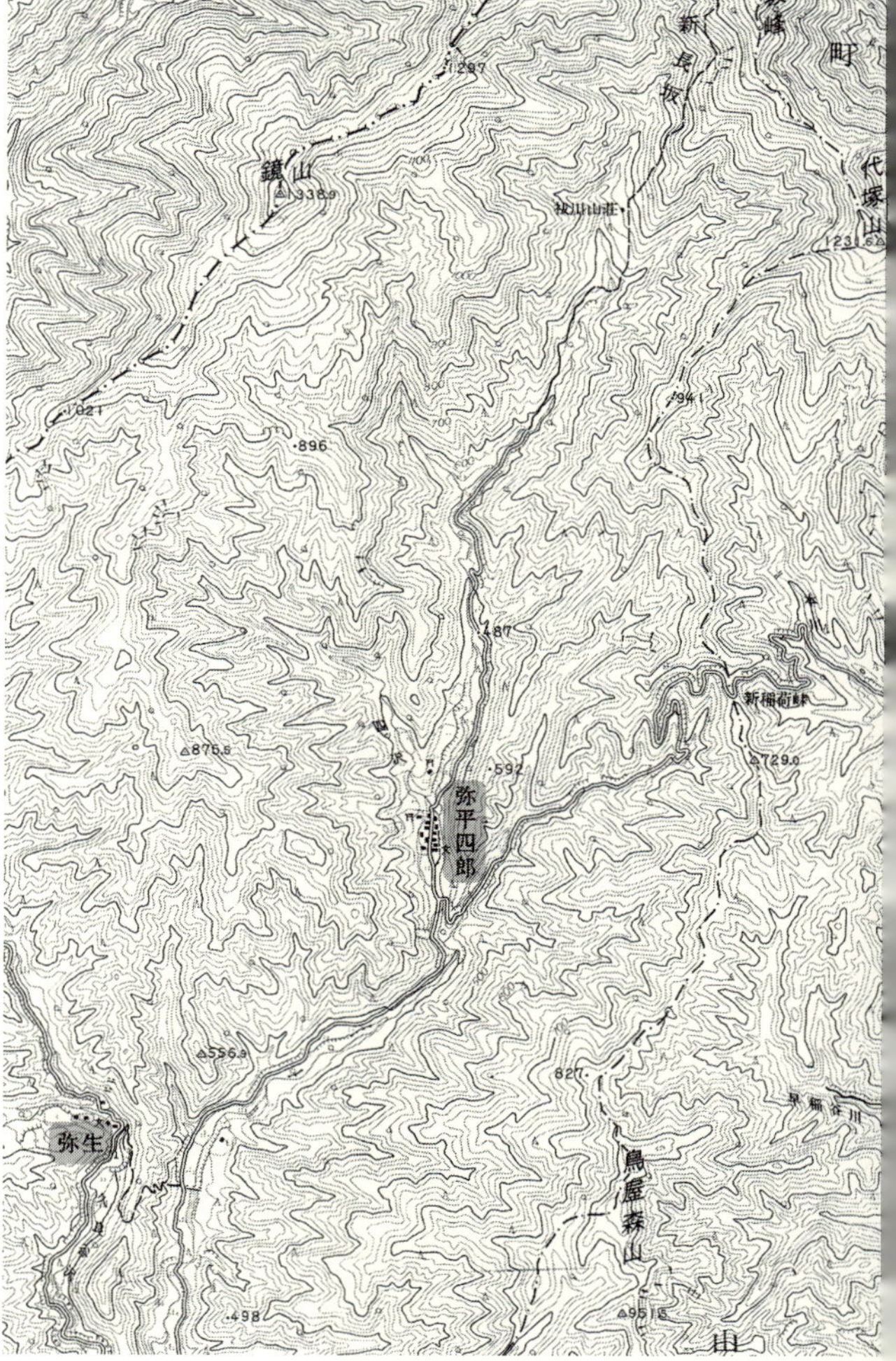

距離は約五キロである。そこは一ノ戸川支流五枚沢川最上流部のムラでもある。川入・弥平四郎・五枚沢の三つのムラは、いずれも標高四〇〇メートル以上、河川最上流部のムラ、下流部隣部落との距離が、それぞれ八キロ・七キロ・五キロと隔離性が強い。この三つのムラはいずれも木地師のムラである。これら木地師のムラの形成は木地素材のブナ・ナラを求めて源流部をめざした結果の

ことだったのだが、この三つのムラの通婚関係は、山越え、峠越えの横の道によって結ばれてきたのであった。三つのムラに加えて、先にふれた山都町藤巻も忘れることはできない。藤巻は弥平四郎と川入・五枚沢とを結ぶ道ぞいにあるところから閉塞的印象がやや薄いものの、前記三部落との共通点も認められる。藤巻は標高五三〇メートル、一ノ戸川支流本川最上流部のムラで、下流部隣部落一ノ木との距離は七キロである。藤巻も木地のムラで、川入・弥平四郎・五枚沢と通婚関係があった。

西会津町の奥川支流久良谷川最上流部に弥生というムラがある。標高四三〇メートル、下流部隣部落極入からは五キロにある。弥生は、戦後、弥平四郎の人びとを中心として形成された開拓のムラである。弥生という名の「弥」は弥平四郎の「弥」である。

小椋なみさんの話を聞いた時、まず弥平四郎へ行ってみなければならないと思ったたし、なみさんが歩いて越えた稲荷峠も歩いてみたいと思った。藤巻・五枚沢も当然訪ねてみるべきだと思った。右にふれた川入・弥平四郎・五枚沢・藤巻・弥生、これらに、この地区の人びとが折々口にする耶麻郡北塩原村早稲沢を加えて考えると、会津耶麻山地における木地師のムラムラの問題がよく見えてくるにちがいないと思った。太平洋戦争とその終戦後から高度経済成長期へと続く間に生活様式が大きく変わった。惟喬親王《これたかしんのう》の伝承を背負い、蒲生氏郷《がもううじさと》とのかかわりで近江の木地師が会津に進出したとも言われるその木地師、木地の業が終焉を迎えたのである。木地師終焉はどのような状況の中で進んでいったのか、木地師の末裔ともいうべき人びとからその実態の一部分でも聞かせてもらうべきだと考えた。併せて、木地のムラの始原生業複合的側面についても知りたいと思った。川入・弥平四郎・藤巻については断片的な伝承や景観スケッチを記し、五枚沢については小椋光則さん（昭和三年生まれ）の個人誌を記した。また、弥生の開拓と暮らしについては小椋安光さん（大正一四年生まれ）・よしみさん（昭和三年生まれ）夫妻の体験の聞き書きを記した。弥生は木地のムラ弥平四郎からの出村ではあるが、そこは木地のムラではなく、農を中心とした山の生業複合のムラであった。しかし、安光さん夫妻の話に耳を傾け、弥生のムラを歩き、集落景観を目のあたりにしたとき、かつて弥平四郎・川入・五枚沢などの木地のムラムラが拓かれていった足どりと苦労、よろこびなどが類推できた。それは、木地師のムラづくりのモデルを見るようであった。

2　木地のムラムラ①——喜多方市山都町川入

(1) 惟尊親王を祭るムラ

左岸にバス停があり、橋を渡ってムラに入るのだが、バス停の手前に分校の校舎が残っている。橋を渡ると右手に杉木立があり、そこが川入の墓地である。墓石には小椋姓が見える。民家はみな寄せ棟の萱葺にトタンをかぶせた造りで、道路ぞいに向き合う家、道路の上手の斜面に屋敷どりをした家などがあるが、川入の戸数は戦前一四戸、現在一三戸で常住は一一戸だが盆にはすべてが集まる。うち民宿が六戸である。民家の裏側にかくれるように火の見櫓・消防小屋があり、路傍に古峯神社の小祠がある。家並をはずれると道は再び川にさしかかり、その橋のたもとに「飯豊鉱泉」

の看板をかかげた民家がある。看板には、リウマチ性疾患・創傷・子宮発育不全症等に効くという効能も書かれている。

橋を渡ったところが飯豊山系地蔵山（一四八三メートル）の麓の先端・尾根の端である。その先端は、大白布沢・小白布沢にかこまれる形になっており、二つの沢が合して一ノ戸川になるのである。大白布沢・小白布沢のおのおのの上流部にはかつてマンガン鉱山があり、小白布沢奥には昭和初年分校があったという。飯豊鉱泉はこのマンガン鉱と結びついているのである。さて、その谷あい、即ち沢の合流する地の尾根の先端の木立ちに不思議な神聖感が感じられたので、草を分けて木立ちに入ってみると、そこにはコンクリート製の丈高い小祠が苔むした石の基壇の上に佇立といった感じで立っていた［写真②］。近づいて見ると、顔面が無惨に剝落してしまい、笏《しゃく》もなくなってし

写真②　惟尊親王小祠（福島県喜多方市山都町川入）

写真③　惟尊親王像（同上）

まってはいるが、明らかに衣冠束帯の貴い方の木像が祠の上部に据えられていた〔写真③〕。そして、その下に「惟尊親王」と刻書されているのがわかった。像の足もとには賽銭がたまっていた。木地のムラならではの小祠であり、像である。ここでは惟尊親王と表記されているが、通常は惟喬親王と書かれる。惟喬親王の祭日は六月一五日である。木地にかかわる者がこれを祭り、この日は餅を搗き、酒宴を開いてきた。

惟喬親王の森を過ぎ、大白布沢ぞいに二〇〇メートルほど歩くと明治時代に開かれたというわずかな棚田があるのだが、平成一〇年八月下旬、すべての棚田はソバの花ざかりだった。川入の氏神は山の神、大山祇神社で、祭日はもと八月九日、今は九月一日である。山の神は大白布沢と小白布沢の合流点の右岸の崖の上、ムラを見おろす位置にある。弥平四郎も五枚沢も類似の地形の高みに山の神を祭っている。

『新編会津風土記』[*1]耶麻郡一戸村の項に、「木地小屋」として次の記述がある。「村杉沢　本村の北二里余、飯豊山の麓にあり。家数九軒、東西二町南北八町一戸川の上流に傍ふ。もと五目組山岩尾の山中に住し、寛文の頃此地に移れり」。村杉沢とは川入のことでこれによると、川入は五枚沢側からの木地師の移住でできたムラだと考えられる。

(2) 小椋なみ家

小椋なみさんが弥平四郎から川入の小椋久作さんのもとに嫁いだことについては既にふれた。二人は親戚筋に当たったので互いに顔見知りの仲だった。なみさんは、結婚前、一五歳の年に一度川入に来たことがあった。それは、大白布沢のマンガン鉱山で働いていた叔父が鉱山閉鎖にともない下山するに際して、荷物運びの手伝いのために来たのだった。その頃大白布沢の山はブナの原生林がみごとだったという。またなみさんは、昭和二九年四月、五枚沢の小椋光則家へ、火事のあとの手伝いに出かけたことがあった。それは、光則家が弟善吾の妻栄子の親戚筋に当たったからである。ヌルメ沢峠で一服して山道をたどり、川入から五枚沢までは二時間半かかった。なみさんの頭の中には、自動車時代以前の弥平四郎・藤巻・川入・五枚沢といった木地のムラを結ぶ横の山道のルートがしっかり入っているのである。横の道ばかりでなく、弥平四郎↓真ヶ沢間、片道九キロの雪の道を椀木地二四〇枚や炭を背負って運んだことがあり、川入↓一ノ木間の往復も日常のことだった。

夫の久作は木地師から炭焼きに転じた人であるが、狩猟にも力を入れていた。故人となった久作さんからその実話を聞くことはできないのであるが、長男久一さん（昭和二三年生まれ）が川入の狩猟民俗を伝えている。久一さんが少年の頃、父の久作さんが猟に出て何日も帰らないことがあった。家人から「きっと弥平四郎へ降りたにちがいない。迎えに行ってこい」と言われ、稲荷峠を越え、弥平四郎の善作叔父のところへ泊まって父を迎えたことがあった。

(3) 捕獲儀礼

ⓐ猟を終え、獲物の熊を持ってムラに入る時、下から来る時は分校の位置で、上から来る時は鉱

泉宿のところで山の神に向かって空砲を撃つ。ⓑ解体は、まず月の輪に刃を入れ肛門にむかって裂く。次に手足の先から内にむけて裂く。ⓒ皮を剝いでしまってから、もとのように皮をかけて参加者全員で皮をペタペタと叩きながら「また獲れますように」と祈る。ⓓハツと称する肺に刃物で十字を入れて次の猟の方位を占う。ⓔ胆《い》は一旦神棚にあげ、入札を行い、落札の代金を均等に分ける。ただし、仕止めた者に対しては弾代と称して若干を支払う。

(4) 熊の生態伝承

熊の交尾は一一月雪が降ってからで、冬はナラ・トチの巨木の穴、または岩穴にこもる。出産は穴の中で、お産は軽いと言う。したがって、人のお産の時に熊の手を保存しておき、それで撫でるとお産が軽いと伝える。熊は穴の中ではおとなしいと言われ、人が草蓑を着て熊の穴に入り、熊を穴の外に押し出して獲るという方法が伝えられている。熊はオス・メス二頭の仔を産む場合が多く、母熊は二年目の夏にメスの仔熊を離し、後に自分の産んだオスと交尾するという伝承がある。離されたメスとオスは比較的近くにいるもので、どちらか一方が獲れるともう一方も獲れるものだと伝えている。皮の鞣《なめ》しは喜多方か会津若松に出した。熊の肉は均等に分配した。食法は大根とともに味噌煮にするのが普通である。

⑸イワナ漁

久一さんの時代にマスを見ることはなかったが、イワナ釣りは盛んに行う。春先は雪代に流されないようにするために砂を呑んで錘《おもり》にする習慣があるのだという。イワナは六・七月が一番うまい。塩焼きなどの他にカスモミと称して酒粕を擂鉢《すりばち》で摺り、イワナを一センチ程に刻んで加えて塩少々を入れてさらに摺り、最後にネギを加えるというものである。

なみさんは広い母屋を生かし、「民宿・しゃくなげ」を営んでいる。渓流釣り、飯豊山登山者、紅葉狩りの観光客と、客が絶えることはない。

⑹小椋藤作家

小椋藤作さんは、豊作・みつの夫婦の長男として昭和二年に川入で生まれた。藤作さんが小学生の頃にはマスがムラの川で獲れた。この地には、「ヨダカが鳴くとマスがムラまでのぼってくる」という自然暦がある。

藤作さんはマスの漁法が二種類あったことを記憶している。その一つは潜水の鉤《かぎ》かけ漁で、鉤の幅一〇センチ、鉤の底部の長さ二〇センチ程で鉤の柄は桐の木だった。いま一つは、竹または枯れヨモギの茎で編んだ籠――口部一尺五寸に一尺、深さ四尺ほどのものを滝状の部分に吊るし、跳ねあがって溯上を試み、失敗して落ちるマスを受けて獲るというものだった。一日、二、三本は獲れていた。食法は切り身にして焼いて食べるのが普通だった。

藤作さんが木地にかかわったのは一七歳、昭和一九年までで、それも、椀木地材のタマギリ専門だった。椀の高さにもとづいて原材を切り整えるのである。それでも木地にかかわるいくつかのことを記憶している。原材のブナの木の木目が木地に適しているか否かを検査し、無駄な伐木を避けるための行為があった。それは「マサブチ」と呼ばれ、伐ろうとする樹木の一部を欠いてみて、その木目を確かめるものだった。椀木地に適しているものを選んで伐るのである。もとより、マサブチをする前に、目で選択をくりかえすのである。仮にマサブチをして不合格になっても、その木はマサブチの傷だけで枯れることはなく、天寿を全うするのである。椀は景気の変動に左右されるものだとされていたので、木地師たちは「ワン・ワンの戌年は景気がよい」と期待をこめて戌年を待ったものだという。その景気変動も戦争には勝てず、昭和一九年になると全く椀木地が売れなくなり、父豊作が鉄道の枕木出しで足を怪我したこともあって、小椋豊作家では昭和一九年に木地の仕事をやめたのだった。奥の沢からムラへトロッコ線路が敷設されており、マンガン鉱のあった時代には鉱石を、その後は椀木地材・木炭・用材としてのブナなどを運んだが、それも昭和二一年でなくなった。戦前は川入に水車を動力とした椀のロクロ工場が三箇所あり、それは四戸・四戸・一戸という単位で使われていた。粗型を手で刻んだものをロクロ工場で仕上げたのである。仕上げた木地を喜多方に出すために一ノ木まで背負っていったのであった。椀木地は二四〇枚をひとひき一荷として背負うのが単位だった。一ノ木からの帰り荷は米だった。

昭和二二年、ムラの下に落差三メートルの堰堤を設けて自家発電を始めた。堰堤の落葉とり、ゴ

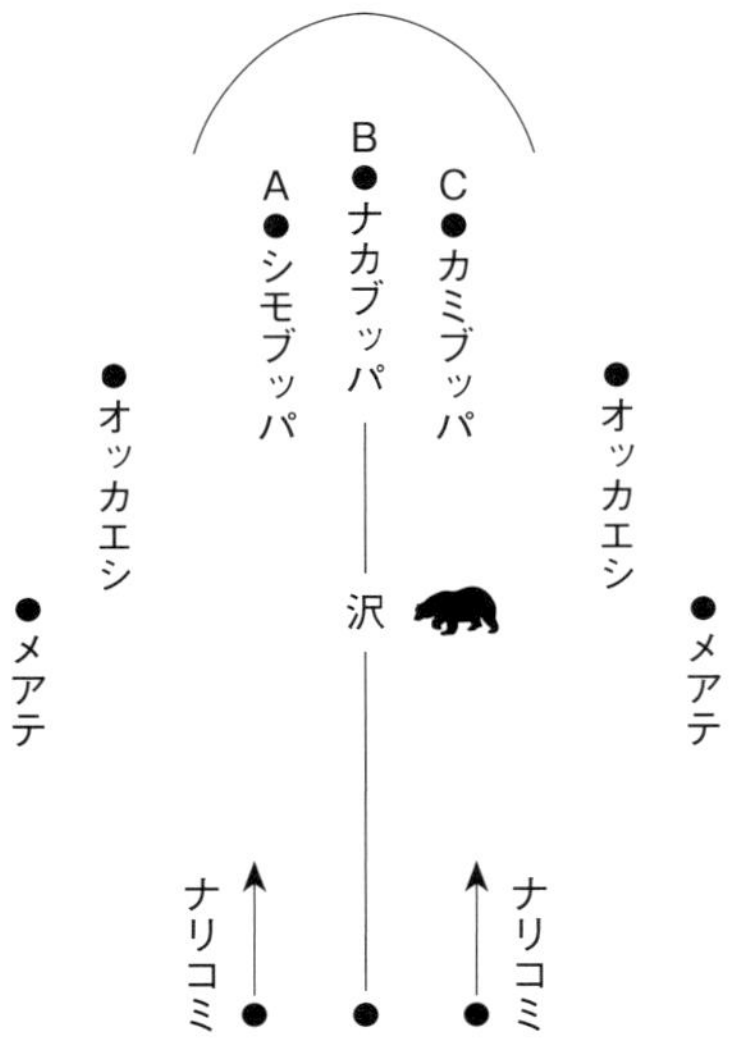

図③　熊狩の布陣（山都町 川入）

ミとりは当番を決めて輪番でこれに当たった。東北電力の電気が入ったのは昭和三六年のことである。

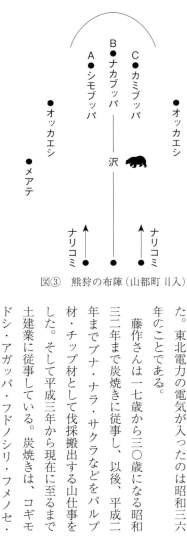

藤作さんは一七歳から三〇歳になる昭和三二年まで炭焼きに従事し、以後、平成二年までブナ・ナラ・サクラなどをパルプ材・チップ材として伐採搬出する山仕事をした。そして平成三年から現在に至るまで土建業に従事している。炭焼きは、コギモドシ・アガッパ・フドノシリ・フメノセ・リュウザワなどと呼ばれる山々を、窯を築きながら移動した。

藤作さんが狩猟に参加し始めたのも一七歳の年からだった。狩猟対象は熊で、飯豊山系の山形県・新潟県の山々へ一、二泊で出かけた。米・味噌・切干し大根などを持って山に入り、山では兎の肉なども食べた。熊狩の布陣は図③のごとくにした。ブッパは射手または射手の位置、ナリコミは熊を追い出すセコのことで、「ホー、ホー」と叫んで熊を追い出した。オッカエシは横道にそれようとする熊を追い返し、ブッパの方に向ける役割、メアテはブッパからよく見える高い位置にいて熊の動きをよく観察し、ブッパに知らせる役である。伝達方法は、四つ這いになって、熊が動く方向を示したり、手拭・笠などで熊の移動を伝える。大声を出して伝えることもある。戦前は、狙撃した者が頭をもらうという習慣があったが、今は、胆・皮ともに入札にし、落札者の払う金を均等に分ける。

出猟の途中で女性に逢ったら猟をやめて帰る、出猟の途中で山菜やキノコを採ったら熊は獲れない、という言い伝えがある。曲り竹の筍《たけのこ》とりは、そこに熊が集まるから注意しなければならないという。熊を獲った場合にムラの入口で山の神に対して空砲をうつことを「お知らせ」という。この地では熊の頭蓋骨を魔除けとして床の間や茶の間に飾る風がある。藤作さんの頭には熊にやられた痕がある。キノコ採りに行ってやられたものだという。

熊の他には皮ものとしてタヌキ・テンを獲った。肉ものとしては兎・山鳥を獲ったが、兎は、その通り道となる谷の丸木橋の上に針金のククリワナを仕掛けたり、擬似鷹のつくりものを投げる方法があった。[*2] 兎や山鳥の肉は菜種油でいためて煮るという方法があったが、別に残肉のついた肋骨などを石の上にのせ、金鎚をつかって叩く方法があった。叩く時に水でもどした大豆・ドブロクの固まったところを混ぜて叩き、団子にして汁に入れた。

(7) 小椋きみの家

小椋きみのさん（明治四五年生まれ）は、夫の喜三郎さん（明治四三年生まれ）とともに椀木地の仕事をした。大白布沢の上、御沢の上に木地小屋を持っており、そこまでは歩いて一時間かかった。

きみのさんは粗どり椀の内刳りをしたが、早い人で一日二四〇枚だった。ムラには三つのロクロ工場があり、そこで椀木地を完成させた。その木地二四〇枚をひとひきと称し、これを背負って一ノ木まで運び出した。弟の千代次は弥平四郎へ婿にゆき、妹のきよのは五枚沢へ嫁いだ。ともに木地のムラである。

きみのさんが娘の頃、川入には一〇人の若者がいた。毎年、六月一四、五日頃からその若者たちがマス獲りをした。川の水面を横断する形に網を張り、上流からマスを追い込む追い込み漁だった。いま一つはタモ網漁で、タモは径三尺、柄三尺ほどで、これを使って三、四人でマスを獲ることもあった。マスは切り身にして焼いて食べた。九月の彼岸にはマスがホリを掘った（産卵した）。産卵を終えたマスが川にゴロゴロしていたが誰も獲らなかった。

夫の喜三郎は熊猟もした。熊の肉は大根とともに味噌で煮た。

(8) 小椋みね子家

みね子さん（昭和一一年生まれ）が喜多方から川入の小椋石雄さん（昭和一〇年生まれ）のもとに嫁いだのは昭和三五年のことだった。川入の小椋安雄さんの世話でやってきたのである。喜多方から山都までは汽車、山都から一ノ木までバス、一ノ木から川入まではムラびとのオート三輪だった。夫の石雄さんは炭焼きに専念し、みね子さんは営林署管轄の下刈りや杉の植林の仕事をした。舅の石伊と姑のよしのは椀木地の粗どりをしていたが、それも昭和三七年で終わった。原木のブナの木がなくなったからである。その頃はムラのロクロ工場もなくなっていたので粗型は喜多方まで送り、喜多方でロクロをかけるという形になっていた。

3　木地のムラムラ②――山都町藤巻

(1)小椋松安家

川入の小椋なみさんが嫁いだ日に休んだという山都町藤巻、五枚沢の小椋光則さんの母方の祖母、みのの実家がある藤巻、そして、川入の小椋藤作さんの母の実家がある藤巻、その藤巻の小椋松安さんの名をたびたび耳にしていた。松安さんは光則さんの祖母みのの甥に当たり、藤作さんの叔父にあたる［31ページ図①］。平成八年八月二五日、藤作さんの案内で小椋松安家を訪ねる機会を得た。

『新編会津風土記』耶麻郡一戸村「木地小屋」の項に、「藤巻　本村より戌亥の方二里にあり。家数五軒、東西三町南北五町、深山の奥に住す」とある。藤巻は閉塞感のない開放感のあるムラだった。

松安さん（明治四三年生まれ）も、妻のくらさん（明治四四年生まれ）もお元気だった。藤巻は戦前一一戸、現在一〇戸である。ムラには水車を動力としたロクロ工場が昭和一五年まで二箇所あり、そこで椀木地の仕上げをしていた。松安さんは藤巻の分校で六年生を終えてから昭和二〇年まで木地とりをし、その後は炭焼きをした。その間、定畑六反歩に毎年カノ（焼畑）を拓き、松安さんの代に七反歩の水田を拓いた。ムラから一旦下りにかかり、本川右岸支流を溯る。家から約三・五キロ、標高六〇〇メートルの九郎三郎沢に木地小屋を持っており、そこへ通って木地の仕事をした。

松安さんが粗どり、くらさんが内刳りだった。小屋から家までは松安さんが半ひき、即ち一二〇枚、くらさんが六〇～八〇枚を背負って運んだ。惟喬親王と山の神を併せて旧暦八月一日に祭った。製品は一ノ木まで運び出すこともあったし、一ノ木の問屋・仲買人が雇った駄賃とりが運ぶこともあった。

この地では焼畑のことをカノと呼んだ。七月に入るとカノ刈りをし、下旬の土用に火入れをして一年目にはソバを蒔いた。一年目のカノのことをアラドコまたはアラガノと呼んだ。二年目は粟か黍を栽培する。続けて三年目に小豆・大豆を作り、四年目はソバ・カブ・大根を作る形があった。平地の焼畑は、そこをそのまま定畑にしてゆくこともあった。傾斜地の焼畑は、一年目＝ソバ↓二年目＝粟・黍↓三年・四年・五年＝アラス（休閑）↓一年目＝ソバ↓二年目＝粟・黍、といった循環をした。

「藤の花のあと先に大豆・小豆を蒔くと虫がつく」「ウツゲ（ウツギ）の花ざかりに大豆・小豆を蒔くとできがよい」という自然暦がある。定畑に馬鈴薯を栽培し、澱粉を採って団子にし、柴蘇葉を巻いて焼いて食べた。

当地には栃の実の食習があった。アクヌキ処理と食法は次の通りだった。①九月の彼岸頃栃の実拾いをする↓②虫どめのため一週間水につける↓③一か月干す↓④カマスに入れ天井に保存する↓⑤使う時水につけて乾燥をもどす↓⑥木ばさみ型のトチヘシを使うか、イロリの縁で金鎚を使って叩くかして皮をむく↓⑦灰汁《あく》で煮る↓⑧三時間ほど水にさらす↓⑨よく洗う。こうしてアクヌキし

写真④　稲荷峠（福島県喜多方市山都町藤巻）

た栃の実は次のようにして食べた。ⓐモチ栗または黍と混ぜて餅にする　ⓑよくつぶして山蜜（ニホンミツバチの蜜）を混ぜて餡にする　ⓒソバ粉またはシイナ米の粉と混ぜて団子にする、などだった。

この他、ブナの実を採集してオヤツに食べた。また、栗・山ブドウ・コクワ・アケビなどを彼岸に仏前に供えた。

小椋松安家を辞して稲荷峠へ向かった。峠への道は拡幅工事中だった。自動車道路開設につき旧道の位置をはずれてしまい、なみさんはじめ多くの人びとが徒歩で越えた時代の稲荷の森は見るかげもなかった。弥平四郎へ向かって峠に立つと右側が崖面である。崖といっても五メートルほどで、そこに目印となる杉の木があり、その木の下にコンクリート製の小祠が祭られていた。これが稲荷様である［写真④］。稲荷を拝し、単調な山道を歩いて弥平四郎に向かった。弥平四郎は二度目だった。

4　木地のムラムラ③――西会津町弥平四郎

(1)弥平四郎へ

最初に川入に入った折、小椋なみさんから弥平四郎のことを聞き、是非一度行ってみたいと思っ

写真⑤　弥平四郎の屋並（福島県耶麻郡西会津町）

た。なみさんから話を聞いてから一か月もたたない平成八年五月一〇日、意外に早く弥平四郎を訪ねる機会を得た。弥平四郎は家並も長く、町のような感じだった［写真⑤］。戦前は四八戸、現在は三八戸だという。『新編会津風土記』耶麻郡極入村小名弥平四郎の頃には、「本村の北一里八町余にあり。家数十九軒、東西五十間南北三町、東は奥川に傍ふ。木地を挽て産業とす。近頃往々山間に田圃を拓く。此村飯豊山に登る経路にて封内東より来る者は一戸村を過ぎ西より来る者は此村を過ぐ。俗に飯豊の裏街道と云。毎歳八月に至れば、里民群集せり」とある。

なみさんの話に反し、木地師として活躍した古老はもういなかった。ただ一人紹介された明治生まれの男性の家を訪ねると病気で臥《ふせ》っているとのことだった。そのことを告げる高校生の孫はもう木地師という言葉さえ知らなかった。落胆しながらムラの中を歩くと随所に水田が見かけられ、谷の奥へ向かって左側の高みに大山祇神社が祭られていた。川入と類似の位置だった。男の木地師がいないなら、椀木地の内刳りの経験を持つ女性から木地の話を聞いてみなければならないと思った。その、私の求めに応じてくれたのが小椋クラさん（明治四一年生まれ）だった。

(2)小椋クラさんの体験と伝承

クラさんは小椋庄太・クマ夫妻の長女として弥平四郎で生まれた。次女のナホエさんは弥平四郎ムラうちに嫁ぎ、私がクラさんを訪ねた日にも姉のもとに遊びに来ていた。三女のキナさんは川入の小椋哲雄さんのもとに嫁ぎ、四女のイネさんは五枚沢に嫁いだ。ちなみに、クラさんの祖父庄吉は五枚沢から入婿した人だった［31ページ図①］。小椋庄太家の長女だったクラさんは二〇歳の年に川入のカミノイエと呼ばれる小椋長太郎家から次男の定衛さん（明治三七年生まれ）を婿に迎えた。定衛さんの母とめは、北塩原村の木地師のムラ早稲沢から川入へ嫁いだ人だった。こうして聞いてみると、木地屋のムラを結ぶ横の山道が生き生きと機能し、小椋系の木地のムラムラで代々婚姻関係が結ばれてきたことがわかる。

定衛さんは徴兵検査で甲種合格となり、現役兵を勤め終えていた。結婚に際しては、嫁であるクラさんの披露の意味もあって定衛さんの実家、川入のカミノイエまでクラさん自身も出かけたのだった。稲荷峠を越えて川入まで四時間かかったが、定衛さんの姉みのが藤巻に嫁いでいたのでそこに立ち寄り、茶・酒のもてなしを受けた。川入では二泊した。その後も、盆や祭りの折、川入から使いがくると、クラさんは子供たちをつれて夫とともに川入に向かった。

クラさんは、奥川尋常小学校の弥平四郎分校に三年生まで通った。同級生は女七人、男四人だった。先生は仙台から来た人でとても親切だった。クラさんは授業が終わっても学校に残って本を読むことが多かった。ある時、学校をのぞいた近所の人から、まだ学校から帰らないのかと笑われたことがあった。学校が好きで机を離れたくなかったのだと遠い小学生時代を回想する。

小椋庄太家は奥川上流部、ムラから徒歩で一時間半ほどのところに木地小屋を持っていた。その小屋の近くには仲間の小屋もあった。木地小屋とムラの家との関係には一種の型があった。普通、若夫婦が山へ入り、老夫婦がムラの家でロクロをまわし、仕上げをしたものだという。クラさん・定衛さんの場合、五月から九月までは二人で山へ通い、定衛さんが粗どりをし、クラさんが中刳り（内刳り）をした。クラさん夫婦が扱った椀木地には次の種類があった。ⓐツボワン（フタ＝コブタつき）ⓑハチノコ（オヒラ、ヒラとも呼びフタがつく）ⓒワジマ（汁椀でフタなし）ⓓメシワン（フタつき）ⓔメシワン（カドカタでシルワン・カサコ・ヨツメを伴うもの）ⓕスイモノワン（フタつき）ⓖツユゲ（ツユワン）、など多岐に及んだ。カドカタの大椀の中刳りには苦労したという。

椀の高さでタマ切りした材をさらに、ヒッカケと呼ばれる椀型の寸とりで大きさを確かめながらワケ鉈で分割して椀木地一個ずつの素材に分ける。ナマ木を刳ることはできないので、二か月ほどは乾燥させなければならなかった。その素材をアテと呼ばれる台の上で男手斧《ちょうな》＝ヒラ手斧［77ページ写真㉑］を使って椀の概形を作るアラガタドリをする。これは一般に男の仕事とされている。女性はアラガタにされたものを受けてウチボリ・ウチグリ・ナカグリ・ソコキリなどと呼ばれる作業をする。この作業には、キスまたはシキなどと呼ばれる固定台を使う。径八寸、長さ尺五寸で一部を土中に埋めて固定したもので、手前上部に内刳りをするアラガタの底を受けて固定させるように凹部がつけられている。その穴に椀木地のアラガタを置き、両足をなげ出し、足の拇指でアラガタの両端をおさえて女手斧＝ソコキリ手斧「77ページ写真㉑」を使って椀になるようにアラガタの内側を彫る。一部分が彫れると足の指先でアラガタを回転させながら次を彫ってゆくのである。極めて危険な作業で、この作業中に足の拇指を切った人もあったという。刳りカスの木ッ端は干して燃料にした。

　山の帰りには定衛さんが一二〇枚を背負い、残りは父の庄太が背負いに来た。ムラで小屋を持たない家では、天気の悪い日は山へは入らず、農業をした。

　クラさんは次のように語る。明治の末頃はアラビキを喜多方へ出し、喜多方でロクロにかけていたが、大正に入ってムラに水車動力のロクロ工場を作った。ムラにはロクロ工場か三箇所あり、ムラびとはこれを共同で使用した。ロクロをかけた椀木地は、営林署のトロッコで徳沢まで運び、徳沢から喜多方までは汽車で運んだ。ただし、冬季はトロッコが使えないので真ヶ沢まで背負い出した。また、クラさんは、父の庄太から古いロクロをまわした経験談を聞いたことがあるという。してみると、①ムラでの手動ロクロ→②ロクロ作業の喜多方依頼→③ムラでの水車動力ロクロ→④ロクロ作業の喜多方依頼、とロクロ作業の変転があったことがわかる。

　なお、『西会津町史』には次の記述がある。*3「轆轤も明治末ごろまでは手引き轆轤を使用していたが、大正期に入ると共同の水力を利用した轆轤が使用され、さらに荒型のみで搬出するようになった。」――小椋定衛家には定畑が八反歩あった。それに定衛さん・クラさんの代になって水田が増えた。まず、極入の一里上手に二反歩の水田を買い、別に、昭和一八年、職人三人を雇って二反六畝と一反五畝の水田を拓いた。戦後の食糧難の時代にこの新田が大きな力を発揮したことはいうまでもない。努力して拓いた水田が、今は杉林になってしまって情けないとクラさんは嘆く。

定畑には、稗・粟・黍・大豆・小豆・カブ・大根・ササゲ・馬鈴薯などを作った。粟・黍を使ってドブロクを作ったこともある。栃の実も食べ、山菜・キノコも採取利用した。父の庄太は奥川水系でマスを獲った経験があり、「雪が消え、柳の芽が出るとマスがのぼる」と語っていた。夫の定衛さんは川入ではマス獲りをしたそうだが、弥平四郎に来てからマス獲りをするのは見たことがなかったという。

八月一三日は地蔵の祭りで、それは女の祭りだとして女たちが楽しんだ。それに対して、四月二八日は山の神様の祭日でこの日は男の祭りだとされた。小椋定衛家は代々山の神祭りの太夫宿を務めた家で、同家は大山祇神社の真下にあることも山の神との深いかかわりを示し、同家の、木地集団の中における重い立場を推察させる。

喜多方の塗師屋遠藤寅治は、定衛さんの木地がよいと言ってそれを求め続けたのであるが、昭和三九年、定衛さんは腎臓を病み、六一歳で木地の仕事をやめた。

(3)小椋憲次さん・ユキコさんの体験と伝承

小椋憲次さんは定衛・クラ夫妻の長男として昭和四年に弥平四郎で生まれた。幼時から父母につれられて父の実家のある川入へはいくたびとなく出かけた。小学校三年生の時には川入のマンガン鉱山を見に行ったことがあった。また、一五歳の時には父の代理として五枚沢の葬式に行ったことがある。それは、祖父庄吉の実家、小椋力さんの父が死亡した時のことである。クラさんの妹いねさんが五枚沢へ嫁いでおり、その夫が弥平四郎へ訃報を持ってきたので、その人につれられて出かけたのだった。それは冬で、カンジキをつけて午前五時に出発した。稲荷峠を越え、藤巻を通り、出合→黒森南→矢呑沢と歩いて五枚沢に着いた時にはもう暗くなっていた。

昭和二四年一二月一五日、憲次さんは川入のカミノイエ、定衛さんの兄長次郎の長女ユキコさん（昭和四年生まれ）を嫁に迎えた。ユキコさんの母きえさんは弥平四郎の小椋新家から出た人だった。前日相川の髪結いで日本髪に結ってもらって、道中はゲンベイにモンペ、半コートだった。弥平四郎への道中は、両親・兄の留三郎・姉栄子、それに川入まで迎えに来てくれた仲人の小椋沖平さん・千代夫妻の七人だった。稲荷峠は神秘的で気がさわさわしたとユキコさんは語る。峠道には雪があった。沖平さんの家を中宿として江戸褄《えどづま》に着かえて小椋憲次家へ向かった。――里帰りは正月四日と九月九日だった。正月も九月もみやげは餅だった。正月は一升餅で、いつも藤巻で休んでいった。

憲次さんは二四歳から二七歳になるまで喜多方市の〆漆器店で動力ロクロを使って椀木地の仕上げをしたり、塗りの仕事にまわったりした。椀の種類は底部の形によった。断面が半円形になるものを「マル」、断面に角がつくものを「カド」、半円型よりもさらにふくらみを多くしたものを「オカメ」などと呼んだ。椀木地の仕上げをする鉋《かんな》は五種類あった。本来、椀木地に使う鉋は自分で鍛えるものだとされた。木地挽きは鍛冶屋の技術を持ちフイゴを使えなければならないと伝えられていたが、定衛さんの時代には、弥平四郎では、チョウナ類はすべて喜多方の新兵衛鍛冶に頼んでいた。憲次さんはロクロを使う技術として、先輩から「鉋を離すな」と厳しく教えこまれた。また、ナマモノは変形するので木地は乾燥が大事だとも教えられた。

二七歳、二八歳の二年間はムラに帰り、喜多方での修業を生かしてムラの水車動力のロクロ工場でロクロを使った。弥平四郎には三つの工場があり、おのおの四台のロクロがあった。そのロクロの使用権は、株によった。ロクロの株を持っている者に使用の権利があったのだった。ちなみに、戦前、弥平四郎で木地屋をしていたのは二五戸だったという。弥平四郎のロクロ工場が稼動していたのは昭和三二年までだった。営林署のトロッコも昭和三二年までだった。父定衛さんの粗どりは昭和三九年で終えたのであるが、ムラのロクロ工場がなくなってからは、粗刳りしたものを喜多方へ送っていたのである。昭和三〇年代まで木地のムラ弥平四郎でロクロを使った憲次さんこそ、最後の木地師というべきかもしれない。国有林の材木の払いさげ量が少なくなり椀木地の原材が減ったこと、昭和三五年から刳り作業がすべて機械で行われるようになったこと、プラスチック製の椀が出始め、椀の値がさがったことなどが木地師の仕事の終焉を早めた。何よりも、高度経済成長期に入り、生活様式の変化・村落共同体の変質が始まり、膳椀の使用機会が減少した。即ち、冠婚葬祭がイエ・ムラで行われなくなった。人びとの膳椀に対する執着心の稀薄化が進み、それが木地師終焉を加速させた。

椀木地の仕事を離れた憲次さんは以来今日まで農業と林業、木材伐出を兼ねて暮らしてきた。定衛さん・クラさん・憲次さんが木地にかかわっていた時代、毎年一二月二八日に惟喬親王の掛軸を出し、一月二〇日まで飾って餅を供えていた。小椋憲次家には今もその掛軸がある〔写真⑥〕。中央に坐す惟喬親王の前で伯耆守《ほうきのかみ》小椋光吉がアラドリをし、信濃守《しなののかみ》藤原久長がロクロ鉋をかけるといっ

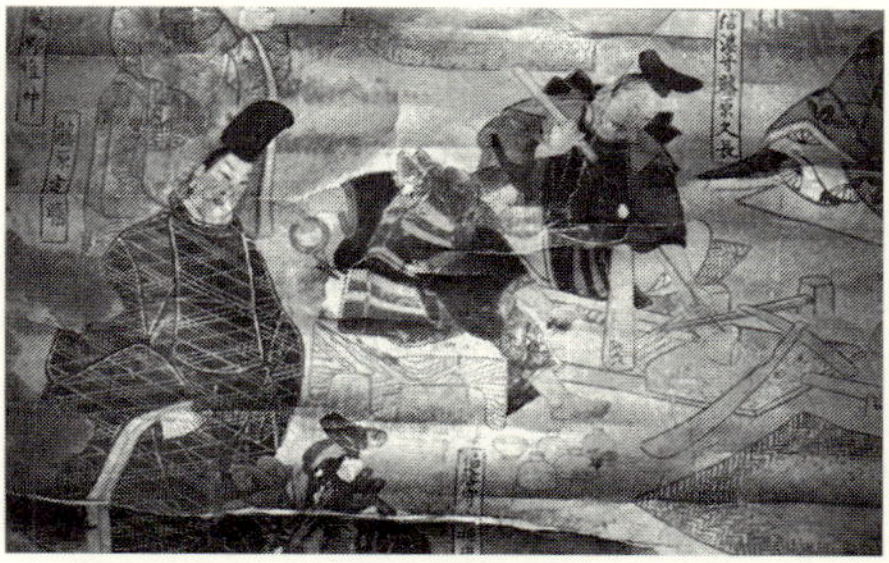

惟喬親王と木地師の図（部分）
写真⑥　小椋憲次家蔵（西会津町弥平四郎）
写真⑦　小椋藤作家蔵（山都町川入）

図④　木地師作業図（『斐太後風土記』巻三十四）

た図柄である。このロクロ鉋の図は、『斐太後風土記』[*4]に収められた作業図〔図④〕とも一致している。文徳天皇第一皇子の惟喬親王を木地師の祖神とする伝承は根強く、このような掛軸をも発生させた。類似の掛軸を川入の小椋藤作家でも見たが、構図はほぼ一致するものの、アラドリの所作などに微妙なちがいが見られた〔写真⑦〕。

憲次家にはウチグリまで終えた椀木地が残っている〔写真⑧〕。居間には定衛さんの穏やかではあるがたくましい表情の写真が飾られていた。

写真⑧　アラドリ・ウチグリを済ませた椀木地（西会津町弥平四郎、小椋憲次家）

5　開拓のムラ——西会津町弥生

(1) 弥生へ

阿賀川右岸に合流する奥川ぞいに溯上する。奥川本流に分かれ支流の久良谷川ぞいの道に入ると急に谷が狭まり、峡谷になる。ブナの新芽は浅緑をなしてはいるか、コナラ・ミズナラの芽は銀色で、欅《けやき》の芽は赤みを帯びている。朴《ほお》の葉もまだ葉巻タバコのようだ。山の随所に白布のような残雪が残る道を曲るたびに、川の曲点に雪崩の残雪と腐葉土が押し出されているのが見える。草地、山かげには黄色い花をつるしたミヤマキケマン、首を立てたように薄紫の花をかざしたキクザキイチゲなどが群れていて美しい。合流点から五〇分ほど歩くと道の右下の草地にある墓地が目に入った。墓石はすべて小椋姓である〔写真⑨〕。それは、この地が木地師の流れをくむムラであることを語っている。墓地には五月の陽光を受けてカタクリの花が群生していた。草地を過ぎ、五分ほど歩くと民家が見え始める。カーブする坂道を登るとなだらかな傾斜地がひらけており、下から上へと民家が点在していた。所々に満開の花をつけた桜の木がある。会津のムラムラに見かける大きな草屋根はなく、みな新しい感じの家ではあるが、納屋の窓ごしに数種類の篩が掛けられているのが見えたり、軒下に田植に使う木製の定規がつられていたりする。このムラが農のムラであることがわかる。庭先に採収したゼンマイを干している家もある〔写真⑩〕。家並をはずれるとなだらかな傾斜地に拓かれた棚田が上方へと続いていた〔写真⑪〕。そして、その前方即ち西方にはまだ深く雪をかぶった

写真⑨　弥生の墓地（福島県耶麻郡西会津町）

写真⑩　ゼンマイ干し（同上）

写真⑪　小椋安光さんが開墾した棚田（同上）

写真⑫　弥生西方に迫る高森山と焚木運びをする安光さん（西会津町）

高森山（一一五一メートル）が見えた［写真⑫］。

⑵小椋安光さん・よしみさんの体験と伝承

〈小椋安光さん入植〉　終戦後、復員者や次男三男の生業確保のために山野開拓を行う例が各地に見られた。西会津町を流れる奥川支流久良谷川上流部久良谷の国有地払いさげ申請が出され、測量が始まったのは昭和二〇年秋だった。翌二一年春には二一人の希望者に、一戸につき三町二反歩の土地が払いさげられた。ただし、五年以内に開墾し、耕地にしなければならないという条件がつけられていた。

弥平四郎の小椋安光さん（大正一四年生まれ）は昭和二〇年二月に召集を受けた。戦況は悪化しており、本土空襲も激しかった。「どうせ死ぬなら戦地さ行ってみたいという気はあったな」と当時を回想するが、群馬県の松井田で終戦を迎え、九月一二日に帰還した。祖母のとり、伯父庄五の家に身を寄せる立場にあった安光さんは、早速久良谷の開墾入植者募集に応募した。

〈焼畑からの開墾〉　開墾は焼畑から始まった。当地では焼畑のことをカノと呼び、そのカノには春ガノと夏ガノとがあった。普通春ガノは秋、まだ葉のついている雑木を伐り、春それを焼くのであるが、この年、昭和二一年は変則的にならざるを得なかった。秋にはまだ測量をしていたからである。太い木はカノの脇に運び出しておき、枝や細い木を可能な限り乾燥させてから火入れをするという形をとった。火入れは警察署・消防署に届け出て、許可を得てから行った。火入れをする前に焼畑予定地の周囲に防火帯を作った。延焼を防ぐために林の草を除くのである。これを「ドテキリ」と呼んだ。焼け残りはドテに出し、薪として利用した。一人で始めてはみたものの、一人では五年間に開墾をなしとげることが不可能であることがすぐにわかった。

〈結婚〉　弥平四郎の親族たちに嫁とりを勧められ、よしみさん（昭和三年生まれ）と昭和二一年五月に結婚した。

伯父庄五の家に親族が集まり、弥生開拓組合組合長小椋留吉夫妻の仲人で結婚式が行われた。結婚式の神酒は黍のドブロクだった。久良谷の開拓ムラの名称は、組合員のほとんどが弥平四郎の出身であるところから弥平四郎から新たに生まれる出ムラという意味をこめ、さらに入植の時期が春であったことも含めて「弥生」と命名されたのであった。

安光さんはめでたい結婚式の席で、一つだけ残念に思うことがあった。それは、満一歳に満たない時から実母に代わり、手塩にかけて育ててくれた祖母とりが、この日を待たず、二一年二月に他界していたからである。働き者のとりは座って縄を綯《な》いながらの姿で息絶えたのだった。この晴れ姿を一目祖母に見てもらいたいと思った。二人の新居は新しい弥生のムラの二間半に三間の小さな家で、一間に二間半の炊事場と、二間に二間半の大きな部屋から成っていた。玄関に当たる部分には雪除けのサッカケをつけた。床は板張りで、ムシロゴザを敷いた。一一月初旬から四月まではムシロゴザの下に藁を敷いた。その期間はカヤで雪囲いもした。ここで二三年の夏までを過ごした。

二三年の秋に国庫補助を受けて開拓住宅ができた。それは五間に三間の一六坪で床ノ間・押入れつきだった。ところが国の査察で一二坪におさえられたのでその差は自己負担ということになった。タテ（高さ）は一〇～一一尺とされたが、安光さんは雪への対応を考えて一六尺にした。建築当時は萱葺屋根だった。屋根をトタン張りにして、今でも開拓住宅に住んでいる家もある。安光家では昭和五〇年に現在の二階建本格住宅に建て替えたのである。

〈開拓地の焼畑と水田〉　さて、昭和二一年に拓いた春ガノは四反歩だった。春ガノは次のように輪作した。一年次＝粟→二年次＝大豆→三年次＝馬鈴薯・甘藷→四年次＝粟・ソバ、一年次の粟の収量は反当たり二俵あり、合計八俵の粟が穫れた。

二年次に大豆を栽培するということは、豆が根瘤菌により空中の窒素を固定化するその肥料効果が伝承されているからである。三年次になると木の根が腐るので地が深くなり、芋類の栽培が可能となる。夏ガノは夏伐り夏焼きでソバを栽培する。昭和二一年には夏ガノを四反歩焼きソバを一〇俵収穫したが、夏ガノの地で輪作をするには人手が足りなかった。粟は穂刈りで茎はそのままにしておき、春、茎を焼いてから大豆を蒔いた。土の軟らかいところは畝蒔きにし、固いところはバラマキにした。焼畑ではこのように粟・ソバなどの雑穀、芋類をはじめ味噌原料となる大豆も栽培したので、当面の食糧に困ることはなかった。焼畑の中で、家に近く、平らなところは定畑にしていった。よしみさんは「藤の花が咲いたら粟を蒔く」「ウツグイの花が咲いたら大豆・小豆を蒔く」「雪が消えて土が乾いたらジャガイモを植える」「種モミおろしは梅が咲いた時」などといった自然暦をしっかりと身につけている。

粟はモチ種の粟を栽培し、餅にしたり、蒸して飯にした。飯には粟・小豆・ササゲなどを混ぜた。ソバはカラウチをし、石臼で碾いて粉にし、ⓐソバキリ ⓑヤキモチ（大根とジュウネン〈荏胡麻《えごま》〉を混ぜて醤油味をつけ、餡にしたもの）ⓒネッケーモチ（練り掻き餅＝熱湯で練り、ジュウネンと醤油を混ぜたものをつける）、といった形で食べた。馬鈴薯は蒸して食べたり、澱粉を採って練って食べたり、菜・ニシンなどと煮て食べたりした。「米の飯を一五日も食べないことがあった」と語る。

田起こし、即ち水田の造成は、まず畑作物の見通しがついた後、昭和二六年から始めた。田起こし作業は春である。トーグワで赤粘土質の土を掘り起こし、土をムシロに載せて移動し、田の床は一尺×一尺二寸、厚さ二寸の板に柄をつけた叩き板で叩き、床じめをした。余分な土を棄てたり、耕土を整えるのに木の一輪車を使った。平らな土地の水田造成は二人一週間で二畝、傾斜地の場合は二人二週間で二畝を拓くことができた。

昭和二六・二七・二八年と毎年二畝ずつ拓き、昭和三八年までの一〇年間は六畝の水田で稲作を

写真⑬　弥生の氏神・山祇神社（西会津町）

した。最初の年は苗が間に合わず、極入の下の真ヶ沢から苗をもらった。昭和三八年からはブルドーザーが導入され、三八・三九・四〇年と各一反歩ずつ拓いた。四一年にも四畝拓いた。小椋家で耕耘機を入れたのは昭和四〇年のことで、それ以前は朝晩水見をするなど細心の管理をして反収最大八俵だった。耕耘機導入以後は反収五俵になった。小椋安光家の農業が最大規模になったのは昭和四八年のことで、定畑一町二反歩、水田四反歩、五〇年には原野二反歩に杉の植林をした。

〈共同体「弥生」と山祇神社の創建〉　当初二一人の入植希望者があったのだが二三年、開拓住宅ができる前に七人が脱落して弥平四郎に帰った。最終的に「弥生」を構成し、定住した人びとは、弥平四郎から一〇戸（うち小椋姓九戸・赤城姓一戸）、営林署関係三戸（大沼郡昭和村から長谷川家・山都町から佐藤家・山形県から佐久間家）といった成りたちとなった。この一三軒が上組・下組に分かれ、協力して村落共同体を運営することになった。上組が八戸、下組が五戸である。

　弥生の谷は西が上流、東が下手になっており、家並の南側に定畑があり、その南が丘状をなしている。その丘をなす山の一画に山祇神社、通称「山の神」がある［写真⑬］。入植が昭和二一年三月一七日で、一か月後の四月一六日に届出をし、神社が創建されたのが八月一六日だった。弥平四郎・川入・五枚沢などと同様、ムラの高みに山の神が祭られている。ムラを開くに際し、いちはやく山の神をムラの高みに祭るという木地のムラの伝統がここに生きている。

弥平四郎に分校ができたのが昭和三七年、廃校になったのが昭和五二年である。中学生は、久良谷から山を越えて奥川本流の谷に出る前峠を越えて弥平四郎へ通うことを基本にしたが、一一月から三月までは弥生で季節分校が開かれた。その期間は、小学校の先生二人に加えて中学の先生が一人ムラに滞在した。

お産の時は奥川の産婆さんに来てもらったが、弥生の老婆が集まってとりあげることもあった。弥平四郎には、難産の時は、屋根に箕をかぶせると安産が得られるという呪術が伝えられており、弥生でも難産の時にはこの呪《まじな》いをした。

〈熊狩の伝承〉　安光さんは熊狩にも力を入れた。熊の冬眠は冬至から春土用までだと伝えられる。春の出熊を狙うのであるが、狩猟組は七、八人、二晩か三晩の泊まり山で行った。猟場は高森山（一一五一メートル）を中心に立石山（九八九メートル）・高陽山（一一二六メートル）にも及んだ。熊狩に出発する時と、獲物を獲った時には山の神に神酒をあげ、捕獲した時には頭の肉と脳味噌を山の神にあげた。米は一日六合、一升二晩を基準とし、味噌・タクアンを持ち、獲れれば兎なども食べた。

熊狩の布陣は図⑤のようにして分担した。ブッパは射手、メアテは熊の動きを射手に知らせる役

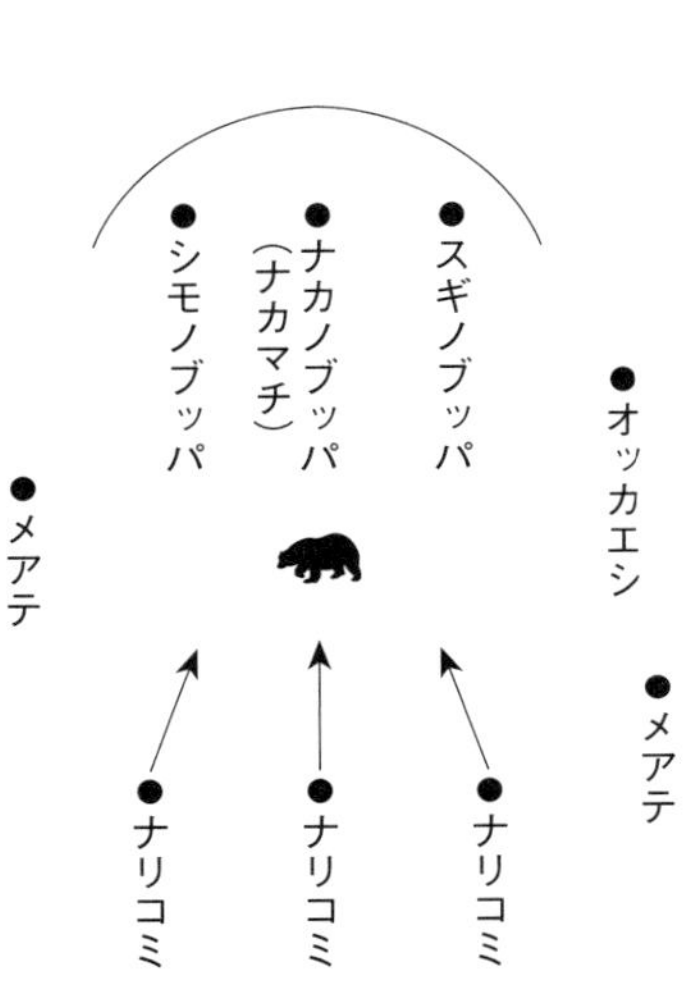

図⑤　熊狩の布陣（西会津町弥生）

割で、三名のブッパからよく見える位置をとる。オッカエシは、熊がブッパからはずれないように、ブッパの方に熊を追う役割である。大熊は山で解体するが、普通のものはムラに帰って解体した。ムラの入口で山の神を拝み、「ホー　ホー　ホー」と大声を出した。解体や宴会は「一槍《いちやり》」と呼ばれる仕止めた猟師の家で行った。現在は宿代一五〇〇〇円を払う。解体では皮剝ぎのことを皮目タテという。一槍の家で解体した際、脳味噌をナマニエにして酢をかけ、猟師たちが車座になって一槍の者から順に右まわりに食べた。食べる時には護符をいただくようにおしいただいて食べるものだとされていた。

熊の胆、即ち胆嚢に関する伝承も豊かである。モノを食べた熊の胆嚢はその仕上がりがナマの五分の一から六分の一になるのだが、モノを食べていない熊の胆嚢はナマの四分の一に仕上がるという。そして、六分の一のごときものは「水《みず》胆《い》」と呼ぶ。熊の胆を干して仕上げるのは猟師仲間でも経験豊富な年輩者に委ねた。胆の上部を麻糸で縛って吊ることをエツリと言う。

エツリをする時に胆の上部が乾燥してしまわないように縛る部分に熊の脂を添える。これを炭で乾燥させる。ほどよく乾燥したところで板に挟み、縄を巻きアンカか炭火で平らに干す。能の胆の調整には二週間かかる。秤で計ってから分配するのだが、平成八年現在で、一匁二万五〇〇〇円だった。仲間の数に分けるのだが、大・小が出るので籤引きをし、大きいものを当てた猟師は差額を出す。熊の胆は万病に効くと言われるが、特に腹痛・発熱・二日酔などによいとされる。安光さんは熊の胆専用の秤を持っている［写真⑭］。熊の肉や毛皮の代金も均等に分配した。熊の肉は骨のついたまま味噌で煮る方法があった。熊の他には猿を撃ち、肉は食用に、頭は乾燥させて女性の血の薬にした。また毛皮は袖なしの背皮に使った。

渓流漁撈としてはイワナ釣りをした。四月一日から九月末日までの間に釣った。餌は春はミミズ、夏はコオロギ、それに鶏の羽などを使った毛針も使用した。イワナは味噌をつけて焼いたが塩漬けにして保存もした。

写真⑭　熊の胆専用の秤を持つ安光さん（西会津町弥生）

〈出稼ぎと留守家族〉　安光さんは昭和二八年から平成七年まで出稼ぎをした。出稼ぎの期間は一二月から三月までだった。北越製紙株式会社で季節労務に当たったのである。職場は喜多方在から新潟県津川の在など点々としたが、昭和五〇年代末から平成七年までは、北越製紙の地方事業として、千葉県の佐倉市・成田市・野田市などに出かけた。枯松の抜き伐りをしたのである。安光さんが出稼ぎに行っているうち、家を守ったのはよしみさんである。藁仕事にも精を出した。炭焼きのスゴ編みは年中だったが、ムシロ・ゲンベイ・草履・蓑などは主に冬や夜なべに作った。ゲンベイは一晩二足、草履一晩一〇足、蓑は四晩かかった。幼い子供の子守をしながらの夜なべは骨が折れた。小椋安光・よしみ夫妻は福雄さん（昭和二五年生まれ）、義也さん（昭和二六年生まれ）、拓雄さん（昭和三一年生まれ）の三男に恵まれた。

〈生い立ちと木地師〉　安光さんは祖母とり・伯父庄五の家で育った。奥川村尋常小学校弥平四郎分校へ通ったのだが、八歳の時から同家にもらわれてきた子を背負い、子守をした。庄五のつれそい、安光さんにとって義理の伯母の兄が熊吉で、その熊吉の娘くまのの夫が辰雄だった。安光さんが子守をしたのは辰雄の子、勝美だった。安光さんは辰雄さんとの縁が深く、一二歳の年から、庄五・辰雄さんについて山に入り、木地の仕事を手伝うことになった。

その山は稲荷峠と弥平四郎の間にあり、基本的には五月から一〇月末まで通いで仕事をした。山には菅ムシロを雨除けにした小屋があり、秋の忙しい時には泊まることもあった。ランプと薄ふとんがあった。椀木地材のブナの木を伐採するに際して、柾目《まさめ》を確かめ、よい柾目の木を得るために「マサブチ」をした。試しに木の一部を欠いて確かめるのである。マサブチには、木を無益に伐り倒すことのないようにする配慮が込められている。山中を歩いていると、先人たちがマサブチをした疵《きず》を負って立つブナを見かけることがあった。これを「フルブチ」と呼んだ。マサブチをする前に木肌の色あい、立ち方でおよその判断はできるものだという。目で一次審査をするわけである。

経験を積むことによって一本の木から何枚の椀木地がとれるかという計算ができるようになる。安光さんによると、径二尺以上、椀木地が五挽きから六挽きとれる木が最も効率的だという。一挽きが二四〇枚とされるから、一本のブナの木から、椀木地一二〇〇～一四四〇枚とれるものがよいということになる。

安光さんの仕事は、ブンキリ＝タマギリと称して、材を椀型に応じて四寸、四寸二分に切る仕事と、タマギリした材を粗どりできるように分割する仕事だった。タマギリは鋸で、分割は、ヒッカケと呼ばれる、椀の種類によって寸法を変えるための寸とり定規［76ページ図⑥・写真⑲］で計り、分け鉈を当てて鉈を木のサイヅチで叩いて行った。庄五・辰雄が粗どりをし、くまのさんは家で、山から運ばれてきた粗どりの中刳りをしていた。中刳りをしない粗どりは八〇枚、中刳りを終えたものは半挽きの一二〇枚を背負うのが一荷の単位とされた。

秋、忙しい時は山に泊まったと述べたが、それは、雪の来ないうちに、冬季の仕事ができる素材を山から家へ運びおろしておかなければならないからである。冬季は営林署トロッコが動かなくなるので、椀木地は弥平四郎から真ヶ沢まで人の背で運んだ。真ヶ沢から徳沢までは荷車、徳沢から喜多方・若松へは汽車で運ばれた。粗どり、中刳りを終えたものは弥平四郎のロクロ工場で仕上げをした。仕上げされ、塗りを待つばかりにした椀木地一挽きが二四〇枚、冬季の弥平四郎から真ヶ沢までの荷は、女は一挽き、男は一挽き半の三六〇枚が一荷の単位とされた。

〈山に生きる〉 小椋安光家では平成四年まで水田四反歩で稲作をしていたが、平成五年には稲作を廃した。平成八年現在、畑四畝と植林の杉の手入れ、ナメコ栽培、山菜、キノコ採取が小椋家の生業である。ナメコ栽培は、五月一〇日から二〇日までが菌打ち、九月下旬から一〇月中旬までが収穫となる。この間ナメコのあいまに、九月下旬から一〇月中旬までにマイタケ・シロキノコ（カノシタ）を採取する。山菜は五月三日から五月末日までの間、販売用のゼンマイとウド、それに自家用のコゴミを採取する。六月一日から六月一五日まではミズナ・ワラビ・フキの採取である。

ゼンマイは急峻な箇所に出るので鉄カンジキをつけてゆく。資源保全のためにオトコゼンマイを残す。コゴミは根を欠いてはいけない。根の白いところをつけて採ると来年は半分になる。もったいないと思うくらいのものを残してきた方がよい。ワラビも土から採るとだめだ。これらのことはみな先人から伝え聞いたことだが、自分で経験してみて納得できたと安光さんは語る。

6　木地のムラ、その終焉を見つめた人――小椋光則さん

(1)木地師と炭焼き

小椋光則さんは昭和三年、福島県喜多方市熱塩加納小字五枚沢で生まれた［写真⑮⑯］。五枚沢は木地のムラであり、光則さんが生まれた家も木地師の家だった。昭和一九年、光則さんは父の光重さんと二人で小屋暮らしを始めた。小屋は木地小屋で、五枚沢の本村から約五キロほど五枚沢川ぞいに奥へ入った国有林のツキノキ平というところにあった。その地は光重さんと、小椋鹿三さんとが国から払いさげを受けたところだった。その頃、ツキノキ平周辺には五枚沢の人びとの木地小屋

写真⑮　五枚沢（福島県喜多方市熱塩加納町）

写真⑯　雪の五枚沢（同上）

が一〇戸ほどあった。

一二月下旬から春の彼岸までは基本的に五枚沢の家に泊まり、必要に応じて山へ通い、その他は、ツキノキ平の小屋へ泊まったり通ったりしたのだった。それは光則さんが高等科を卒業した翌年のことである。光重さんは椀木地の仕事に専念、光則さんは炭焼きを主として、椀木地の原材であるブナの伐採、椀木地材のタマギリなどを手伝った。父は木地、子は炭焼きと仕事が分かれたのは戦争の影響だった。木地のムラ五枚沢にも木炭の供出命令が下されたのである。五枚沢木炭組合が結成され、割当量を生産することになったのだった。「戦争がなければ本格的に木地の仕事をしていたにちがいない」と光則さんは語る。ツキノキ平の小屋をベースとして、光則さんは父親から山のこと、木のこと、炭のこと、木地のことなどじつに多くのことを学んだ。

椀木地の原材となるブナを伐るためには、椀木地に適した柾目のよい木を選ばなければならない。外観観察でおよその見当をつけ、さらに「マサウチ」をする。平均、直径二尺五寸ほどの木が選ばれる。マサウチは人がブナの木の前に直立してその木の咽喉の高さの位置を幅五寸、深さ九寸ほど欠いてみる。マサウチをしただけなら木は枯れない。山奥で、先人たちがマサウチをした跡を瘤として身に残したブナの巨木を見かけることがある。これをフルウチという。木が水分をあげなくなる秋の彼岸以降伐採する。山の斜面に立つ木の斜面と向き合う半分をアトカタ、反対側半分をミノカタと呼ぶ。椀木地には本来、ねじれのこないアトカタが適していると言われ、ミノカタは杓子にまわすのが理想である。直径二尺五寸ほどのブナの木の中心部には赤身があり、それをアカナカと呼ぶ。アカナカを椀木地にすることはできないので赤身の部分は除かなければならない。

戦前、木地小屋を持たない木地屋もいて、五枚沢では合計二〇戸が木地にかかわっていた。その後、檜原からも五戸の木地屋が入っていた。二五戸分の木地原木と割当量の炭を生産するためには、年間五～七町歩の国有林払いさげを受けなければならなかった。椀木地に最適の素材はトチの木だが、それは二割で、あとの八割はブナだった。そのトチも実を食料にしたので、木地のムラとしては自家撞着があった。木地材と炭材との関係は、まず木地材を採り、その残りの中から炭材を採るという方法だった。炭材はナラ・カエデ・ブナなどだった。木地材・炭材の伐出開始に際しては、その山の一角に椿の枝を立て、山の神から木をいただく祭り、山仕事の安全を祈る祭りをした。

光則さんが山へ入り始めた昭和一九年から昭和三〇年までは原生林の伐採をしたが、以後、原生林がなくなり里山の木を伐った。父の光重さんが木地の仕事をやめたのは、原材がなくなったことだけでなく、作業中に削り木ッ端が目に入って目を痛めたからである。それは昭和三五年のことだった。光則さんの炭焼きは昭和四〇年まで続いた。

径二尺五寸から三尺の木を椀木地用にタマギリ、炭用を三尺にタマギリしたとしても、両者では割り方が異なった。椀木地用の木は「マサ割り」という割り方をしなければならなかった。木の中央を円心と考えれば、まず第一に円心を通るように縦に二分して切り、次にそれと直角に交わる形で中央を切るので、木は四分される。さらに、円心を中心に輻射状に分割することになる。ミカン割りと考えればよい。これに対して炭材は「オイ割り」をした。いわゆる板割りである。奥山の太い木を割る時には梢方から根方へ、里山の五、六寸以下の木を割る時は逆に根から割れと言われた。炭材は、巨木でもすべて一二センチ角ほどに割った。窯は三〇俵窯だった。木は三分の一にちぢまると言われ、窯に風を入れると炭が細くなり、固くなるとされた。一本の炭は上から下まで同質のものではなく、中央部が最良、根方がそれに次ぎ、上部が劣るという。炭の技術伝承も精妙である。光則さんの窯は、黒炭時代高さ三尺、奥ゆき六尺、立て薪の長さは一メートル、八貫俵で一窯三〇俵とされた。径三尺の原生林のブナ一本を割るのだが、二日で一棚、六日分で一窯になったという。昭和二五年までは黒炭、二六年からは白炭を焼いた。光則さんが炭焼きを始めた頃は八貫俵、後に四貫俵になった。搬出には南京袋やカマスを使い、加納鉱山まで背負って運んだのだが、男が一五、六貫、女が一二、三貫だった。帰りには米や醤油などを運んだが、女たちは、四月になるとタニシを拾って帰ったりした。

伐木用具は、鋸《のこぎり》・ヨキ・矢（楔《くさび》）などがある。小椋家には鋸もヨキも保存されている。写真⑰のⓐⓑは木伐りヨキと呼ばれるヨキで、椀木地材伐採の時に使う。ヨキの刃の部分が、ⓒに比べて彎曲しているのが特色で、このように丸くなっている刃をハマグリ刃と呼ぶ。彎曲部の幅はともに八・五センチ、長さが二三センチで、これは土佐ヨキと呼ばれる比較的軽いものである。これらに対して、ⓒは刃先が直線的になっている。これを木割りヨキと呼び、材を割る時に使う。本来、柄は二尺五寸と決まっていたが次第に長くなった。木割りヨキの刃先は三角形になっており、ヨキの重みで切れるようにくふうされている。

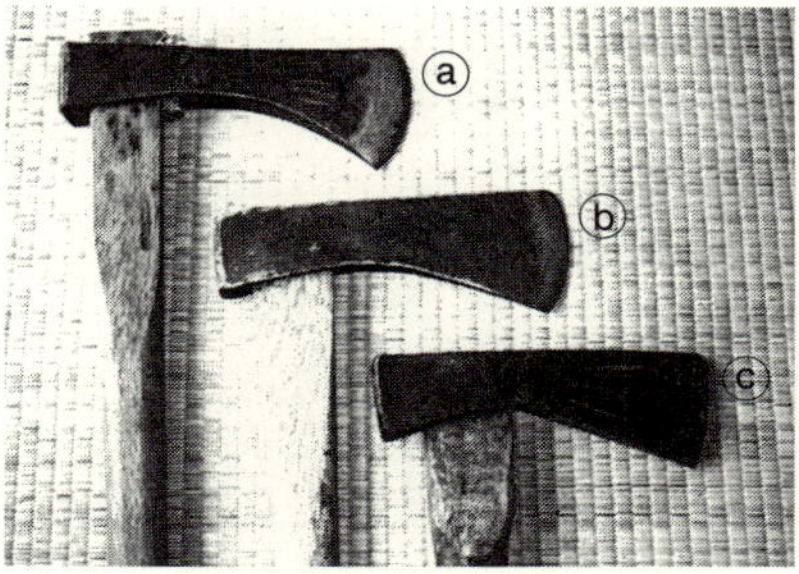

写真⑰　ⓐⓑは木伐りヨキ（ハマグリ刃）、ⓒは木割りヨキ（熱塩加納町五枚沢、小椋光則家）

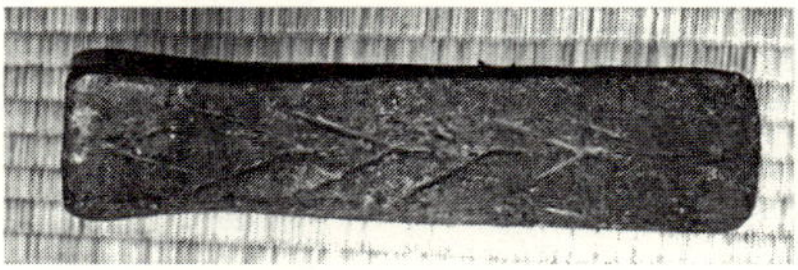

写真⑱　伐木用の鉄矢（同上）

伐木にはこの他矢（楔）を使った。矢にはクズ矢と呼ばれる木製の矢と鉄矢とがあった。クズ矢の素材はミネバリ（オノオレ）が主で、平素よく乾燥させておき、雨の日に使うことを避けた。滑性をつけるために椿の実の油分を塗った。鉄矢は写真⑱のごときもので、長さは二一センチ、幅五センチである。矢の表面に刻まれた溝線は水分をぬくためのものである。

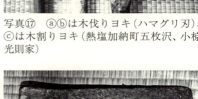

(2) アラガタと内刳り

小椋家の木地作業も時代によって変化してきた。祖父光安（明治二二年生まれ）の時代には椀木地が八〇%、あとの二〇%は、鉢・臼・鍬台・雪ゾリなどだったが、父光重の代には一〇〇%木地椀だった。光則さんと木地とのかかわりは前述した通りである。椀木地には多くの種類があった。椀には組みものと呼ばれるセットものと、一つものと呼ばれる単品とがあった。飯盛り椀のことをオヤと呼び、標準的な彎曲を持つものをマルオヤと称し、そのセットとしてツユ・ヒラ・ツボを伴い、そのおのおのに蓋がつく。マルオヤに対して、断面彎曲曲線にふくらみを持たせ、底部の張りを強くした飯盛り椀をフクオヤと称し、これにも同系のツユ・ヒラ・ツボと蓋がついた。さらに、カドオヤの組みものがある。カドとは、椀の断面が曲線ではなく、両端の垂直線を受けた鈍角が内にすぼまり糸底に連る形で、垂直部は一二角、底に集まる斜部は八角とする。断面にも平面にも角がつくところから「カド」という名称を得ている。

小椋光則家には今でも椀木地にかかわる製造用具が保存されている。タマギリをし、それをアラ

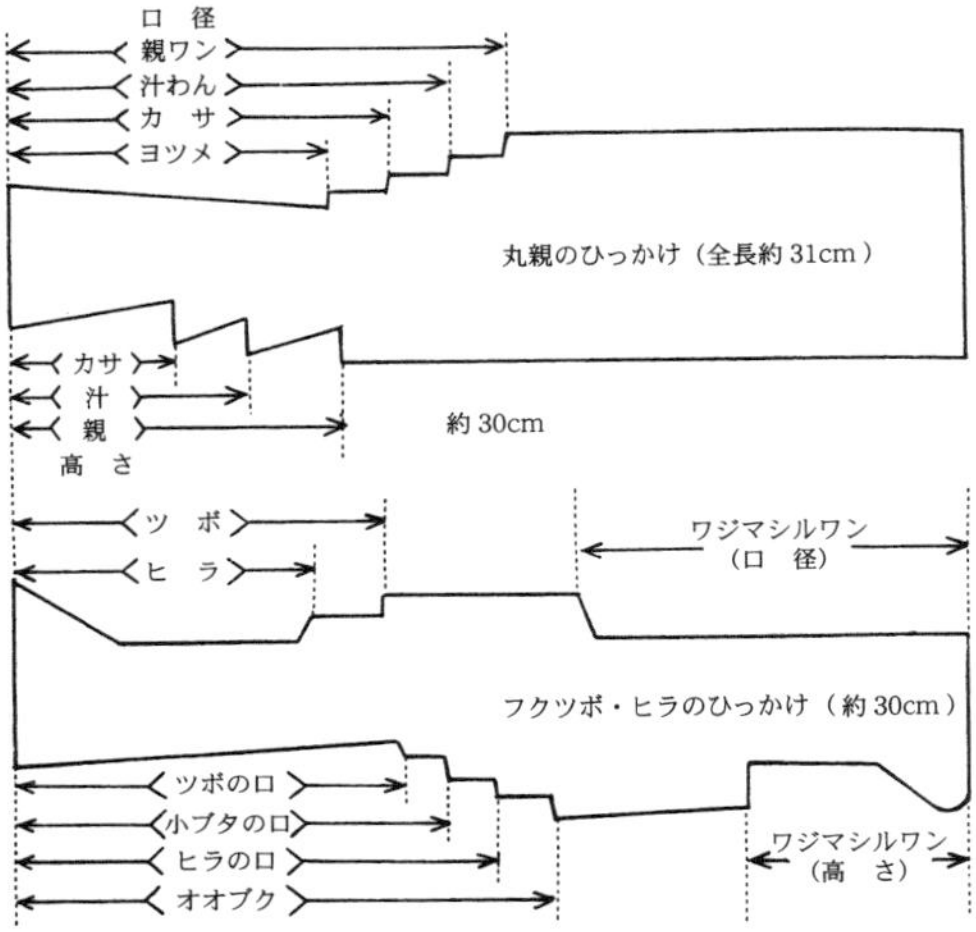

図⑥　椀木地用定規ヒッカケの寸法（『裏磐梯・北塩原の民俗』より）

写真⑲　ヒッカケ（福島県耶麻郡北塩原村檜原小字早稲沢、大竹繁家）

写真⑳　ヒッカケの使い方を語る小椋光則さん（熱塩加納町五枚沢）

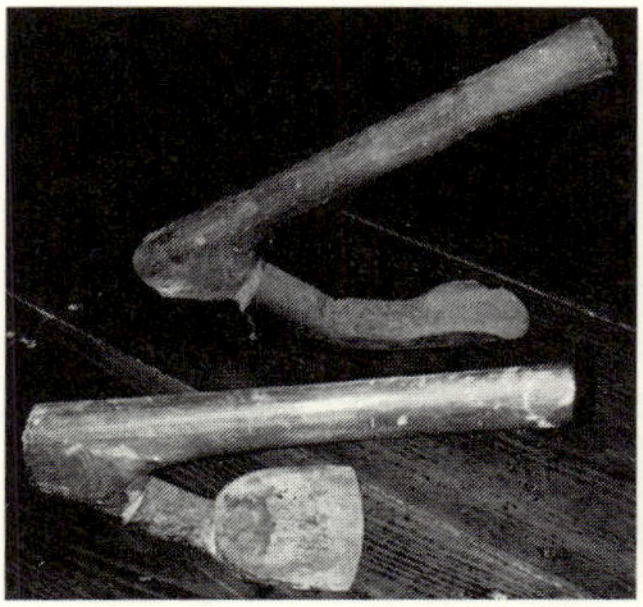

写真㉑　上：女手斧、下：男手斧（同右、小椋光則家）

ドリできる形にワケナタを使って分割する。ワケを済ませると、前記の椀の種類に応じて、寸法をとりながらアラガタドリをしなければならない。その寸とりの定規をヒッカケと呼ぶ。一本のヒッカケに数種の寸法を刻んでおき、椀の種類に応じて使い分ける。その時、木地材にヒッカケるようにして寸とりをするところからこの名がついた。ブナの板で作られている〔写真⑲⑳〕。図⑥は『裏磐梯・北塩原の民俗』[*5]から転載したものである。

アラガタドリをするには男手斧《ちような》を使う。写真㉑の下が男手斧で、刃先の幅一二センチ、柄の長さ三五センチである。アラガタドリは男の仕事である。アラガタドリを終えたらウチグリ、ナカグリなどと呼ばれる椀の内刳りをする。この時使うのが写真㉑の上の女手斧で、刃に彎曲をつけてある。彎曲部の幅は七・五センチ、刃の長さが一六センチ、柄は四一センチと男手斧より長い。ウチグリは女の仕事とされた。光則家に残る男手斧の目方は一・二二キログラム、女手斧は一・五一キログラムである。手斧は人に応じて目方を定めて注文するものだと言われた。本来ならば内刳りの次はロクロをかけて仕上げまで行うのであるが、五枚沢におけるロクロひきは祖父光安の時代までだった。ロクロは一人がまわし、一人が鉋をかけるのであるが、鉋かけでは光安を越える者はなかったと言われている。光重（父）の時代には、五枚沢ではロクロをひかず、ロクロによる仕上げは喜多方の町へ出した。

光安の時代、小椋家では椀木地の他、臼・杵・鉢（コネバチ）・鍬台・雪ゾリなども作った。臼の素材の第一はミネバリ、第二はケヤキだと言われた。杵もミネバリで作り、これをトモギネと称した。杵は尺六寸以内、一尺一寸五分を標準とした。柄は二尺七寸だった。ミネバリの杵には餅が付着しないと言われた。コネバチの素材はトチの木で、アラドリの際、底の厚さを一寸五分とし、仕上げの段階で底の厚さが一寸になるようにした。鍬台の素材はブナで、柄を受ける部分の厚みは鍬の底方にとるのがこの地の特色である。

木地屋の子供には木地屋の子供の遊びがあった。刀その他のおもちゃを作ったのであるが、最も心に残っているのは木の鶏である。父の光重は子供たちのために木地屑の三角形のものを上手に刻んで鶏を作ってくれた。子供たちはそれに色をつけて遊んだのだという。

(3) カノ（焼畑）

昭和三〇年時点での小椋光則家の農業は、水田四反歩、定畑二反歩、カノ（焼畑）一町六反歩だった。カノは四年間輪作するのでカノ合計は一町六反歩ということになる。小椋家のカノは昭和四〇年まで続いた。水田稲作は昭和六三年まで、定畑も今は五畝のみである。水田は乾田のことをオカ田と呼び、湿田のことをヒドロ田と呼んだ。品種はウルチ種・ナカテのオクとモチ種を栽培した。定畑には馬鈴薯・大豆・隠元豆・ササゲ・南瓜・ジュウネン（エゴマ）・大根その他を栽培した。

カノは夏刈り夏焼きで、土用前に伐薙し、中の土用にソバ・カブを蒔いた。カブは白長蕪だった。かつて焼畑を営んだ地にカブの種が残っていて、それが生えることもあり、それを「フッチカブ」と称した。「ソバは秋彼岸に三粒黒くなると良いソバが穫れる」「彼岸うちにソバの形がつけばソバになる」といった口誦句がある。ソバの食法には、粉化したものを熱湯で練り、ジュウネン味噌をつけて食べるという方法がある。他に、ソバ団子・ソバウチなどもした。光則家では昭和三〇年前後には年間一〇俵のソバを収穫していたという。ちなみに、粟＝一〇俵、黍＝六俵、小豆＝五俵、大豆＝二俵などである。こうしてみても小椋家のカノへの依存度、雑穀・豆類への依存度の高さがわかる。黍は餅、粟は餅・ボタモチ・粥にした。粟と米を混ぜて蒸すこともあった。カブは漬物・汁の具にしたが古くは粟粥に入れた。馬鈴薯から澱粉を採ってクズカキにして食べることもあった。

表②　小椋光則家（熱塩加納町五枚沢）の焼畑輪作

輪作年	作物
一年次	・ソバ・白カブ混播
二年次	・モチ粟 ・モチ粟・トウモロコシ混播
三年次	・黍 ・黍・トウモロコシ混播
四年次	・小豆 ・エゴマ（ジュウネン） ・馬鈴薯

カノの二年次・三年次に栽培されたトウモロコシは、皮をむき、その二本の皮を縛って振り分けにして竿にかけ、一〇日から二〇日ほど乾燥させた。粒化の後、ホーロクで炒って石臼で粉化し、これをコウセンコナと称した。このトウモロコシの粉に砂糖を入れ、湯で掻いて食前に食べた。トウモロコシの粒を炒って粉化して食前に食べる習慣は土佐西部とそこに境を接する伊予山地でも盛んであり、この地方ではその粉をコンコと呼び、湯で練らずに粉のまま匙で口にはねこむ。トウモロコシは蒸したり焼いたりして食べることもあるが、香煎型の粉食が行われていた点は注目される。「カッコウが鳴いたら早く大豆を蒔け」「ウツギの花が咲いたら大豆を蒔け」といった自然暦が伝えられるが、「鳥・虫が時期を過ぎても鳴く年は異常がある」と伝え、これを異常気象の指標にした。

(4) 狩猟

光則さんが狩猟活動をしたのは昭和一九年から二九年までの一〇年間だった。二九年は小椋家の母屋が火災に遭って全焼した年である。この一〇年間は一六歳から二六歳、最も多感で体力のある時期に当たり、光則さんの狩猟活動は盛んだった。光則さんの猟の師匠は、小椋与三郎という南会津出身の人だった。父の光重も狩猟はしたが、光則さんが手ほどきを受けたのは与三郎だった。与三郎は西会津町の弥平四郎に入った人だが、光則さんの曾祖母さよが弥平四郎出身だった縁で、弥平四郎から五枚沢へ呼び寄せたのだった。

主要対象獣は熊で、狩場はムラ近くのシバクラ山・ミノガタケと、飯豊山系だった。四月末から五月末までの間はムラ近くの山で、五月末から六月末にかけては飯豊山系に出かけた。「熊は冬至の一〇日前に穴に入り、春の土用一〇日前に穴から出る」と伝えた。飯豊山系へ入る場合は、三〜六名で一週間を要した。飯豊山系でも新潟県にまで及ぶことがあった。食糧は味噌・塩の他、一人米三升、凍み餅・煎り豆・干し大根（茹でないもの）・干した大根葉（雪の上でもどして使う）などを持った。与三郎は、山中の石・岩・古木などを指標にして山道を教えた。そして、「〇〇の山さ行ったらだまっていんなないぞ」などと語った。熊の歩く道ではモノを言うなというのである。遠出の熊狩は穴から出た熊を狙うもので、「マキブチ」と称した。マキブチとは巻き撃ち、即ち巻狩のことである。マキブチの布陣は図⑦の通りであった。セコのことを当地では「ナリ」という。音や声を立てて追うことから「鳴り」と称したものと思われる。そのナリに、峰筋から沢へ追い落とす「ナリオトシ」と、沢筋を追いあげてゆく「サワナリ」とがあった。狙撃者のことを「ブッパ」と呼び、中央・中心に位置するブッパをナカノブッパ、奥手につくブッパをイリノブッパ、下方のブッパをシモノブッパと呼んだ。イリノブッパ・シモノブッパの盲点となる横から熊が

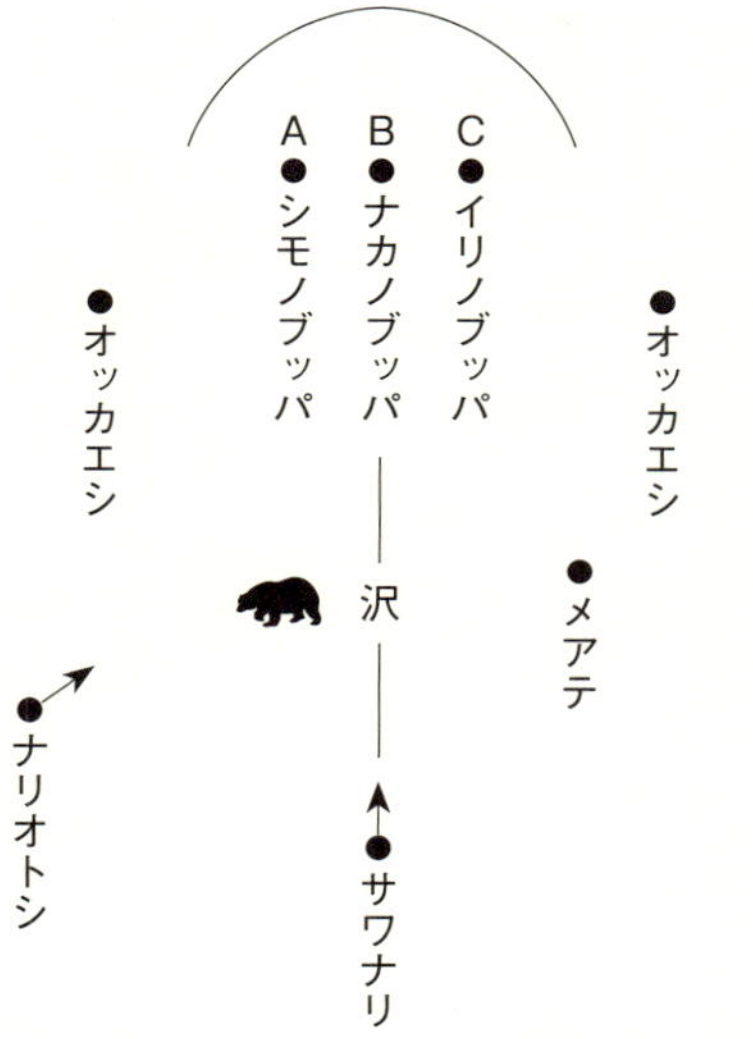

図⑦　熊狩の布陣（熱塩加納町五枚沢）

逃げるのを防ぐ役目を担うのがオッカエシ（追い返し）である。さらに、A・B・Cのブッパから眺望の利く高みに「メアテ」を置く。メアテにはリーダーが当たり、ブッパに対して熊の動く方向など熊の動きを所作を以って伝達する。

熊は、ムラに近いところならばマルで持ち帰り、遠いところの場合解体して持ち帰った。頭と皮が特に重かった。背骨は二分し、煮て食べた。頭は売ることもあったが肉は分けた。肉は味噌づけにして保存しておき、煮つけや吸いものにした。胆は現物で分ける場合と売ってから金にして分ける場合とがあったが、山中の暮らしにおいて、熊の胆は必需品だった。熊の胆は万病の薬とされ、病人が出た折、ムラに熊の胆がない場合には、縁者の多い木地のムラ、弥平四郎・川入などから融通してもらうことがあった。

光則さんは与三郎から様々なことを教えられた。穴熊を獲る時には熊が穴から手足四本を出さないうちは撃ってはいけない。狩に出たら飯を全部食べてしまってはいけない、必ず少し残しておけ。猟に出る朝汁かけ飯を食べてはいけない。猟に出る時は海のモノを持ってはいけない。山より海のモノの方が強いから猟がなくなる。ブナの実のナリがよくない年の翌春の熊の肉は堅い。逆にブナの実が多い年の翌春の熊の胆は悪い。早くから前年のブナの実をあさって胆汁を使うからだという。

アオと呼ばれたカモシカも狩猟対象だった。カモシカ猟は寒中で、毛皮を売った。肉は寒のうちは食えるが他の季節のものはまずくて食えない。

他には兎をハリガネワンナで獲った。肉は煮つけにし、骨はタタキにした。石の上にのせ金鎚で叩いたのだが、その時水で戻した大豆を混ぜて叩き、団子にして汁に入れたのである。

(5) 渓流漁撈

父光重の代まで五枚沢下の大滝までマスが上っていた。大滝がマス止めになっていたのである。ムラびとの誰かがマスを発見するとムラ中の男たちが共同漁撈で獲った。漁法はヤス・巻き網で、獲物は平等に分けたものだという。

五枚沢でサカナと言えば光則さんの時代にはイワナだった。大滝から下にはヤマメがいたが、滝から上はイワナだった。旧暦六月二四日は地蔵祭りの日で、この日ムラの若者たちはサカナ獲りに出かけた。餌釣りの他に手づかみで獲った。半日で二貫目も獲ったので分配し、自分たちはイワナを焼き、酒盛りをしたという。盆休みにもイワナつかみをした。隠れる岩がわかっているので手づかみができるのだという。秋の彼岸を過ぎるとイワナがホル（産卵する）。当地には「山漆の葉が赤くなるとイワナがホル」という自然暦がある。「秋彼岸にはサカナを獲るな」というのがムラの不文律だった。種の保存を考えていたのである。イワナは塩焼きなどの他、串で焙って巻藁に挿して保存し、出汁《だし》にした。サツキ（田植）を過ぎるとカジカ獲りをした。夜、ヤス・網などで獲ったのだが、柴倉沢でよく獲れ、八時から一一時までで一升ほど獲れた。

⑹採集

〈木の実〉　①シバグリ（ツノハシバミ）の実――一〇月から一一月の初めにもぎ、一〇日間ほど草をかけて蒸し、実をよく洗ってから炒って食べた。②ブナの実――一〇月末以降山道で拾い、手拭などに包んで持ち帰った。脂が多い。炒って食べるのであるが、家人から食べすぎないように注意された。③胡桃――二一〇日すぎに採り、一〇日間ほど青草をかけて蒸し、洗ってから実を割って使った。④榧《かや》の実――採取した榧の実を、一〇日間ほど青草をかけて蒸し、川で洗ってから炒って食べた。⑤栃の実――子供の頃、屋根裏のカマスに入れ保存してある栃の実を持ってくると祖母のみさから叱られた。屋根裏には常時六～七俵の栃の実が保存してあった。栃の実にはナリ年とウラ年があるからだ。採集後の処理は次の通りである。ⓐ水につけて虫を出す→ⓑ一〇日間ほど干す→ⓒ天井裏や火棚の上に保存する→ⓓ使用する時はぬるま湯につけてもどす→ⓔ打ち豆台の上で木槌を使って皮をむく→ⓕ身を水につける→ⓖ一週間ほど灰に合わせておく→ⓗ笊《ざる》に入れて川でよく洗う→ⓘふかす→ⓙ臼で搗く→ⓚ袋に入れて通し、粉にする→ⓛ粟または黍とともに餅にする。栃餅は堅くならない。栃の実は一年二斗ほど拾った。⑥その他――山ブドウの実、サナヅラと呼ばれる小豆粒大のブドウの実を採った。サナヅラは塩漬けにした。

〈根茎類〉　①ヤマイモ――一月三日に擂りおろしてトロロ汁にして食べた。②ホドイモ――秋または春採取し、塩焼きにして食べた。沢の高いところにあった。③ユリ根――花が終わってから掘り、煮つけて食べた。④クズ根――戦時中、役場を通して採取することを知り、昭和二〇年、澱粉を採って食べた。当地には馬鈴薯から澱粉を採って食べる習慣がある。

〈山菜・キノコ〉　次の山菜を採取利用した。コゴミ・ウド・イワタダ・トリアシ・シドキ・ドホナ・ヘビアサナ・ワラビ・ゼンマイ・ウルイ・イラ――塩漬け、乾燥保存も盛んだった。ゼンマイ採りには、「ボッコ（小さいもの）を欠くな。ひと拳半以上のものを採れ」という口誦句がある。種の保存と資源の保全が考えられているのである。

チタケ・アカボー・マイタケ・トビタケ・オリミチ・ナメコ・シシタケ・ワカイ・カンタケ・イノハナ・マスタケ・ケンタケ――光則さんの頭の中にはキノコのカレンダーがあり、時期と採取場所、処置法・食法などがきっちりと整理されている。一つ一つのキノコについてじつに細かい知識を持っている。例えばワカイについては次の通りである。ワカイはブナの倒木に出る。それも倒れて三～五年のものである。時期は五月から一〇月の間。ワカイは月に三回出ると伝えられており、「一日ワカイ」「十五日ワカイ」という言葉もある。食法は、汁に入れたり、卵とじにしたりである。一二月から四月にかけて出るカンタケもワカイに似ているが、この方が肉が厚い。山中でマイタケの塊を発見した場合、枝先を結んだ折枝をその側に立てておく。これが採取権の表示で、こうしておくと他人は採ることができなかった。ムラの中で、「〇〇の山のマイタケに印があったが今採らないとだめになるぞ」といった会話もなされた。子供たちは春先スカンポを食べた。クルミの木を伐り、径八分・長さ五寸ほどの筒を作り、その中に塩を入れ、スカンポに塩をつけて食べたのである。クルミの筒に入れた塩は赤くなった。イタドリも塩づけにして食べた。

〈民具素材〉　シナ・山ブドウ・オーカ（ウリハタカエデ）などを使った。シナは蓑・荷縄、山ブドウの皮は、鉈袋・砥石袋・蓑・腰縄などに使った。六月初めに採取し、干してから水につけて水きりをし、細工にかかる。土用に入ると皮が二枚になるからだめだと伝えた。オーカの皮では荷縄を綯った。

(7)年中行事抄

〈正月〉　大晦日、年とりには塩マスと昆布を食べた。一月三日に「三日トロロ」と称し、自然薯のトロロ汁を食べる。

〈初山〉　春最初に山に入り、木地の木や炭木を伐る場合、山に椿の枝を立てて祈った。

〈小正月〉　一月一四日の朝、ミズキの枝に団子をさした。十六団子と称し、小判型の団子を一六個刺し、他に、米粉で、ササゲ・カボチャ・ミョウガ・臼・杵・銚子・盃などを作ってつけた。ソバ粉でも同様のものを作った。さらに、ミズキの又木に粟餅をつけたアワボ、藁心に米の餅をつけたマユ玉なども作った。団子やつくりものをつけたミズキの枝を、石臼またはカマス二俵を基礎として立てた。一四日、団子さしを人より早く作ると豊作になると伝え、早起きして作った。団子さしの前にムシロを敷き、その上に鋸・手斧・鉈その他の木地道具を並べた。一月二〇日を棚おろしと称し、この日に小正月飾りを除いたのであるが、一四日から二〇日までは山へ入らないようにした。この期間身近な作業でヨキを使おうとしたら、「もう使うのか」と言われたことがあった。

〈八日〉　二月八日と一二月八日に「悪霊を防ぐ」と称して次のようにした。ともに篵《とおし》を玄関に掛ける。二月八日には、この日には臼杵の音をたてるものだと言って餅を搗いて食べた。一二月八日には米をはたき、餡入りの団子を作って食べた。

〈彼岸〉　中日団子の上にトコロをのせて仏壇に供えた。トコロがない時には白い糸をのせた。

〈サナブリ〉　旧暦六月一日にサナブリをした。鍬・馬鍬・エブリなどの農具を洗って飾り、餅と神酒を供え、家族も食べた。

〈地蔵祭り〉　旧暦六月二四日に女性たちが地蔵様を祭り、当屋または地蔵の前で会食をした。

〈月見〉「片月祭らず」と言って、旧暦八月十五夜の月と九月十三夜の月を祭った。十五夜には、団子一五個・馬鈴薯一五個・枝豆二本、十三夜には団子一三個・馬鈴薯一三個を供えた。

〈山の神祭り〉　旧暦八月二一日、新暦九月九日に、酒・米・スルメ・野菜・山ブドウ・栗を山の神様に供えた。この日に大山祇神社の前の広場で盆踊りをした。他地より盆踊りが遅いので他集落からも踊りに来た。一月二一日を初めとして月に一度山の神にドブロクを供え、男たちは宴会をした。

〈大師講〉　一一月二三日、米の団子を小豆汁粉の中に入れ、長短の萱箸をそえて神棚に供えた。

〈厄神様〉　大晦日、台所に伝染病が入らないよう願って厄神様を祭った。この日のために塩マス二尾と塩サケの一の切れを用意した。マス一尾ずつとサケの一の切れをおのおの膳に盛り、厄神様にはサケの一の切れを、歳神様と神棚の守り本尊様にはマス一尾ずつを供えた。こうして大晦日から正月、さらに小正月の間も供え、ひき続き節分まで供えて節分が終わって初めて食用にした。

(8)雪国の暮らし

イロリは重要な場であった。当地ではイロリの炉縁に白樺の木を使う習慣があった。イロリの上につける火棚は、大工の一人工とされ、一日のうちに作ってその日のうちに吊らなければならないとされた。鉤様と称し、イロリの鉤は大切に守られた。他の地で鉤の調節具として魚型を使う例を見るが、当地では「水」の字を型どった木を使った。火伏の呪力を求めたのである。主の座をヨコザ、その向いがキジリ、ヨコザの右側がキャクザ、ヨコザの左がナンドである。一か月に一度、月の初めにイロリの灰を採って保存した。栃の実のアクヌキ媒材などに使うためである。イロリの灰をあげた時には塩を撒いてから火を入れた。歳末から正月まで火を継ぐためにナラの丸太をイロリの隅から入れた。

冬至前に雪おろしをするようだとその年は雪が深い。大豆の茎がよく伸びると次の冬は雪が多い。赤痢がはやると次の冬は雪が少ない。燕《つばめ》がくるともう雪は降らない。

雪が降り積もるとムラの中の道はもとより、喜多方方面との流通のための道の雪踏みをしなければならなかった。炭や木地を背負い出し、暮らしに必要な物資をムラに入れるためにもそれは不可欠だった。まず、ムラの中の道を二尺幅で自分の家から隣家へと踏む。下方の隣ムラ山岩尾までの雪踏みは、五枚沢二〇戸の各戸から一名の出合いで、電柱から電柱の範囲を単位として踏んだ。雪踏みに出るのは女性が多かった。服装は、外套をかぶり、足は長靴にツメカンジキをつけた。アグツリ道と称して同じ場所を踏み固めた。雪を踏み固めながら電柱間を往復すると、どんなに寒い時

写真㉒　五枚沢の人びとが雪踏みをした山岩尾への道。今は舗装されて除雪車が入る（熱塩加納町）

でも汗が出た。進行は区長の判断によるが、雪荒れがおさまった次の朝、八時から踏み始めて昼前に帰るといったものだった。こうして道を固めてもさらに深く積もることがある。そんな時や、木地小屋などへ行く場合には、トリキ（クロモジ）や竹で作ったツルカンジキ（輪カンジキ）をつけた。寒中は粉雪がよく積もる。三月、アカ雪が降ればもう積もらないと言われた。昭和五〇年、自動車道路ができ、除雪車が入るまでは雪踏みを行った〔写真㉒〕。寒のうちにはツララが下がった。母屋の内側から叩いて落とし、雪の中に立てて遊んだ。

雪ヤケ・霜ヤケにはカラスウリの実の液をつけると良いと伝えられた。アカギレには熊の脂をつけた。また、冬季、体を温めるために風呂にマツブサを入れた。蔓状のマツブサは干しておいて、適当な長さにして入れた。納戸などの寝室には冬季寒さを防ぐためにムシロやゴザの下に藁を敷いた。四月末には藁を除き、堆肥にした。先に、「燕が来ると雪が降らない」という口誦句を記したが、燕は春の使者だった。普通ハルコとして卵五個を孵化させ、ナツコとしてまた五羽をかえした。燕が巣をかけると縁起がよいと伝えた。また、燕の糞はトゲぬきの薬になるとも伝えた。雪や寒さを利用しての凍《し》み餅や凍み大根は雪国の貴重な食物である。

⑼学校のこと・結婚のこと

光則さんが通ったのは福島県耶麻郡旧加納村の加納村尋常小学校五枚沢分校だった。同級生は一〇人、男三人女七人だった。女子七人のうち一人は山東の谷、黒岩の奥の小屋、文字通り木地小屋から通って来る子だった。五枚沢分校が廃校になったのは昭和五五年のことだった［写真㉓］。その後、分校は五枚沢地区の集会所として使われてきたが、現在は埼玉県の人に貸与しているという。私が最初に五枚沢を訪れたのは平成八年五月一三日だった。その時は、廃校になった分校の庭の桜が満開だった。平成一〇年八月二五日、二度目に訪れた折には夏のこととて校庭は雑草に埋まっていた。校地は五枚沢川の左岸に接しており、土手で囲まれる形になっていた。その土手に、ムラの功労者の顕彰碑が二基立っていた。

光則さんの同級生一〇人のうち、光則さんを含む男三人と女三人の計六人が五目にある加納尋常高等小学校の高等科へ進学した。五枚沢から学校までは約八・五キロあり、冬季は雪が多いので通

写真㉓　廃校になった五枚沢分校校舎（熱塩加納町）

学することはできなかった。そこで、母の叔母が嫁いでいた、半在家の五十嵐三郎家に一二月から三月まで下宿したのである。他の季節でも帰り道が夜になることがあった。五枚沢の谷の入口、五枚沢まで約五キロの地に山岩尾というムラがあり、そこは光則さんの通学路に当たっていた。山岩尾の道端にある野辺信次郎・たけ夫妻はよく光則さんのめんどうを見てくれた。日が短かくなった晩秋などは「兄さん暗くなって行かれんから松明を持って行け」と松明を作ってくれたり、焼飯を喰わせてくれたりした。

小学校の五、六年生の頃、少年たちで「ヤド」という遊びをした。ムラびとたちから見えにくい川端の柳の木に棚をかけ、そこに隠れて菓子などを食べたのである。今でいう「秘密基地」である。少年たちの間ではハサミバコ（クワガタムシ）よりもカブトムシの方が人気があった。

光則さんは昭和三〇年、喜多方市根小屋からヨシノさん（昭和二年生まれ）を嫁に迎えた。この縁談は、高等科へ通う時分から青年時代にかけての、光則さんの誠実な人柄を認めて野辺信次郎さんが持ちこんだものだった。それは、信次郎さんの妹が根小屋へ嫁いでいることの縁故によった。もとより仲人も信次郎さん夫婦がしてくれた。結婚の日、ヨシノさんは喜多方で乗り換え加納村の五目までバスで来た。五目から仲人の野辺宅のある山岩尾まで歩き、そこで裾模様に着がえた。その頃、自動車道路は五枚沢の下、一五〇〇メートルの地点までしかできていなかった。山岩尾からも歩きである。

⑽生業変遷と家のできごと

表③は小椋光則家の生業変遷と小椋家の歴史を要約したものである。この表を見てゆくと小椋家の生業変遷を通じて日本そのものの生業構造・生活様式の変化を読みとることができる。そのことを確かめる前に、小椋家の歴史の中でまず注意すべきは昭和二九年四月の火災である。出火原因は、近所の子供の火遊びの火が雪囲いに移ったというものだった。直ちに新築にとりかかったのであるがその準備に骨が折れた。材木はムラに酒一斗を出してムラ山の木を一本五円で譲り受けたのであるが、それは川流しで上流からムラまで運んだのである。大黒柱・小黒柱はトチの木で、これも川流しで運んだ。春先のこととて、家屋建築準備に加えて田畑の仕事もしなければならなかった。人手が必要である。二七歳になっていた光則さんは父親の代わりに、親戚のある木地のムラ、川入と藤巻へ女衆を迎えに行った。山都町藤巻の小椋松安の母みわは、光則さんの祖母みのの姉に当たった。その縁故で光則さんはまず藤巻の小椋松安家を訪ね、加勢を頼み、松安の娘松子と、小椋本家のケイ子の協力を得ることになった。さらに、松安の姉みつのが山都町川入の小椋豊作に嫁いでいた縁を頼って、豊作の妹とよ子にも手伝いに来てもらった。この折、小椋みなさんも五枚沢に出かけている。田うない・畑作物の蒔付・柴まるけなどの仕事を女性四人に一週間手伝ってもらい、帰りには光則さんが喜多方の駅まで送り、山都経由で帰ってもらった。

先に狩猟の項で示した、病人が出た際の熊の胆の融通、そしてここに紹介した緊急時の労働力の交換など、木地のムラ同士が太い紐帯によって支えられていたことがわかる。

父光重さんが椀木地の仕事をやめたのは昭和三五年のことだった。その年まで椀木地の仕事を続けてきたのは光重さんだけである。椀木地をやめた直接の原因は、木屑が目に飛んで目を痛めたことであるが、既に世は高度経済成長期にさしかかっていた。そして、光則さんの炭焼きも昭和四〇年に終わった。以後、昭和四〇年から五五年までは山林労務にたずさわる。うち四五年までは伐採・搬出、この間に索道・集材機扱いの免許を取った。以後、営林署関係の仕事としては、植林の苗木植付と下刈りなどを請負いで行った。米沢営林署の時代は山形県の西置賜郡飯豊町に出向いた。その間、喜多方営林署五枚沢林野保護組合会長として林野保護にも尽力し、昭和四四年に表彰状を受けている。昭和四七年からは、二月下旬より五月上旬まで東京に出て水道工事に従事した。請負いによる植林の下刈りは七月一日から始まるので、いわゆる出稼ぎが可能となったのである。それでも、昭和五五年までは、光則さんの仕事は山にかかわるものであった。ところが、昭和五六年以降、光則さんは完全に山から離れることになる。

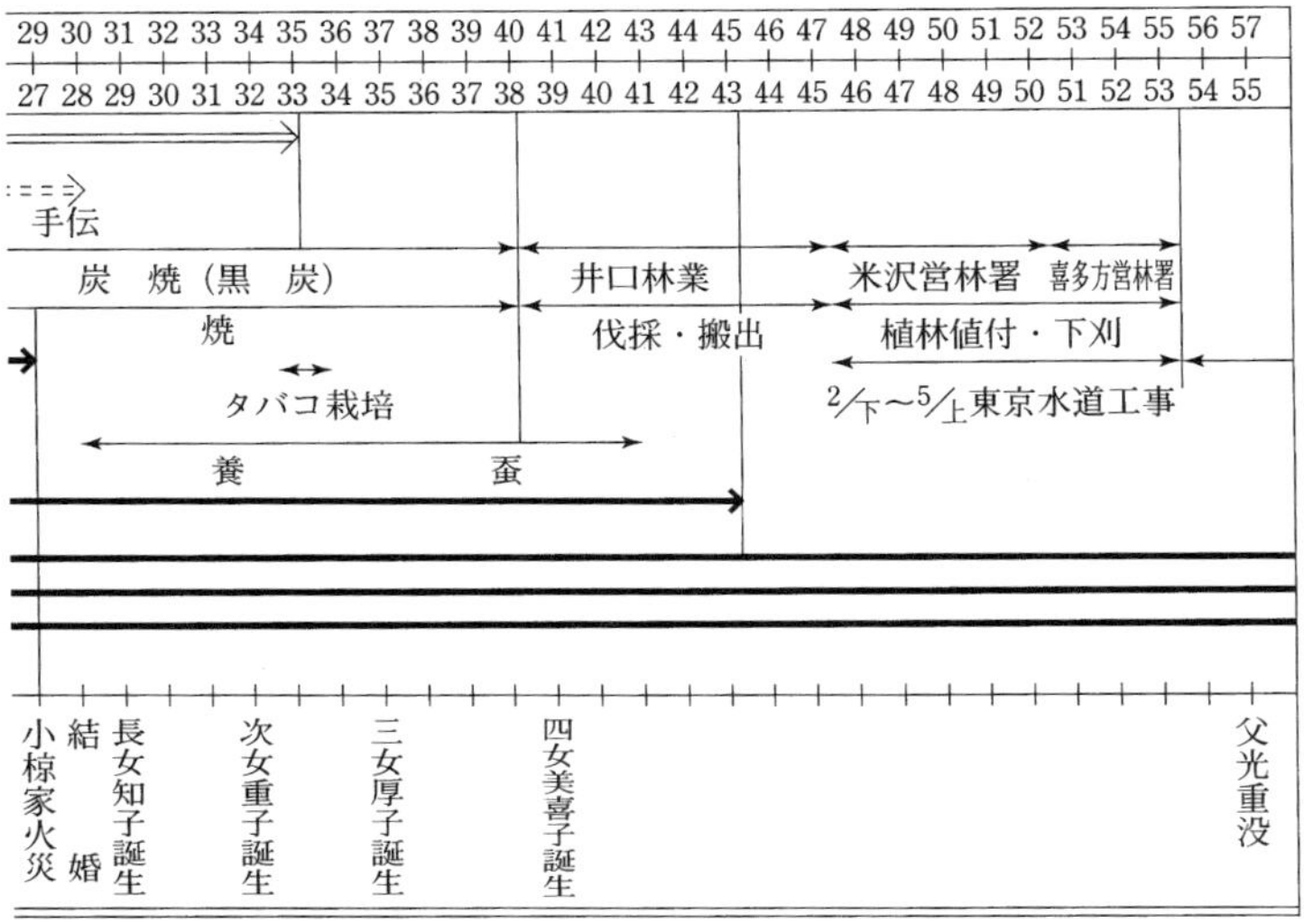
29 30 31 32 33 34 35 36 37 38 39 40 41 42 43 44 45 46 47 48 49 50 51 52 53 54 55 56 57
27 28 29 30 31 32 33 34 35 36 37 38 39 40 41 42 43 44 45 46 47 48 49 50 51 52 53 54 55
手伝
炭焼（黒炭）
井口林業
米沢営林署
喜多方営林署
焼
伐採・搬出
植林値付・下刈
タバコ栽培
2/下〜5/上東京水道工事
養蚕
小椋家火災
結婚
長女知子誕生
次女重子誕生
三女厚子誕生
四女美喜子誕生
父光重没

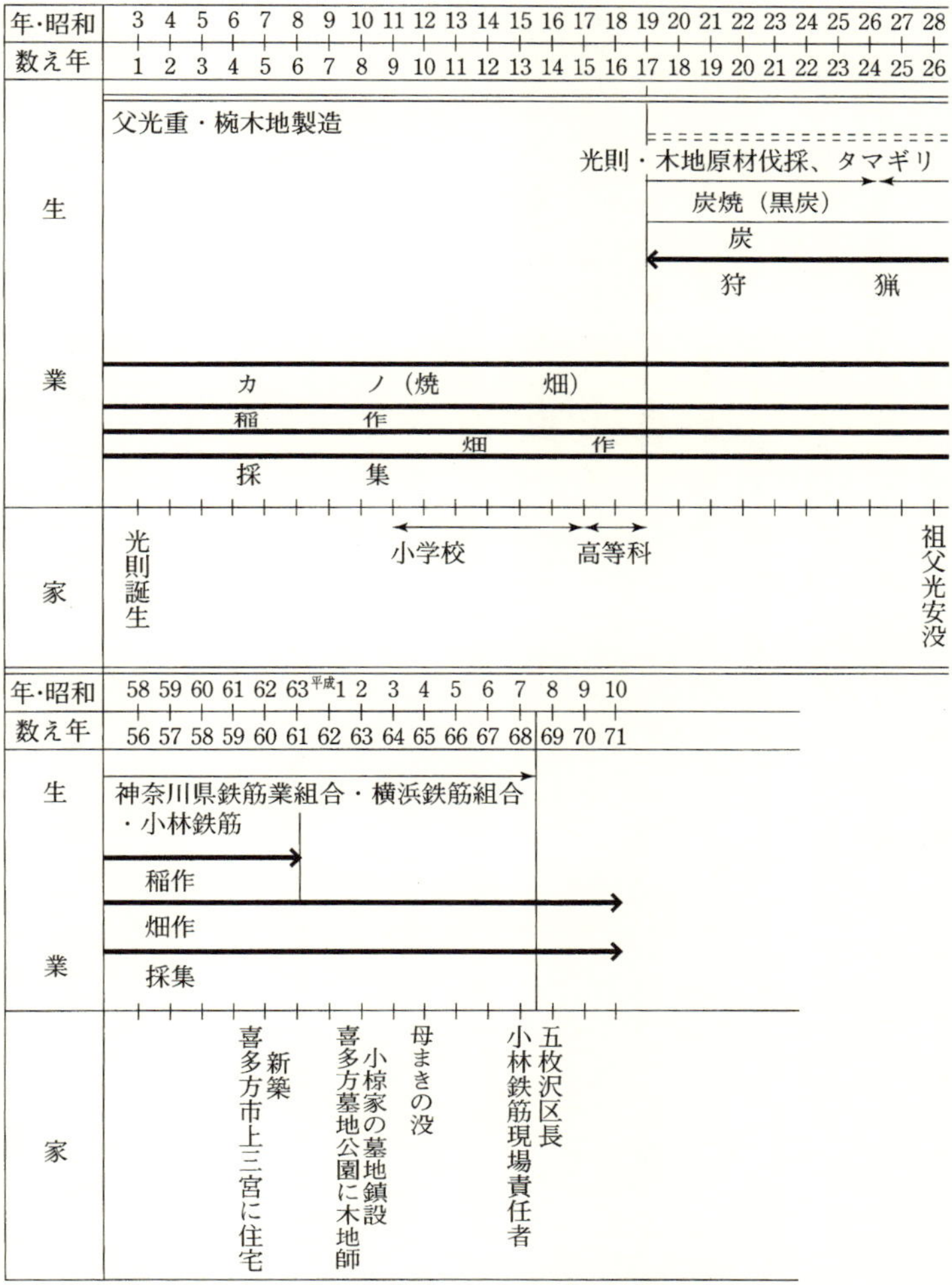

表③　小椋光則家（熱塩加納町五枚沢）の生業要素と生業変遷

光則さんの次の職場は神奈川県鉄筋業組合に所属する、横浜の有限会社小林鉄筋工業所だった。小林鉄筋は祖母みちの妹、たかのの嫁ぎ先だった。正月休みは一二月二八日から一月七日まで、盆休みは八月六日から八月二〇日まで、他に五月一日から七日までの休みがあり、これらの休日に帰省したのだが、他はすべて現地だった。光則さんはこうした生活を一五年間続けた。五枚沢の家の茶の間には、神奈川県鉄筋業組合理事長花本勇の、光則さんに対する永年勤続賞の賞状が掛けられている。この賞状は光則さんの努力の証でもあるが、それは妻ヨシノさんの苦渋の記録でもある。出稼ぎ中の農業、ムラづき合いなどのすべてはヨシノさんの肩にかかった。「子供たちがよく手伝ってくれた」という。小椋家で稲作をやめたのが昭和六三年、この年定畑も五畝にした。それまでは、二反歩の畑に馬鈴薯・大豆・小豆・ササゲなどを栽培していたのだった。

木地屋が「飛び」という移住型から定住型に移ってから既に長い年月が経過している。蒲生家会津転封と木地師の移動については先にふれたとおりであり、『新編会津風土記』山岩尾村小名五枚沢の項に次のようにある。「本村の北一里七町四十間にあり。家七軒、東西一町南北三町、五枚沢川のほとり山間にあり、すこしく田圃あれども、専ら木地を挽て産業とす」――なお、五枚沢が川入の親村であったことについても既にふれた。

木地師の定住に際しては、のちに水田開拓へと進むのであるが、最初に焼畑を開き、立地のよいところを定畑とし、後に水田を拓いてゆくという農耕展開が一般的である。それは「弥生」の開拓でも見た通りである。木地師の根拠地近江の君畑《きみはた》、その地名も「黍畑」であった可能性が強い。始原性の強い焼畑は、始原生業の要素たる狩猟・採集・渓流漁撈を伴うことが多い。会津耶麻山地の、弥平四郎・川入・藤巻・五枚沢は、いずれも、椀木地を主生業としながらも焼畑・狩猟・採集・渓流漁撈などの始原生業要素を複合させてきた。表③の、小椋光則家の生業変遷表を見ると、山を舞台として始原性の強い生業要素をより多く生かした生業複合のクライマックスは、光則さんが狩猟を行っていた昭和一九年から二九年までの一〇年間だったと見てよかろう。生業構成要素は単純・集約化の道をたどった。複合要素の数の多さの極点、そのクライマックスを確認することは生業研究・時代研究の上で極めて重要である。しかも、それは、始原性の強い要素、換金性の強い要素の両面に目を配る必要がある。ここに「生業複合のクライマックス」という概念を提出しておきたい。

昭和三五年で木地屋は終焉を迎える。その前後、養蚕・タバコ栽培等が行われているのを見ると、小椋家に生業の模索があったことがわかる。四五年には焼畑を脱落させ、光則さんは山の勤め人になってゆき、四八年には首都圏への季節労務が始まる。そして、五六年に至って光則さんは完全に山から離れる。六三年、昭和とともに小椋家の稲作も終わった。表③ではその後も採集要素が続いていることになってはいるが、これは、山菜・キノコ類採集のことであり、かつて、木の実・根茎類採集にも力を入れていた頃とはおのずからその質が異なる。

なお、光則家では、飯豊山登山口として昭和二八年から四六年まで民宿を営んできた。光則家にある宿帳を見ると、生態学者として知られる今西錦司が昭和四六年六月七日に宿泊している。他にお茶の水女子大・大阪商大のワンダーフォーゲル部などの宿泊も認められる。

⑾父祖定住の地五枚沢への執心

木地師たちは定住の過程で木地挽きという特殊技能を中心に据えながら、焼畑・狩猟・採集・渓流漁撈といった始原性の強い山の生業要素を着実に身につけてきたのであった。例えば、狩猟について言えば、南会津出身の猟師小椋与三郎を五枚沢に呼びよせて、狩猟技術をムラに定着させるといったごときものである。年中行事においても稲作系の儀礼が濃厚に伝承されているのがわかる。小正月に木地道具を祭るというのも、稲作民の農具を並べて祭る民俗の影響だと考えられる。

写真㉔　建設中の木製品加工工場（熱塩加納町五枚沢）

さて、光則さんとヨシノさんは地道な努力の結晶として、昭和六二年に喜多方市上三宮に家を新築した。現在そこには三女の厚子さん夫婦が住み、光則さん夫婦は五枚沢に住んでいる。平成二年には喜多方墓地公園に木地師としての小椋家の墓を建てた。青御影の石塔墓の前に対の花立て石があり、右側には「小椋家」と刻み、左側には「木地師」と刻まれている。他に墓地内に、名も知らぬ先祖の霊を祭るために五輪塔と地蔵菩薩を祭った。合計三百万円余である。これも光則さん夫婦の努力の結晶である。墓地を五枚沢ではなく喜多方に建てたこと、そこには、悲しいことではあるが将来、五枚沢は廃村になるかもしれないという光則さんの予感が推察される。五枚沢は戦前二〇戸、すべて小椋姓、現在は九戸、住人一四人、冬季もこの地で過ごすのは光則さん夫婦だけである。光則さんの心境は複雑である。五枚沢への執着も人一倍強い。以前二年間区長を務め、現在、あらたに区長を務め始めて三年になる。その間、テレビの受信アンテナ設置、道路の舗装などに力を入れてきた。平成一〇年度にも四五〇メートルの舗装が行われる。残りは九〇〇メートルになった。平成一〇年八月二五日、三度目に五枚沢を訪れた折、光則さんは上のムラはずれに建設中の木製品加工工場の現場に出かけていた。工場の建物は鉄骨で骨格が組まれていた［写真㉔］。この工場で、木地のムラの伝統を生かして新たに木工品の製造にとりかかりたいというのである。

⑿むすび

その後、平成一九年九月四日と、二〇年二月二四日に五枚沢を訪れた。希望の灯でもあった木製品加工工場は何も製造することなく撤退したという。平成一〇年に九戸、住民一四名だったムラは、七戸、住民八名になっていた。光則家以外はすべて住人一人、しかも冬季は無住となる。正月、大山祇神社（山の神）の注連縄《しめなわ》を綯うのも掃除をするのも一人、祭るのも一人だという。山の神の祭りや、ムラに伝承された葬儀の方法などを伝えたい後輩がないわけではないが、社会変動の中で思うにまかせない。粟と二番米三升を蒸かし、糀《こうじ》一升五合と合わせ、四日以上寝かして作ったドブロクで毎月賑やかに行った男たちの山の神祭り、月ごとに行われた女性たちの地蔵講、子供たちの元気な声はすべて過去のものとなった。

7　木地のムラを見返る

福島県耶麻山地の木地のムラムラを訪ねる旅の旅装をひとまず解いた。木地のムラムラを結ぶ紐帯の太さ、惟喬親王信仰の伝承、そして、木地の仕事を中核に据えた始原生業複合の実際などを知ることができた。何よりも、五枚沢・川入・弥平四郎・藤巻といったムラムラの立地環境条件の共通性には驚かされた［33ページ表①］。木地素材の確保という点からすれば当然のことではあるが、ムラ中の高みに山の神を祭り、ムラ近くに墓域を定め、近代以降は分校を設置させている点も共通し、さらに、大正・昭和に至っては、ムラからさらに谷奥に溯上した地点に木地小屋を設けて、そこを前線基地として木地の仕事をくり広げたというのも共通している。谷の奥での木地の仕事の体験を持つのは、明治生まれの人びとが中心だった。

西会津町弥生は終戦後の開拓ムラであるが、その村落形成のプロセスは、「飛び」を終止した定住型木地師のムラの形成過程を溯源的に知らしめてくれた。

表④は本章で聞きとりに協力して下さった方々およびその親族関係者が、木地に関する仕事を終止した年の一覧である。これによると、太平洋戦争末期から終戦後にかけての時期が終止の第一波、次に、昭和三〇年代の高度経済成長期が木地師終止の第二波だったことがわかる。それらに先立ち、手動ロクロ鉋がほぼ明治時代に終止し、水車動力ロクロや、ロクロ仕上げの喜多方依頼も行われた。

木地のムラ	氏　　名	木地廃止の年	廃止後の生業
五枚沢	小椋　光重（父） 〃　光則（子）	昭和35年（1960） 昭和30年（1955）	 →炭焼・植林・出稼
川　入	小椋　豊作（父） 〃　藤作（子）	昭和19年（1944） 昭和19年（1944）	 →炭焼・山林労務
	小椋　久作（夫） 〃　みな（妻）	昭和26年（1951） 昭和26年（1951）	→炭焼
	小椋　石伊（夫） 〃　よしの（妻）	昭和37年（1962） 昭和37年（1962）	
藤　巻	小椋　松安（夫） 〃　くら（妻）	昭和20年（1945） 昭和20年（1945）	→炭焼・農業
弥平四郎	小椋　定衛（夫） 〃　クラ（妻） 〃　憲次（子）	昭和39年（1964） 昭和39年（1964） 昭和32年（1957）	 →農業・山林労務
弥　生	小椋　安光	昭和20年（1945）	→弥生開拓・季節労務

表④　耶麻山地における木地終焉の年

木地師も近代化の流れの中でいくつかの変革を迫られてきたのであるが、右に見た二波の大波によって木地のムラは木地を生業の中核にすることを廃止した。木地師の終焉である。

高度経済成長は日本人のライフスタイルを変え、村落共同体を崩壊させた。民家の座敷を式場として、ムラびとの相互協力によって行われてきた冠婚葬祭が、高度経済成長期を境に、仕出し屋、外部の式場の関与するところとなり、やがて、ブライダル産業や葬儀社に移った。このことは、日本人が財産として個人所有し、倉に所蔵することを夢見てきた「膳椀」への執着をみごとに喪失させた。民俗の一つとして認知されている経済講の中に「膳椀講」があったのだが、その必要もなくなってしまった。この変革の衝撃は、椀の素材としてプラスチックが登場したことと相俟って、木地のムラムラを襲った。同時に木地資源の枯渇もしのび寄っていたのである。

本来ならば木地師を継ぐべき人びとの中には、当面山を舞台として炭焼きを行い、やがて山林労務などにたずさわった者が多かった。さらに、その後は、山すらも離れ、都市部への出稼ぎという形をとることもあった。小椋光則さんの半生はその典型である。

木地師は古代以来の職業である。社寺の燭台や食器を作ったのは木地師である。以後、日本人に食器を提供し続けてきた木地師が終焉を迎えたのである。一つの生業の終焉は厖大な民俗の消滅を意味している。民俗学は、生業の終焉に無関心であってはならない。同時代に生を享けた者として、その終焉に関してより多くを見つめ、記録すべきであろう。木地師に関しては、柳田國男も関心を示し[*6]、橋本鉄男も多大な研究成果を上げてきた[*7]。本章では木地師終焉のごく一部を報告したに過ぎない。民俗学は今後も、木地師はもとより、他の、消えゆく生業を見つめ続けるべきだと思う。

その後、福島県大沼郡昭和村の畑小屋・山神平・日落沢といった木地のムラムラを訪ね、聞きとりと景観観察を重ねてきたが、木地終焉とムラの解体の状況は右の報告と同じ流れである。本章の中にも登場した木地のムラ早稲沢については別に報告した[*8]。

二　膳椀の行方

1　膳椀の共有

天竜川の左岸に注ぐ支流に気田川があり、その支流に杉川がある。静岡県浜松市天竜区春野町川上小字大村を流れる杉川に竜宮淵と呼ばれる淵がある。同地の富田英男さん（大正七年生まれ）はこの淵にかかわる以下のような椀貸伝説を語る。――膳椀は貴重な財産で、どの家でも所蔵しているとは限らなかった。昔、平尾氏の先祖が人寄せをする時膳椀が足りなかったので竜宮淵に行き鄭重に拝んで頼んだところ、竜宮淵は頼んだ数だけの膳椀を出してくれた。それを借りて無事に人寄せの行事を済ませた後、丁寧に洗ってから礼を述べて返した。それからムラびとたちは膳椀が必要になると淵に頼んで借りていたのであるが、ある男が椀を一つごまかして、借りた数より少なく返したところ、それ以後はいくら頼んでも二度と貸してもらえなくなった――。類似の伝説が、全国各地の淵・池・沼・洞窟などに伝承されている。この伝説は木地師との関係や異郷信仰・水神信仰などとのかかわりで説明されることが多いのであるが、何よりも、婚儀・葬儀などの人寄せに際して、膳椀を所有しない人びとがいかに心を砕いていたかを反映する部分が大きい。

静岡県藤枝市下当間小字久保田の片山正男さん（大正一三年生まれ）は膳椀について以下のように語った。久保田は三〇戸で、共有の膳椀を五〇組持っていた。膳椀にはムラ共有の印が書きこまれていた。五〇人前で不足する場合には、ムラ組とは別の庚申講の講組で所有している膳椀を借りた。冠婚葬祭などの人寄せに際してはカシキ担当者が、当該家の雨戸・板戸をはずして棚を作り、周囲を葭簀《よしず》で囲んで、棚の上に膳を並べ、その上に椀を置いて会食膳の用意をした。人生儀礼等にかかわる人寄せの外部化と、個室の多い住宅の増加で、家での人寄せがなくなったことからムラ共

写真㉕　椀を収納して蔵の中に収められた椀箱（静岡県榛原郡川根本町坂京、中野昌男家）

有の膳椀は平成五年に各戸に分配した。なお、共有の膳椀が生きていた時代、その保管は蔵のある家が担っていた［写真㉕］。

静岡県藤枝市大新島の吉田義二さん（大正二年生まれ）は、膳椀、ハライの膳について次のように語った。大新島は上組＝二八戸、中組＝二三戸、下組＝三〇戸から成っていた。上組では個人で二〇組の膳椀を所有している家は一戸だけで、組の庚申講で、二〇人前セットの膳椀を二組所有し、これを「講椀」と呼んでいた。中組には個人で膳椀を持っている家はなかった。中組には甲子講《きのえね》があり、その講が二〇人前のセットを二組持っていた。下組には個人で膳椀のセットを持っている家が二戸あった。庚申講で二〇人前二セットを持っており、各戸では必要に応じてこれを使った。吉田さんの属していた上組では五〇年に一度、藤枝のマチの塗師屋《ぬしや》に頼んで膳椀の塗り替えをしていた。講で積立てをしてまかなっていたのである。膳椀には組の印が入っていた。葬式には土人衆（近隣）が飛脚（伝達）・受付・膳部・雑用を分担した。どこの組にも料理自慢の男がいて、その男が膳部に入り、買物帳を用意して買物を指示した。ハライの膳（精進落とし）の構成は、ヒラ＝人参・牛蒡・昆布・油揚・コンニャク、ツボ＝飛竜頭・煮豆、香の物＝沢庵、飯、汁、といったものだった。板戸・雨戸を使って膳棚を作り、膳部と女衆が膳を整えた。

葬儀が終わると膳椀の片づけ・収納をする。まず丁寧に水洗いする。次に湯で洗う。乾いたところで紅絹《もみぎぬ》を使って二度拭く。一個ずつ和紙に包んで収納する――。じつに丁寧に扱っていたのである。

2　蔵の中の膳椀

三重県伊賀市近郊をめぐると立派な土蔵を持つ家を多く見かける。もとより、市街地の民家にも土蔵はある。その土蔵の中に収蔵されているものを具《つぶさ》に確かめてゆけば、その地域の人びとの暮らし、願望などを知ることができるにちがいない。「膳椀」も土蔵の収蔵品の一つである。漆塗りの膳椀は高価なものであり、それは家々の宝である。膳椀はどのようにして入手し、いつどのように用いられたのか。また、最後に使われたのはいつか。また、使われなくなった今はどうしているのかなど、以下、旧上野市域（現伊賀市）における膳椀に関する聞き書きの若干を示そう。

(1)膳椀の所蔵と使用

①本膳・二の膳および関連の椀類が二〇人前ある。勇夫さんとはつさん（大正五年生まれ）が結婚したのは昭和八年で、その時は膳椀を使って家で結婚式をあげた。父の留松が昭和一二年に没したがその時も膳椀を使った。長男の勇一さんの結婚は昭和三七年で、上野の万歳館で式をあげたので家の膳椀は使わなかった。母のこまが没したのは昭和五〇年で、葬式に際しては仕出しを取

り寄せた。輪島から漆器の行商人がまわってきて注文をとってゆくという方法があった。蓮池では、輪島塗りの漆器商が泊まる家は稲森喜与司家で、商人が稲森家に見本を並べ、ムラびとたちが稲森家に集まって見本を見て注文するというものだった。膳椀はもとより、茶櫃・茶器などもあった。岡森家で最後に膳椀を使ったのは昭和一二年のことだった。

（蓮池・岡森勇夫さん・明治四二年生まれ）

②高膳二〇人前、ヒラ・ツボ・メシ椀・汁椀などが二〇人前ある。昭和二二年の結婚式にはこれを使ったが、昭和二三年生まれの長男の結婚式は昭和五二年に上野の万歳館で行ったので膳椀は使わなかった。膳椀はモミ（紅絹）と呼ばれる紅花で染めた絹でカラ拭きをし、白紙に包み、桐の箱に収めて蔵に入れておく。

（喰代《ほおじろ》・上田五郎さん・大正一〇年生まれ）

③高膳二〇人前、ツボ・ヒラ・飯椀・汁椀など二〇人前、平膳一〇人前を正勝さんの代に入り、大正末年に購入した。ムラの一〇軒ほどで「家具講」とよばれるタノモシ講を組んで膳椀を購入した。輪島塗りのセールスマンにまず頭金を入れ、半年に一度集金に来て、五年で完了するように組まれていた。正勝さんが志代さん（大正元年生まれ）と結婚したのは昭和七年のことでその折、膳椀を使ったが、それ以後は使っていない。タノモシ講は昭和一五年まで続いた。

（諏訪・堀正勝さん・明治四二年生まれ）

④膳椀は結婚式・葬式・年忌などに使う。義一さんが小学校三年の大正一三年、母が亡くなった。その時は膳椀を出した。父の葬儀は寺で行ったので家の膳椀は使わなかった。義一さんは昭和一

二年に出征したのだが、女手のない家だったので義一さんの出征中に妻となるべき文子さん（大正五年生まれ）が嫁に迎えられていた。したがって義一さんは自分の結婚式に家の膳椀を使っていないし、長男の結婚式にも膳椀は出していない。椀類はモミでカラ拭きをしてから箱に収納するので、一箱に一枚のモミが入れてある。輪島の膳椀が買えない家は吉野膳を買ったと伝えられている。輪島塗りの膳椀は「輪島講」でそろえた。赤（祝儀）黒（不祝儀）各一そろい二〇組を持っている家もあったし、膳椀のない家もあった。ない家は他家から借りた。こっそり結婚することを「コソコソ」と言った。（高山・的場義一さん・大正五年生まれ）

⑤膳椀は二〇人前あるが最後に出したのは昭和二一年一二月、三千子さん（昭和三年生まれ）との結婚式の時で以後は出していない。（田端町・中森繁次郎さん・大正九年生まれ）

⑥膳椀の二〇人前が三組あり、九谷・伊万里・有田焼などの大皿・中皿・小皿などもある。蔦子さん（大正一一年生まれ）を青山町の勝地から嫁に迎えたのが昭和一九年で、その折膳椀を出した。長男の結婚式は昭和四八年、大阪の東洋ホテルで行ったので家の膳椀は使っていない。（猪田西出《いだにしで》・中森文雄さん・大正六年生まれ）

⑦二〇人前の膳椀が二組ある。膳椀講でそろえたと聞いている。妻の順子さんとの結婚式は昭和二六年で、その折は膳椀を出した。また、母つぎ（明治二五年生まれ）の米寿の祝いを昭和四八年に行ったがその時にも膳椀を出した。二〇人前一組を持つのが普通で、客が二〇人を超す場合には近隣で貸し借りをした。（下友生《しもともの》・榎実さん・昭和四年生まれ）

⑧予備を含めて二一人前の膳椀があり、昭和三一年に史子さん（昭和一〇年生まれ）と結婚した時にはその膳椀を使った。しかし、長男の結婚式は上野の京家で行ったので家の膳椀は使わなかった。上友生《かみともの》の高田家の近隣には、五軒で組んだ「輪島講」がまだ続いている。膳椀はすべての家で持っているので、年に一万円ずつを出し合って五万円にし、三段重箱・菓子器・硯箱・額・膳椀（補充）などを交替で買っている。

（上友生・高田政宏さん・昭和八年生まれ）

⑨保重さんが昭和一一年にたみ子さんを嫁に迎えた折には膳椀を使った。また、昭和一四年、祖母うめの葬式にも膳椀を使った。昭和五六年の孫の結婚式には膳椀は使わなかった。膳椀の足りない家では親戚同士で貸し借りをする習慣があった。女性が中心になってタノモシ講を組んで膳椀をそろえた。

（西条・松本保重さん・明治四四年生まれ）

⑩膳椀は二〇人前ある。昭和二二年、一江さん（昭和二年生まれ）を嫁に迎えた時には膳椀を使ったが、昭和二六年生まれの長男の結婚式は市営の万歳館で行ったので膳椀は出さなかった。膳椀をしまう時にはモミで拭く。

（岡波・西尾屯さん・昭和二年生まれ）

⑪膳椀は結婚式・葬式・年祝いなどに使う。昭和二一年に自分の結婚式に使ったのが最後である。

（三軒家・三山蕃さん・大正一一年生まれ）

⑫膳椀は三〇人前あった。昭和二三年、自分の結婚式の時使った。低い赤膳は父の年祝いの時に出した。終戦後、膳椀類を買いにまわってきた。中野家では昭和四五年に膳椀類を売った。

（千歳・中野修さん・大正九年生まれ）

⑬昭和二五年、祐子さんと結婚したが式場は市営の万歳館だった。万歳館で結婚式をあげた第三号である。膳椀は三〇人前あるが出したことはない。昭和五五年に長男の行信さんが結婚したがこの時も膳椀は出さず、祝い受けの漆塗りの盆だけ出した。漆器を収納する時はモミで拭けと教えられている。

（朝屋・南出礒さん・大正一五年生まれ）

⑭膳椀は二〇人前あった。結婚は昭和二一年で、その折は菓子料理を取り寄せたが膳椀は使った。弟の保さんは昭和二七年、木津へ婿入りしたが、当地での披露宴には膳椀を使った。それ以後膳椀は使っていない。

（佐那具・上田一さん・昭和二年生まれ）

⑮膳椀は二〇人前ある。昭和二一年一〇月に結婚したがその折は自宅で膳椀を使った。膳椀の不足分は近所の親戚から借りた。弟の喬さんは昭和二八年に結婚したが、式は市の万歳館で行ったので家の膳椀は出さなかった。

（木興町・中森勇さん・大正一二年生まれ）

⑯膳椀は二〇人分ある。自分たちが結婚したのは昭和二二年で、その時は膳椀を出して家で結婚式をした。長男の結婚披露宴は上野の京家で行ったので膳椀は出さなかった。

（寺田・辻恭一さん・大正一三年生まれ）

⑰総輪島塗りの膳椀が二〇人前ある。輝男さんの祖父兼吉がそろえたものだという。この地には輪島講があり、輝男さんの代には重箱などを求めていたが、もとは膳椀をそろえるためのものだった。他に、九谷講もあり、九谷焼の器や径尺五寸の浜焼皿などをこれによってそろえた。当地では結婚式・葬式に蔵から膳椀を出した。葬式には会葬者全員に御馳走を出す習慣があった。高嶋

家が膳椀を使って行った最後の葬式は、昭和二三年の兼吉の葬式である。そして、膳椀を出して家で結婚式を行った最後は、昭和三二年、長男巌さんの結婚式だった。その時は、農人町の魚鹿の料理人を家に招き、家で料理を作ってもらい、膳椀に盛りつけてもらった。

膳椀を出すとその事後処理が大変だった。式の翌日は親戚筋の女性一〇人ほどに来てもらい、膳椀の収納をした。よく洗い、雑巾で拭き、さらに、一点の汚れもないように赤い紅絹で拭きあげ、専用にできている和紙の袋に入れて杉の箱に収納する。女たちには夕飯を出した。九谷焼はヨサフゴに入れた。

（西明寺・高嶋輝男さん・明治四四年生まれ）

⑱膳椀は二〇人分ある。それで足りない場合は近隣で貸借し合った。膳椀を全く所有しない家もあったが、そうした家には組で都合してやった。古郡《ふるごおり》は、六〜七戸の組が六組ある。昭和一五年、自分の結婚式のおりには膳椀を出した。次に出したのは昭和二四年一月の父の葬儀の時で、それ以後は出していない。収納の際は塩気を除くのに注意をはらった。またネズミの害を受けないよう注意した。紅絹でよくカラ拭きをした。

（古郡・岸本政雄さん・大正四年生まれ）

⑵膳椀をめぐる民俗とその終焉

右に紹介した膳椀に関する限られた事例からだけでも、「膳椀」という用具を窓口とし、じつに様々な問題が見えてくる。

自家の膳椀を最後に使用した時期は次のとおりである。①昭和一二年　②昭和二二年　③昭和七

年　④大正一三年　⑤昭和二一年　⑥昭和一九年　⑦昭和二六年　⑧昭和三一年　⑨昭和一四年　⑩昭和二二年　⑪昭和二一年　⑫昭和二三年　⑬昭和二三年　⑭昭和二七年　⑮昭和二一年　⑯昭和二二年　⑰昭和三二年　⑱昭和二四年――。昭和三一年・三二年と、三〇年代が二例見られるが、多くは昭和二〇年代が最後である。早くは大正一三年、昭和一桁、昭和一〇年代を最後とするものも見える。市営の結婚式場の万歳館が昭和二四年から利用され、結婚式はしだいに、自宅やムラの外に出、高度経済成長期以降ブライダル産業の手にゆだねられるに至る。葬式も、膳椀を使用せずに仕出しを取る形になり、やがて葬儀社の進出が見られるようになる。年祝いも、仕出しから外部へと変化した。「儀礼の外部化」である。蔵に収納すべき大切な膳椀・自分たちの結婚という忘れがたい儀礼の年月、この両者を結びつけると、最後に膳椀を使用した年月は正確に回想される。膳椀を使用しなくなったという事実は、生活様式の変化を象徴的に示すものである。それは、家が儀礼の場としての機能を喪失したことであり、結婚式や葬式の、ムラ組の相互扶助的要素を削ぎ落としたことになる。ムラ組の紐帯は弱まったのである。

　膳椀は二〇人前を一組として整えるのが一般的であった。それを単位として、二組、三組を持つ家もあったが、通例は一組を持ち、不足分は近隣などで相互に融通し合うのが慣例だった。右に見た事例の中だけでも、家具講・輪島講・膳椀講といった経済的講を組んで膳椀の購入に心を砕いてきた様子がわかった。輪島膳が買えない家は吉野膳を買ったという話もあり、人びとの輪島塗りに対する執着が知れる。膳椀が家の経済力の象徴とされた時代があり、近代以降、競って膳椀を買いそろえてきた様子は膳椀講・輪島講、それに付随する九谷講などの伝承、一部存続の事実によってわかる。

岩倉の田中志かゑさん（大正六年生まれ）方の土蔵整理に立ち会ったことがあった。田中家の蔵には、志かゑさんの実家河元家の道具も入っていた。中に膳箱が二箱あり、その一つに「黒膳廿人前・明治二十三年三月二日・河元志加蔵所持」と墨書されている。そして、いま一つには、「天保六未歳・日光膳弐拾人・小林勇佐郎」と記されている。河元家では黒膳一組二〇人前、日光膳一組二〇人前の二組の膳を所有していた。うち、黒膳は明治二三年に購入しているのであるが、それ以前に、天保六年に小林家が購入した日光膳を譲り受けていることがわかる。当地には、輪島膳椀・吉野膳椀の他に日光膳椀も入っていたのである。そして、何よりも注目すべきは、家財としての重みを持つ膳椀の入手法には、新品を購入する方法以外に、家産を失う者、没落する家その他の都合で膳椀を手放す家から中古の膳椀を譲り受けるという方法があったことである。河元家が小林署名の日光膳を持っているということはそうした事情を物語っている。膳椀を持たない者はいかなる方法でもそれを入手することを望んだのであった。

こうして苦心して入手した膳椀が使用されなくなって七〇年前後の歳月が流れた。膳椀使用後の収納には細心の注意をはらったという。よく洗い、湿気を除き、紅絹でカラ拭きをし、和紙に包んで箱に収める。紅絹を使ってカラ拭きをするといった漆器の扱い方も、一定周期で膳椀を使用していた時代にはイエイエで伝承されていたのだが、道具が使われなくなるとその保管伝承も絶えるのである。膳椀使用後の収納にいかに人手がかかったかは、事例⑰の高嶋家の慣行によってよくわかる。

事例の中で注目すべきことの一つに、輪島塗りのセールスマン来訪がある。輪島塗りのセールスマンは、ただ飛びこみで単品を売るのでなく、膳椀を持たない家々に輪島講・家具講・膳椀講を組織させ、二〇人前一組の膳椀のセットの支払を講構成の成員数によってどのようにするか、経済的講と納品、支払い集金などについて指導・助言も行っていたのである。富山の配置売薬のシステムは広く知られるところであるが、輪島膳椀・日光膳椀なども、自分たちの商品をより多く、より安定した形で売りさばくためにタノモシ講を奨励していたのである。このことは、事例③⑧などによってよくわかる。

膳椀の、近代的なセールス、講による購入は地味ではあるが全国的な規模で展開され、流通する膳椀の数は厖大なものになっていたはずである。そのひそかなるブームを裏で支えたのは木地屋であり、塗師であった。

旧上野市域の家々の膳椀が蔵の中で眠り始めたということは、儀礼用膳椀の新たな注文が途絶することを意味し、それはプラスチック椀の登場とあいまって木地屋という職業を終息させた。その状況は福島市耶麻山地の木地屋集落の実態を先に紹介した通りである。

(3) 褻の木地椀

これまで述べてきた膳椀は、人寄せ、人生儀礼用の食器であり、それを日常的に使うことはなかった。庶民が褻《け》の日に使う食器はこれとは別のものであり、塗り椀も使われたが、塗られていない木地のままの椀こそが長い間使われてきたものだった。褻の食器は木地椀や粗末な塗り椀から陶器の碗へと移り替わってきたのであるが、このことについて柳田國男が残した一文[*9]は心に響く。

「白木の椀はひづみゆがみ、使い始めた日からもう汚れて居て、水で滌ぐのも気安めに過ぎなかつた。小家の侘しい物の香も、源を辿ればこの木の御器のなげきであつた。其中へ米ならば二合か三合ほどの価を以て、白くして静かなる光ある物が入つて来た。前には宗教の領分に属して居た真実の円相を、茶碗といふものによつて朝夕手の裡に取つて見ることが出来たのである。これが平民の文化に貢献せずして止む道理は無い。昔の貴人公子が佩玉の音を楽しんだやうに、かちりと前歯に当る陶器の幽かな響には、鶴や若松を画いた美しい塗盃の歓びも、忘れしめるものがあった」。

最初にこの文章を読んだ時には、人びとが、ひずみやすく、おろしたその日から汚れ始め、汚れが重なって落ちない、白木の木地椀を使っていたのは遠い日のことだと思った。しかし、それは誤りだった。富山県南砺市利賀《とが》村阿別当《あべっとう》の野原ことさん（大正四年生まれ）が、家で使う褻の食器を白木地から陶器の瀬戸物に替えたのは昭和一四年のことだったという。昭和一四年と言えば、国民精神総動員委員会が始動し、国民徴用令が公布され、隣組回覧板が回り始め、泥沼の戦争に突入してゆく時期だった。柳田の『木綿以前の事』が出版されたのもこの年のことだった。

岐阜県飛騨市川合町から楢木峠を越え、利賀村へ入る古い道がある。水無《みずなし》という廃村になったムラがあり、その北隣に大勘場《だいかんば》というムラがある。野原さんはその大勘場という地名をたびたび口にした。大勘場は越中側の繭が運び出され、瀬戸物が愛知県から岐阜県を通って越中に運び込まれる要所で、歳末にこの地で大勘定をした場所だと語った。ことさんも長い間木器の汚れに悩まされた。汚れは重なっていくのだが、それでも毎日ユルイ（イロリ）の灰を使って木地椀を洗ったのである。大勘場はことさんを御器の嘆きから救ってくれた瀬戸物が入ってきた「陶器ロード」の要所だった。白木地椀から瀬戸物へと、截然と転換したわけではなかった。地域により、イエの経済力によってその時期にはゆらぎがあった。

1——『新編会津風土記』は、旧会津藩藩主保科正之が寛文年中、山崎闇斎等に命じて作らせた『会津風土記』をさらに藩主容衆の時代に増訂した地誌である。引用テキストは雄山閣版『大日本地誌大系』27（一九七七年）によった。以下引用の同書の文章は右記による。

2——天野武「積雪地帯の野ウサギ威嚇猟法」（『技術と民俗』上・日本民俗文化大系13・小学館・一九八五年）、野本寛一「擬装的威嚇による雪上兎狩」（『生態民俗学序説』白水社・一九八七年）。

3——西会津町史編さん委員会『西会津町史』6（上）・民俗（西会津町史刊行委員会・一九九一年）。

4——『斐太後風土記』は富田礼彦により明治六年（一八七三）に完成された地誌である。引用図は、雄山閣版『大日本地誌大系』30（一九七二年）によった。

5——会津民俗研究会・北塩原民俗誌刊行会調査・編集『裏磐梯・北塩原の民俗』（北塩原村・一九七七年）。

6――柳田國男「史料としての伝説」初出一九二五年（『定本柳田国男集』4・筑摩書房・一九六三年）。

7――橋本鉄男『木地屋の民俗』（岩崎美術社・一九八二年）、同『漂泊の山民――木地屋の世界』（白水社・一九九三年）。ほか。

8――野本寛一「木地のムラ変容の軌跡――福島県耶麻郡北塩原村檜原小字早稲沢・大竹繁さん（大正六年生まれ）」（『「個人誌」と民俗学』岩田書院・二〇一三年）。

9――柳田國男『木綿以前の事』初出一九三九年（『柳田国男全集』9・筑摩書房・一九九八年）。

第二章　電灯の点った日

平成一三年、滋賀県近江八幡市島学区の民俗誌作成のための学びを続けていた。その折、イエに初めて電灯が点った日の感動、その日のムラの様子を耳にした。これは、この国の近代の中でも記憶し、記録すべき重要な問題だと思った。また、先立つ平成一二年、三重県伊賀市旧上野市域で市史・民俗編の資料収集をしていた折、電灯を使用するようになってもランプや灯芯をさかんに使っていたということをたびたび聞いた。年表的な歴史認識に慣らされ、近代における採光の転換は、ランプから電灯へと截然と切り替えられたものと錯覚していた己を恥じた。民俗を学ぶ者こそが、截然と線を引くことのできない暮らしの襞を見つめ、庶民の暮らしの細かい変容に目を注ぎ、その体験に耳を傾け、記録してゆかなければならないことを強く自覚した。こうした問題について広域で聞きとりを続けるべきではあったが、個人の力には限界があり、ここでは限られた資料しか示すことができなかった。

初めに事例を列挙し、次いで若干の整理・考察を示す。

一　電気のついた日——その感動

①大正九年、盆の一二日、午後三時頃ダイドコロの電灯がポッとついた。それは自分が一六歳の年で、その年は感冒が流行して何人も死んだ年だった。電線を引くための電柱立ては二月に始まった。男たちが五、六人で「ヨイトマケ」(地搗唄)を歌って立てていた。電灯は一灯で五燭光(一燭光が蠟燭一本程度の明るさ)だった。電灯をつけた頃電気は時間点灯方式、代金は燭光灯数による支払方式で、スイッチによる点滅をしなくても、電力会社が送電してくれれば点灯し、元で電源を切れば自動的に消えるというものだった。したがって、野良に出ていても、夕方、家々の電灯が点ると、人びとは「もういなんならん」といって家路についた。逆に、朝寝坊を戒めるのに「電気が消えても寝てはった」と言われた。電灯以前はランプで、芯は五分芯か七分芯だった。ランプのホヤは灰で洗うときれいになった。「ランプ清さん」と呼ばれる爺さんが折々ランプを担うて梅村から売りにきた。電灯が入ってからもランプは併用した。

(滋賀県近江八幡市北津田町・辻あいさん・明治三六年生まれ)

②大正九年、小学校四年生の時電気が入った。電灯が点った日、ムラの小学生たちは、声をそろえて「電気がついた」「電気がついた」とムラ中を囃したてて歩いた。一軒一灯で藤井家では一六

燭光だった。電灯は日の暮れについて朝消えた。その頃、藤井家をはじめ、長命寺のムラのほとんどの家で畳表を織っていた。畳表を織るための麻を績むのは夜の仕事だった。藤井家で、電気が入ったのを最も喜んだのは母のいさだった。夜なべがしよい、麻績みがしよいというのだった。「ランプは風が吹けば消えるが、電気は風が吹いても消えないのがよい」と語ってよろこんだ。長さ一間ほどのコードを使って電灯を移動させて使っていた。「電気でタバコの火がつかんか」と年寄が話していたのを思い出す。電気の前の照明具はランプで、ランプは家に一本だった。ランプのホヤ拭きは子供の仕事で、竹の先に布をつけて掃除した。ホヤ拭きの途中でホヤを割ってしまうことがあったが、そんな折には八幡の町までホヤ買いに行った。石油も八幡まで買いに行ったが、いずれも田舟を使った。ランプは二分芯だった。

（滋賀県近江八幡市長命寺町・藤井辰蔵さん・明治四三年生まれ）

③大正九年に五燭光の電灯を入れた。ダイドコロとデイ（出居）の間の壁に穴をあけ、常にはそこに電灯を吊っておき、ダイドコロとデイの採光に用いた。必要に応じてコードによって電灯を移動した。電灯の前はランプだった。ランプは一本で五分芯、平素はダイドコロに置いたが籾摺り作業などの際には納屋に移動した。ホヤを拭くのは子供の仕事だった。ホヤを割ると八幡の㊅平井久兵衛という雑貨屋まで買いに行った。電気が入ってからも小学校六年まではランプを使った。

（滋賀県近江八幡市円山町・井上正六さん・大正六年生まれ）

④電灯は大正九年のお盆に入ったと聞いている。田谷家は母屋に一〇燭光一灯、隠居に五燭光一灯

を入れた。電灯時代になっても納屋ではランプを使った。ホヤ掃除は子供の仕事で、ホヤの中に新聞紙を入れて拭いた。ホヤは船屋という雑貨屋で買った。子供の頃、「電気がついたら帰ってこいよ」と言われていた。田谷家には、「電気灯希望者仕訳書」という書類が保存されており、それを見ると山口部落七三戸の家の、設置灯数と燭光数が記録されている。そのうち、一軒で二灯入れた家が六戸ある。A家では一六燭と一〇燭、B・C・D・E・F家では一〇燭と五燭である。一六燭は全体で二戸のみ、一〇燭一灯の家が三〇戸、五燭一灯のみの家が二八戸である。

（滋賀県近江八幡市山口・田谷猛司さん・昭和三年生まれ）

⑤昭和二年五月八日に石油エンジンによる発電・送電が開始された。発電所は小学校の横にあった。送電時間は日没から夜明けまでで、一〇燭光の電灯を使う家が多かった。昭和一二年沖島電灯会社となり、昭和一六年に関西配電の傘下に入った。昭和一八年には送電時間が夕方から一二時までとなり、それ以降、明かりの必要な時にはランプを使った。昭和二三年五月にケーブル設置工事が行われ、九月から送電が始まり、メーター式になった。漁業の島沖島では捕採した貝類の処理を夜間、湖岸の小屋で行い、そこではランプ・カンテラが電気導入後も昭和二〇年代まで用いられた。シジミは身シジミにして出荷したのだが、夜、ランプのもとで大鍋を使って煮た。ダボ貝も殻のまま煮て殻を除いて出荷した。シジミは一月から五月の中旬までで、三月の雛祭りにはよく売れた。「菜の花が散ったらもうだめだ」という口誦句があった。

（滋賀県近江八幡市沖島町・西居英二郎さん・昭和五年生まれ）

⑥大正九年、電気が入った。電柱を立てる時、「ヨイチョー　マカセーノ　ソー」と掛声をかけて支柱の棒を使いながら作業をしていた。柱を立てるのはムラびとではなく、会社の人だった。電柱が立つと、次に電線張りがやってきた。実家の前出家の祖母はつは、職人たちのためにお茶を沸かし、自分に、職人たちのもとへ運ぶように命じた。昼飯時、休憩時などにお茶を運んで行くと職人が、電線の余りで輪回しの輪と支え棒を作ってくれた。輪には、小さな輪をいくつも通してくれた。輪を回しながら走るとその小さな輪がチャラチャラと音を立ててとてもうれしかった。前出家では母屋のダイドコロに一〇燭光をつけ、必要に応じて二間のコードを使ってデイに採光できるようにした。隠居部屋には五燭光を入れた。葬式・結婚式などの折には電気会社に申し出て臨時に増灯するという方法がとられた。初めて点灯したのは昼間だったが、家族一同手をたたいて喜んだ。秋の籾摺り、俵くくりなどの夜なべの折、ソケットを使って盗電する家があるという話を聞いたことがあった。前出家では、秋の納屋作業には電気が入ってからもランプを使った。吊りランプは平芯の五分芯だった。据えランプと呼ばれるスタンド型の置きランプは丸芯だった。風呂場はカンテラである。ランプのホヤ掃除は夕飯前の子供たちの仕事だった。ホヤを割ると八幡の町まで買いに行かなければならなかった。母屋の電灯のもと、家族全員で麻績みをした。

（滋賀県近江八幡市北津田町・辻清一郎さん・大正三年生まれ）

⑦大正九年に電気が入った。一六燭が入ったが電気が入ってからもランプを使った。ランプには平芯の吊りランプと、竹の台の上にホヤをつけた丸芯の台ランプとがあった。台ランプは客用に使

った。

（滋賀県近江八幡市中之庄町・西川完治さん・大正三年生まれ）

⑧母屋に一六燭、隠居に五燭が入っていた。納屋での籾摺り作業などにはランプを使っていた。ランプのホヤの掃除は、手が入りやすいので子供の仕事だった。電線が裸になってショートすることが多かった。公民館に電気会社の連絡箱があり、故障などはその箱にメモを入れて連絡解決することになっていた。夜間のショート停電などの時には、ムラびとたちは待ちきれずに、掛矢を持って行って電柱の根を叩いて振動させた。そうすると、電気が通ることがあった。「オーイ、叩いてこい」などという声が聞こえた。

（滋賀県近江八幡市白部・東幸雄さん・大正一〇年生まれ）

⑨電灯がついたのは大正六年、尋常小学校三年生の年であった。この地区で、当初一一軒の家が電気を入れたと記憶している。近くに発電所ができ、配電を始めるというので近隣地区の勧誘を行った。当初月額六二銭（定額）と高額であった。母は電気代が高いと渋ったが父が押し切った。電球は一軒に一個で、タングステンの芯でコイルを螺旋状に巻いたもので、照度は一〇燭光だった。切れたら何度でも取り替える約束で、ずっとつけっぱなしにしていた（夕方から朝方までの送電で、昼間は発電所が送電を止めていた）。初めて電灯がついた日は、父・母・弟・妹の家族全員が、和服（当時の服装）で夕食の時を迎えた。初めて見る電灯の光は明るかった。兄弟は先を争って、各自の膳を持って電灯の真下へいき、一人ずつ電気の光で食事をした。いつも使っていたランプと違い、「明るいものだ」と思った。一〇燭光の照度はむしろ薄暗いのだが。

（静岡県榛原《はいばら》郡川根本町上岸・中森庄平さん・明治四〇年生まれ）

二　電灯の使い方と他光源の併用

⑩電灯がついたのは大正三年のことである。電灯は普通一家に一灯で、それも一六燭光だった。しかし、諏訪には二灯入れた家が五戸あった。コードは二メートルで、ダイドコロにつけ、デノマ（寄りつき）に客がある時は部屋境のカモイまで延長した。代金の支払い方法はメーター式ではなく定額だった。電灯が入ってもランプを併用することが多かった。ランプのホヤ掃除は子供の仕事で、木綿布で拭いた。ランプのホヤは割れることがあるので予備のガラス筒が備えてあった。ガラス筒は普通のホヤよりも値が高かったが、石油を点した時、ガラスが厚い分だけ暗くなった。

　ダイドコロに一六燭光の電灯があればよいというものではなかった。堀家の、大正六年頃の採光は、ダイドコロ以外は次のとおりだった。①炊事場＝蠟燭　②風呂場＝カンテラ（ブリキ製・燃料は石油）③夜なべ、藁仕事など＝ランプ　④客間（来客時）＝行灯《あんどん》（菜種油を使い、灯芯は藺《い》草《ぐさ》の芯で一〇本一束のものを荒物屋で買った）。電灯は最初透明ガラス、後にスリガラスになった。蛍光灯は昭和三〇年代に入った。

（三重県伊賀市諏訪・堀正勝さん・明治四二年生まれ）

⑪電灯が入ったのは大正六年で、最初ダイドコロに一六燭一灯を入れ、後にオクノマにも六燭一灯を入れた。一六燭の電灯は明るい蠟燭一本分ほどだと言われていた。当時はランプも併用した。ランプは炊事場におき、移動させて使うこともあった。カンテラを土間と座敷の境におき、風呂

場でもカンテラを使った。ランプのホヤ拭きは子供の仕事だった。他に、夜来客があった時などは石油ランプ式の燭台を使った。仏壇には秉燭《ひょうそく》と称し、皿に灯芯を入れて種油を使った。外出は蠟燭の提灯、夜の川漁でウナギ・ナマズ・コイ・フナなどを獲る時にはボンボリに肥松を焚いた。なお、電灯工事に際して電柱立ての奉仕に出たことがある。

（三重県伊賀市蓮池・岡森勇夫さん・明治四三年生まれ）

⑫大正一二年に母屋を新築した。その時は当然電灯はあったが、新築前の古い家にも電灯が入っていた。電灯はナカノマの柱のところに一六燭光をつけ、コードで移動できるようにしてあった。昭和初年には二四燭光にした。メーター式になったのは終戦後で、それまでは定額式だった。電灯が入ってからもランプを併用していた。ランプは炊事場などで使った。ランプの芯は、八分・五分・三分と三種あり、幅によって明るさと石油の消費量が異なった。的場家では八分芯を使っていた。高山では中野という店で石油を売っていた。罐・徳利・一升ビンなどを持って買いに行った。子供の小さい手がランプのホヤ掃除に適しているので学校から帰ると毎日、新聞紙でランプのホヤ掃除をした。土間での夜なべには肥松を使った。七月・八月・九月の月夜には外で藁仕事をした。その際の蚊遣りにはモロ（ネズミサシ）の枝葉を燻した。

（三重県伊賀市高山・的場義一さん・大正五年生まれ）

⑬大正一〇年には各部屋に電灯をつけたが、それ以前はダイドコロに一〇燭光一灯で、コードを長くして（二メートル以上）電灯を移動できるようにしていた。故障が多かったのでランプを併用

した。ランプのホヤ掃除は子供の仕事だった。炊事場では、カワラケに菜種油を入れ灯芯を使う秉燭だった。風呂は大正八年まで藁蓋式を使っていた。

（三重県伊賀市小田町・森岡喜代三さん・大正三年生まれ）

⑭実家である下神戸の大北家では最初イマ（ダイドコロ）に一〇燭光の電灯一灯を入れていた。ヒロシキ（イマと土間の間の板張り）とイマの境にはランプを吊るしていた。ランプは昭和二、三年頃まで使った。ランプのホヤを古ガーゼで拭いたことがある。風呂は蠟燭、仏壇は菜種油の灯芯だった。

（三重県伊賀市比自岐《ひじき》・貝増昌生さん・大正七年生まれ）

⑮家に電灯が入ったのは大正六年のことだった。電灯が入ってもランプは併用した。ランプ併用は昭和一〇年まで続いた。ランプは持ち歩きで、納屋などでも使った。ホヤの掃除は子供の仕事で、ボロ布を棒の先に巻きつけて拭いた。風呂場ではカンテラを使った。少年時代、西条六〇戸のうち半数は桶に入ってから蓋をかぶる形式の風呂だった。蓋は竹の薄剝ぎを編んだものだった。風呂は近隣で借り合った。

（三重県伊賀市西条・松本保重さん・明治四四年生まれ）

⑯小学校一、二年生の頃は電灯が一灯入っており、それは一六燭光だった。カッテ（ダイドコロ）に引いてあったが、コードを長くして他の部屋へも移動できるようになっていた。その頃はランプも併用した。ランプは家に三つあり、一つは風呂、いま一つは西の離れの祖母の部屋、他の一本は東の離れで来客用に使った。ボロ布でランプのホヤ掃除をやらされた。

（三重県伊賀市猪田西出《いだにしで》・中森文雄さん・大正六年生まれ）

⑰小学校一年生の時、大正七年に家に電灯が入った。うれしかった。一六燭光一灯をダイドコロとナカノマの間のカモイにつけたのだが、ダイドコロの北端からナカノマの南端まで番線を張り、電灯を下部に吊った鉄製の自在鉤《じざいかぎ》をその番線に掛け、コードの及ぶ範囲、ダイドコロとナカノマの間を自由に移動できるようにしてあった。コードの長さは二メートルほどだった。電灯が消える時にはパッと消えるのでなく、ゆっくりと、スーっと消えていったのを覚えている。電灯代は定額で、一灯が単位だった。奥の間にもう一灯入れた家もあった。電灯が入ってからもランプは必要に応じて使った。風呂場はカンテラで仏壇は菜種油だった。

電灯が入る前は丸行灯で勉強した。机はリンゴ箱だった。カワラケに菜種油を入れ灯芯を立てた。灯芯は佐那具か上野で買った。行灯の火が消えた場合はツケギ（杉・檜薄片の一端に硫黄を塗ったもの）に火を受けてきて再燃させた。行灯の紙は破れた時に貼りかえた。電灯が入る前は二つのランプを使っていたので、夕方は毎日ランプのホヤ掃除をさせられた。古布を棒の先につけて拭いた。ランプ・カンテラの石油、行灯の菜種油は西明寺・佐那具の行商人が担いで売りに来た。石油も菜種油もブリキ罐に入っており、それをオーコで前後に担いできた。菜種油を入れた罐の縁はよごれていたが、石油の方はきれいだった。菜種は栽培していたが自家で搾油することはなかった。

（三重県伊賀市一之宮・福田久馬男さん・明治四四年生まれ）

⑱電灯が入ったのは大正一二年のことだった。玄関を入ったところが土間で、その奥も土間だったが小学校一年の頃一部を板張りにした（ヒロシキ）。そこはダイドコロと呼ばれていた。ダイド

コロの左をカッテと呼んだ。カッテの南側がナカノマになる。電灯は一〇燭光で、カッテとダイドコロの境のカモイの真中につけた。ただし、ダイドコロの東端から、カッテとナンド境まで裸電線と同じ太さの針金を張り渡し、カモイの電灯を、カッテとダイドコロの間を自在に移動できるようにしてあった。コードは約三メートルほどだったので、広い範囲で使うことができた。

電灯が入ってうれしかったが、家で一番喜んだのは祖父の松次郎だった。松次郎は「明るいのう」といって電灯のもとで新聞を読んだ。祖父の一番の楽しみは新聞を読むことで、「新愛知」という新聞を隅から隅まで読んでいた。祖父が新聞を読めたのは少年時代寺に出入りし、寺の仕事の手伝いをし、住職から字を教えられたからである。「いろは」から漢字まで教えこまれたのだという。政雄さんが小学校へあがる頃、祖父は区長に代って区関係の書類を書く、代書、書記のような仕事をしており、政雄さんはよく使い走りをさせられた。政雄さんは小学校時代その祖父から字を教えこまれた。祖父が電灯を自在鉤でカッテの部屋に引っぱって、「ここへ座れ」といって座らせ、字を教えてくれた。電灯を移動するための自在鉤とは次のようなものだった。針金に掛ける鉤の部分は太い針金を曲げて作られており、その針金の一方は、長さ一尺ほどの木の枝鉤の、鉤でない部分に打ちこまれていた。枝鉤の部分を下にし、その鉤に電灯を吊ってあった。

大正一二年に電気を引いたのは古郡《ふるごおり》の中の三分の二ほどの家だった。旧青山町では電気が引けた時煙火をあげて祝ったことを記憶しているが、古郡ではそうしたことはなかった。岸本家では農業の他に養蚕も行っていた。それも、春蚕・夏蚕・秋蚕・晩秋蚕と四回も行うほど力を入れていた。養蚕には夜間作業もあり、照明が必要だった。したがって、春蚕の始まる五月から晩秋蚕の終わる九月末までの五か月間はカッテの一〇燭光とは別に一六燭光一灯を増やし、別に代金を払った。さらに、春蚕で最も多忙な五月にはもう一灯一六燭光をつけたのである。このように、数灯の電灯を臨時に設置することも可能だったのである。古郡のほとんどの農家は養蚕を行っていたので電灯を引いた家ではみなこうした形をとっていた。しかし、中には、電灯会社に登録しないで、無断で電灯を増やす家があり、それが発覚したので、養蚕期間の夜間に、電灯会社の社員が検査に回ってくるようになった。

電灯が入ってからも風呂・便所兼用でランプを使っていた。鉤に掛ける形になっており、随時移動することができた。小屋で夜なべをする時と夜漁にはカンテラを使った。電灯導入以前、岸本家にはランプが三本あった。一本は、電灯をつけたダイドコロとカッテの間に掛け、必要に応じて持ち運んで使っていた。他の二本は、基本的には養蚕用で、養蚕の季節以外はきれいに掃除してカッテの裏縁に掛けてあった。ランプの不完全燃焼による煤は蚕の害になると言われていた。したがって養蚕の指導員は、ランプの芯の先をよく切りそろえるように注意した。芯は鋏できれいに切りそろえたのである。電灯が導入される頃、古郡の民家の三分の二ほどのランプの芯は丸芯で、残りの三分の一ほどの家は平芯だった。丸芯の方が明るいのである。岸本家で電灯とランプを併用したのは昭和二年までだった。電灯が入る前も、入ってからも、ランプのホヤ掃除と芯の切りそろえは子供の仕事だった。太い針金に柄をつけたホヤ拭きの鉤があり、その先に古タオルをつけてホヤを拭いた。ホヤがふくらんで彎曲した部分を拭く時にはキュッキュキュッキュと音がした。ある時、よそ見をしながらホヤ拭きをしていてホヤを割ってしまったことがあった。ホヤがないとランプを点すことができないので、走って旧青山町阿保の住沢雑貨店へホヤを買いに行った。子供の仕事は、ホヤ拭き、芯切りの他、踏み臼での米搗きとつぶし麦搗きがあった。

古郡には油屋があり、石油も菜種油も売っていた。広岡とめのというお婆さんが隠居して油屋を開いていたのである。政雄さんが五合ビン（後に一升ビン）を持って石油を買いに行くと、婆さんは、柄のついた、ブリキの一合枡で、ビンに漏斗をさして油を入れてくれた。とめのさんはかなりの高齢で、いつも手が震えていた。震えるので油がこぼれ、ビンに正一合は入らなかった。そんな時、「お婆さん、一合入らないよ」と言って追加してもらったこともある。

政雄さんが小学校一年生の頃まで、古郡にはランプを使わないで、トーシミと称して、カワラケに種油を入れ、そこに小さな石の台をおき、その上に藺草の芯を灯芯としてのせて点火して照明をとっている家が四、五軒あった。岸本家ではトーシミは使わず、仏壇も蠟燭だった。ナマズ突きにはカンテラかタイマツを使った。（三重県伊賀市古郡・岸本政雄さん・大正四年生まれ）

⑲昭和二年、下阿波の北田家から西大手町の安川家へ入婿した時には、同家には一六燭光の電灯が七灯入っていた。そのうち一灯はダイドコロで生活用、他の六灯は傘工場用だった。安川家は傘屋でも蛇の目傘製造の専門店だった。旧上野市で傘屋は二〇〇軒と言われていたが、本蛇の目を製造する家は西大手町の安川源吾（貞郎舅）家・三之町の山本竹次郎家・忍町の土永稼家の三軒

だった。蛇の目傘の骨削り・ロクロ・ロクロと柄の組み立て・小骨と親骨の組み立て・飾り糸などは下請けや内職に出したが、「天貼り」と称する傘の中央部の紙貼り、荏渋と称する荏油はき、傘を閉じた状態で骨の上に葛根の糊をはく仕事、塗り終えた糊の余りを竹箆《たけべら》で削る仕事、最後に骨の上に漆を塗る仕事、柄の籐巻き、などは安川家の工場で行った。漆塗りは貞郎さんの仕事で、漆を塗った傘は一〇〇本単位でムロに入れて乾燥させた。こうした細かい仕事を重ねて一か月一八〇〇本の蛇の目傘を生産したのだから仕事は夜まで続いた。

電灯は五時頃から点され、仕事は午後一一時半まで続いた。一一時半で終わるのは銭湯「松の湯」が一二時でしまるからである。しまい風呂は安川傘店と向島の洋服屋だったという。一六燭光六灯はフルに活用されたのだった。

下阿波の実家で少年時代を過ごしたが、ランプのホヤ掃除とカンテラの掃除は子供の仕事だった。棒は使わずにボロ布で拭いた。冬は冷たくて、手が震えて泣いたことがあった。カンテラは川で、タワシを使って洗った。洗ってから古タオルで拭いた。上野のマチから、ブリキ罐に石油と菜種油をオーコで前後に担いで油屋が行商にきていた。

（三重県伊賀市上野西大手町・安川貞郎さん・明治四〇年生まれ）

⑳大正七年に一〇燭光の電灯一灯が入った。クド（竈）のある土間の一部がヒロシキで、そこで食事をした。ヒロシキとダイドコロの境のカモイの中央に電灯を吊ったが、電灯には一〇尺のコードがついており、コードの及ぶ範囲に電灯を移動することができた。移動した電灯を吊る方法は、

ランプしかなかった時代に、ランプを移動して吊り下げるために使った、伸ばすと長さ尺八寸にも及ぶ自在鉤〔写真①〕に吊るすというものだった。夜間の採光を必要とする養蚕を行っていたので大正一三年、オモテの間とオクの間（納戸）の境のカモイに一〇燭光の電灯を入れた。最初に電灯が入ったのは大正七年だったが、友生《ともの》の母の実家ではそれよりも前に電気が入っていた。

電灯の入る前には吊りランプと置きランプを使い、吊りランプは三本使っていた。一本はダイドコロ、もう一本はナカノマ、他の一本は養蚕の時にオモテの間で使った。ランプの芯は、平素は五分芯、養蚕時は八分芯を使った。二分・三分・四分・五分などの芯があったが、八分芯は最高で、明るかった。他に小型の置きランプが二本あった〔写真②〕。置きランプのことは台ランプとも呼んだ。電灯の入る前、夜勉強する時には置きランプを使った。置きランプは子供心にも危険だと思ったし、親も心配していた。置きランプの芯は三分か四分だった。電灯が入ってからはもちろん電灯の下で勉強した。ホヤ掃除は子供の仕事で、新聞紙で拭いた。置きランプはホヤが細いので指を上手に使わなければならなかった。石油は西明寺の油屋から一斗罐で購入していた。西明寺には油を担って友生へ行商にゆく人がいた。石油

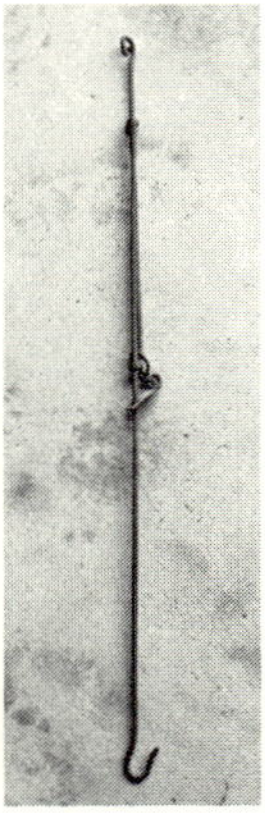
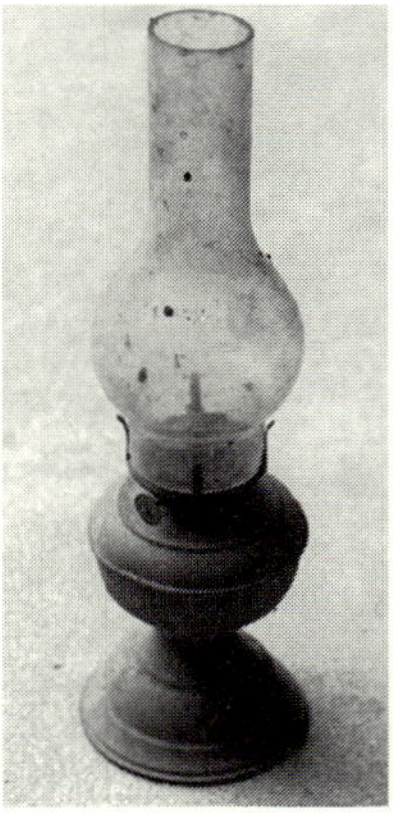

右：写真①　ランプを掛けた自在鉤
（三重県伊賀市西明寺、高嶋家）
左：写真②　置きランプ（同上）

と菜種油を持って出かけたのである。

祖父・父の時代には行灯を使っており、その名残があった。行灯の火を種火として神棚と仏壇には菜種油をトーシミで点した。

（三重県伊賀市西明寺・高嶋輝男さん・明治四四年生まれ）

㉑電灯が入った年は正確には記憶していない。最初一六燭光一灯で、カッテとダイドコロの境のカモイの中央に吊った。コードが一〇尺あり、そのコードでナカノマ（ミセノマ）などにも移動した。移動先では、釘を打って紐をつるし、紐でしばるようにしてあった。玄関に五燭光の電灯をつける家もあった。他にカワラケに菜種油を入れてトーシミを使っていた。箱を台にして必要に応じて台を移動し、その上にカワラケをのせて使った。風呂は平素は照明なしだったが、乳幼児を入れる時には蠟燭を使った。光男さんが小学校六年生の頃まで竹で編んだ蓋をかぶる形の風呂だった。蓋に紐をつけ、紐の先に重石をつけて蓋をひきあげるようにしてあった。風呂のかぶり蓋には竹編みのものと藁編みのものとがあり、ムラの中には藁編みの蓋を使っている家もあった。毎年稲刈後、千歳の宮本という桶屋が風呂桶の固定、すなわち、桶と底釜の間に藁縄をつめる修理と肥桶の修理にまわってきた。

ムラに電灯が入った頃は、個人配線をして電灯を無断で増置し、電気を盗む者があったので、夜間検査員が巡回検査にやってきた。一川家では養蚕をしていたので、五月・六月の二か月間はヘヤ（納戸）と奥の間（オモテ）の間に一六燭光一灯を養蚕の夜なべのために臨時に増設した。

（三重県伊賀市印代《いじろ》・一川光男さん・明治四五年生まれ）

㉒米蔵さんは恵美須町の安場金次郎家で生まれ、昭和七年に紺屋町の福岡家に入婿し、ぎん子さんと結婚した。現銀座通り、東立町通りの南端が恵美須町で横町との辻をなしていた。学校へあがる前の五歳頃、夕方、その辻に立って、一斉に送電が始まり、立町の家々の門灯（街灯と通称）が一斉に点る様子を眺めた感動は忘れられないという。横町は、立町に比べて門灯の数が少なかったが、立町はみごとで、子供たちは「あっ、ついたついた」と言って喜んだ。このことは、一部の工場や病院を除いて、一般の送電が夜間に限られていたことを象徴的に語っている。ぎん子さんも、家々の門灯を基準にして、「電気ついたさかい早よ帰ろ」という子供の頃の会話を記憶している。

実家の安場家では父が農業、兄が和傘屋をしていた。電灯は、兄の仕事用、食事用等を兼ねて仕事場に一六燭光を一灯、それに、裏の小屋に、父親の作業用に一六燭光一灯の二灯が入っていた。また別に、蚕を飼っていたので蚕室に一〇燭光が入っていた。父の金次郎は夜なべに草鞋やワラフゴを作っていたし、兄の金之助は傘の仕事をしていた。入婿した紺屋町の福岡家では、オモテの間、ナカの間、オクの間と続く家の、ナカの間に一六燭光の電灯を一灯入れていた。

安場家では、電灯の入る前には吊りランプ三本、置きランプ二本があった。兄の仕事場に吊りランプと置きランプ一本ずつ、父の小屋に吊りランプ一本、吊りランプの他の一本は養蚕その他に移動して使った。置きランプのもう一本も随時使用した。米蔵さんは、下校するとランプのホヤ掃除をした。ボロ布を使っていた。このことは、電灯が入ってからもランプが使用されていたことを意味する。紺屋町のぎん子さんの家には吊りランプと置きランプが一本ずつあった。仏壇の灯明は菜種油にトーシミを使った。恵美須町では、トーシミは中野荒物屋、油は堀川油屋で買い、紺屋町では、石油は藤吉油屋で買った。

（伊賀市上野紺屋町・福岡米蔵さん・明治四一年生まれ、福岡ぎん子さん・明治四三年生まれ）

㉓長野県飯田市上村下栗の上区、即ち屋敷・小野・大野に電気が入り、電灯が点ったのは昭和三一年一〇月のことだった。高度経済成長期の始まる時代である。この時までこの地に電気が入らなかったのは、標高一〇〇〇メートル前後に民家が散在し、物資の流通は五里の峠と呼ばれる小川路峠越えで馬の背に頼らなければならないという地理的環境が大きな要因だった。電気導入に貢献のあった当時の上村村長松下逸雄さんを森林軌道と人の背で小野の成澤作男（明治四五年生まれ）家へ迎え入れ、区民総出で祝宴を張ったことは今でもよく記憶され、語り継がれている。電柱は栗材で、山地主が寄付し、区民の奉仕で立てられた。電灯導入時期が新しいだけに、電灯以前の照明にかかわる苦労の記憶が鮮明である。

電灯以前の採光・光源は石油が中心だった。照明器具はランプとカンテラ、ランプには二種類があり、その一つはタケボヤ（竹火舎）、ガラス製で竹筒状の覆いのついたランプである。そのホヤが油壺の上にかぶせられる。壺は石油三合入りで、芯は二分芯、タケボヤランプは通常時に使用した。いま一つのランプはカブボヤである。何とみごとな命名ではないか。ガラス製のホヤの形状が蕪《かぶ》のように球状をなしているところからこう呼ばれたのである。ホヤが大きく、球状であるということは、より大きい炎に対応でき、より明るい光を発することのできる構造になっているということである。カブボヤランプの芯は五分芯だった。タケボヤの芯に比べて幅が広く、より多くの石油を吸いあげて燃焼させることができるのである。カブボヤを使う時は特別な時である。その一つは養蚕期で、夜間給桑のために使う。一人で給桑する場合はカブボヤ一灯でよいのだが、家族全員で給桑する場合には三灯必要だった。養蚕以外にもカブボヤランプを使う時があった。それは、津島牛頭天王社《ごずてんのうしや》の祭日に、下栗本村の親戚の人びとを招待する時で、カブボヤランプ三灯を点した。右の二種類のランプのほかにカンテラを使った。カンテラの油壺は一合入りで火も細かった。これは、嫁が夜間、石臼で穀物を碾く時などに使った。カンテラの石油消費量はタケボヤの三分の一だった。

石油はできるだけ節約した。普通、一か月二升で済んだのだが、養蚕の時には五升ほど使った。石油の買い方は、「一升買い」、すなわちそのつど一升ずつ買うという買い方だった。購入先は上町で、平田屋、または河内屋だった。上町往復は徒歩だった。夜間、青年団の集まりがある時などは提灯・蠟燭を使った。

成澤家にはアカシダキと呼ばれる鉄製の燭台があった。支柱は一尺、半ばから三脚で支える形になっており、上に径一尺ほどの鉄皿がついたものだ。この鉄皿の上に松明をのせて点したのである。これは先代が使ったものだが、石油を切らした時などに使用した。当地ではいま一つ灯火に関する重要な伝承がある。それはカバノキ科のウダイカンバ（鵜松明樺）の皮をタイマツ代りに使っていたことである。ウダイカンバの皮は焚き付け燃料としても利用されたが、灯火としても利用された。焚き付けとして使う場合は横に輪状に剝いでもよいが、灯火用に使う場合は縦に、板状に剝がなければならない。横に剝ぐと皮が丸まってしまうが、縦に剝げば乾燥しても皮は直状を保つからである。小野、下栗上区はウダイカンバの植生地に近かった。

（長野県飯田市上村小野・成澤徳一さん・昭和二年生まれ、成澤福恵さん・昭和三年生まれ）

三　電灯導入期の諸問題

行灯、ランプ、カンテラから電灯へという灯火・照明の転換は、個人・イエ・ムラ・マチなどにおいて、おのおのに強い感動を呼んだ。事例②では、電灯点灯の日、子供たちが「電気がついた」「電気がついた」とムラの中を囃したてて巡ったという。また、⑱によると、旧青山町では点灯の日、煙火をあげて祝ったという。あるいは⑨では家族全員で電灯の下に集まって厳粛に点灯を待ち、電灯光を讃えながら膳を並べて夕食を食べたという。

電灯の導入を家族の誰がどう喜んだのかということも心に残る。②では、畳表を織るための麻糸を夜なべで績むのは母だったので、母が一番喜んだという。⑱で一番喜んだのは祖父の松次郎で、「明るいのう」といって「新愛知」という新聞を隅から隅まで読んだ。総じて夜なべの能率はあがり、子供たちの勉強も電灯の下で行われるようになった。

電気料金は燭光単位・灯数単位の定額式で、現在のような消費量メーター記録式とは全く異なる方式だった。電気会社で夕方送電を開始し、朝方停止するというものだった。このことによる点灯と消灯の時間は人びとの行動の指標になった。事例①点灯↓「もういなんならん」（野良からの帰宅）、消灯↓「電気が消えても寝てはった」（暮らしの始動）。事例④「電気がついたら帰ってこいよ」――これらの例に限らず点灯は子供たちの帰宅の合図になっていた。

事例④の滋賀県近江八幡市の山口という農村村落は大正九年に七三戸だった。同地の田谷家に保存されている「電気灯希望者仕訳書」は電灯導入期のこの国の地方の状況を象徴的に語っている。内訳は④に示した通りであるが、これを見ると、近代まで続いた地主・小作制度による経済格差がそのまま反映されているように思われる。一六燭と一〇燭の二灯を入れた家は大地主、一〇燭と五燭の二灯は地主、一〇燭一灯は自作農系、五燭一灯は小作系、例外はあるとしても、およそこうした流れが読みとれる。他地においては、農に携らず、さらに家計が安定しない家は、五燭光の電灯も入れることができず、導入時期を遅らせた例も多々ある。電灯を入れるか否か、何燭光を入れるかなどは、家によっては深刻な話し合いをしなければならなかったのである。

電力の導入時期は、地方ごとの発電所の建設状況や配電会社の送電網の整備状況によって異なった。事例の中の滋賀県近江八幡市の島学区は基本的には大正九年に電灯を使い始めているのだが、同じ区内でも琵琶湖に浮かぶ沖島の電灯は昭和二年に初めて点ったのだった。

⑩～㉒は三重県伊賀市（旧上野市域）の事例であるが、ここでは、大正三年、大正六年、大正七

年、大正一〇年、大正一二年と電灯導入期に幅がある。このことは、発電の量、送電網の整備、各戸の経済事情などのからみによるものであろう。⑨は静岡県の例で、大正六年である。近くに発電所ができたとはいえ、民家で電気を入れるか否かは大問題で、家庭内で深刻な議論があったことがわかる。⑱の旧上野市古郡には大正一二年に電気が入ったのだが、その際、電気を入れなかった家が三分の一あったという。それらの家では電灯以前の灯火、ランプや灯芯に頼っていたのである。㉓は電力導入期が極端に遅れているのであるが、その要因については事例の中でふれた通り、地形環境と深く関わってのことだった。

事例②で示した通り、「ランプは風が吹けば消えるが、電気は風が吹いても消えないのがよい」という感想は、夜なべに励む女たちが、いかに採光に悩まされていたかを浮上させている。「電気でタバコの火がつかんか」という年寄りの疑問は電気の不思議を語って止まない。近代化の中では後に笑い話、語り草になった様々な伝承がある。鉄道敷設に際して、海岸部のマチでは汽車が通ると魚が逃げていなくなる、という流言蜚語が現実味を帯びて語られたという話をたびたび耳にした。

一灯の電灯を有効に使うためには様々なくふうがあったのだが、事例に共通しているのは電気コードを長めにつけておき、来客その他の必要に応じて電球の位置を移動させていたことである。⑱では張った針金を伝わせて移動する方法をとった。その移動には自在鉤を使ったという。さらに注目すべきは、⑳でも電灯の移動に自在鉤を使ったのだが、それは写真①のようなもので、電灯以前にランプを移動させるのに使っていたものだったという。

日本の近代化において養蚕が果たした役割は大きかった。その養蚕においては夜間給桑は欠くことのできない作業だった。事例⑱での岸本家は、春蚕・夏蚕・秋蚕・晩秋蚕の四回を営んでいたので、五月から九月までの養蚕期に限って一六燭光一灯を臨時増灯し、電力会社と契約してその代金を支払った。⑳では一〇燭光を、㉑では一六燭光を養蚕のために増灯している。電灯以前にも養蚕期にはランプの増灯が必要だった。このことについては事例㉓で述べている。

養蚕期の採光のために盗電を行う者も出た。その盗電を防止するために養蚕期には電力会社が夜間検査員を巡回させていた。盗電は養蚕期に限ったものではなく、事例⑥によれば、稲作農家でも、秋の籾摺りや俵づくりの夜なべに盗電する者がいたという。

養蚕期以外にも臨時増灯をし、代金を支払うことがあった。冠婚葬祭がすべて外部化した現今では考えにくいことだが、婚礼や葬儀にかかわる人寄せが民家で行われ、近隣が協力し合っていた時代、その採光は重要であり、臨時増灯が求められたのである（事例⑥）。

一軒の家における灯火・採光の移り変わりは、「ランプから電灯へ」とある年のある日を限って截然と転換するものではない。先に紹介した事例のほとんどが、電灯を入れてからもランプその他の採光を併用している点に注目しなければならない。五燭・一六燭の電灯一灯で一家の様々な場での採光がまかなえるものではない。

イエイエで、電灯以外にいかなる灯火を用いてきたかについては各事例で報告した通りであるが、確認の意味で事例⑩堀家の場合を再度とりあげる。㋐ダイドコロ＝電灯（一六燭光）㋑炊事場＝

蠟燭　㋒風呂場＝カンテラ（ブリキ製・石油）㋓夜なべ・藁仕事＝ランプ　㋔客間（来客時）＝行灯（菜種油と灯芯を使う）。灯芯は藺草の芯で一〇本一束のものを荒物屋で買った。堀家では電灯導入以後も石油（ランプ・カンテラ）・蠟燭・菜種油（行灯）などを併用していたことがわかる。石油ランプに限ってみても電灯導入後、⑭＝昭和二、三年まで、⑮＝昭和一〇年まで、⑱＝昭和二年まで併用している。

現代人にとって、ランプはもう観念の灯火になってしまっている。燃料は石油、それを貯めておく油壺、石油を導いて灯すための芯、炎の拡散や揺れを防ぎ、灯火を安定させるためのホヤ（火舎）、そのホヤも置きランプ（据えランプ・台ランプ）と吊りランプでは形も大きさもガラスも異なった。吊りランプの場合は、油壺の上にホヤをのせたランプそのものを梁や天井の高所から吊り下げるための吊り手がついている。

ランプの芯には丸芯と平芯があり、平芯は二分・三分・五分・七分・八分などと幅の異なるものが種々あり、その幅の広さによって石油の消費量が異なった。油壺の大きさも当然芯の幅と連動した。芯の幅によって、ランプの照度が異なることはいうまでもない。イエごとにおける電灯の燭光単位や契約灯数の差異、さらにはランプ以外の灯火併用などがイエイエの経済力に応じていることは先に触れたが、石油ランプの種類、常用の灯数、芯の幅、他の灯火との併用状況などのイエイエの差異は、電灯をめぐる地域社会のイエイエの経済状況とほぼ比例するものだった。

わが国における石油ランプの導入・普及状況について、西村健氏は以下のように述べている。*1

「日本では幕末期に輸入され、当初は舶来の高級品として在留外国人や富裕層のみが使用していた。しかし、江戸時代の主な屋内用灯火である行灯や蠟燭に比べ、はるかに照度は高かったことに加え、菜種よりも石油の方が安価であったという利点もあり、明治初期から安価な国産品の製造が開始されると急速に普及し、一八九七年（明治三〇）頃には全国の家庭で用いられるようになった。」――

私が育った家は静岡県牧之原市松本の農家だった。昭和一二年生まれの私がもの心ついた頃は、納戸・奥納戸を除くどの部屋にも電灯が入っていた。母屋裏の味噌部屋の隣に物置があり、そこには使われなくなった石油ランプが三つほど収納されていた。油壺は銅製で、その口金の先に出ている平芯も、その長さを調節するための、円型で外周に刻みのついた抓《つま》みネジも健在だった。抓みネジは歯車と連動していた。輪状をなす吊り手もあり、それが意外に大きかったと記憶している。もとよりホヤも、反射用の白色の笠も残っていた。幼い者にとってそれは機械としての刺激を与えるものだった。折々、その物置に入っては遊んでいた。

石油ランプとランプ以前の灯火、即ち、行灯・蠟燭・秉燭・トーシミ（灯芯）・アカシ（肥根）などからランプへの転換も截然たるものではなく、イエイエの経済状況・地域性などによって様々なずれが生じていたことは言うまでもない。事例⑱旧上野市古郡では、大正一二年、ムラの三分の二のイエイエで電灯を入れても、ランプどころか、ランプ以前の秉燭・トーシミ即ち菜種油に頼る家が四、五軒あったという。

利便性の強い生活様式や生活用具への転換は截然となされるものではない。民俗学は、前代の様式や用具に頼らざるを得ないその暮らしの襞にも目を向けるべきなのである。

電灯と電灯以前の間で注目しておかなければならないことの一つに、電灯以前の灯火は、石油にしろ、菜種油にせよ、トーシミにせよそうした素材を日常的に購入しなければならないということがある。油類は、油屋へ出向いて買う方法と、行商人から買う方法があったことは事例に見る通りである。人びとが油の節約に心を砕いていたことは、事例㉓の一升買いや、⑱の油の正味請求でもわかる。㉓では油買いの道のりも苦労があったことがわかる。照明関係ではランプのホヤの行商人もいた。事例⑩の聞きとりをしたのは平成四年のことだったが、その時点で、菜種油を使う秉燭用の灯芯の売買単位が一〇本一束だったということ、それを荒物屋で求めていたという事実が聞けたのは驚きだった。秉燭も行灯も、手の届く過去まで確かに生きていたのである。灯芯の伝承が生き延びたのは、イエイエで、仏壇の灯明として菜種油と灯芯を使い続けてきたことによる。

この小主題にかかわる契機の一つは、全国各地どこへ行っても老人たちから異口同音にランプのホヤ掃除を子供の仕事として担わされていたことを聞かされていたことによる。

1――西村健「ランプ」(木村茂光ほか編『日本生活史辞典』吉川弘文館・二〇一六年)。

第三章　山のムラ・生業複合の変容

この国の山のムラムラ、今、そこに生きる人びとの寂寥感と孤絶感は深い。昭和四〇年代から現今に至るまで各地の山村を巡ってきたのであるが、その間過疎化・高齢化が進み、生業構造も変容を重ねた。「限界集落」という酷い言葉を耳にしてからも時が流れた。

山のムラムラは厳しい生業・生活環境ではあるが、それは一面においては、日々至近の距離で多彩な自然とかかわることができるという豊かさに恵まれていることでもある。人びとはそうした環境の中で、伝承知を生かし、くふうを重ねながら様々な生業要素を複合させることによって暮らしを守ってきた。その中で自然と共存しながら生きるという自然観を育んできた。山のムラムラが生き生きとして活力に満ちている時もあった。このような山のムラムラを終焉させるわけにはゆかない。この国の活力の根源を喪ってはならないのである。ここでとりあげているのは、製茶にかかわる技術変容、生業変化と景観変化の連動、生業複合の盛衰という限られた小主題で、これらは山の民の多彩な営みのごく一部に過ぎない。例えば、山地における耕地集約は事実上不可能である。山のムラの再生のためには、いくつかの生業要素の複合という考え方を無視することはできない。先人の営みに学ぶところは多いはずである。

一　製茶——手揉みから機械へ

コーヒー・紅茶・緑茶などの嗜好飲料、炭酸系のソフトドリンク、乳製系飲料など、現在わが国では自動販売機の普及と相俟って多種多様な飲料が大量に消費されている。ラムネ・炭酸水など明治以来徐々に数と量を増やしてきたのであるが、庶民の日常的な嗜好飲料の中心は長い間緑茶・日本茶だった。

静岡県は茶どころとして広く知られており、静岡市山間部や大井川中上流域を中心に歌われた茶摘み唄に次のものがある。

〽宮ヶ崎から車に積んで　牛にひかせて清水まで
〽清水港で蒸気に乗せて　煙に巻かれて横浜へ

〽横浜若衆が手に手をかけて　目貼りいたしてアメリカへ

お茶壺道中ならぬ、お茶の輸出道行《みちゆ》き唄になっている。

また別に次のような唄もある。

〽お茶は終えるしお茶摘みゃ帰る　あとに残るは蓑と笠

電動式茶刈り機はもとより茶刈り鋏もなかった時代、山間部へは平地水田地帯から数多くの茶摘み女が雇われ、茶摘み期間中茶農家に泊まり込んで手摘みをしたのである。そうした茶摘みで一時《いっとき》賑わい、花やいだ山のムラも、茶摘み娘たちが帰ってしまうと火が消えたように寂しくなる。右に紹介した茶摘み唄が歌われた時代は、茶師と呼ばれる焙炉《ほいろ》師も季節労働者として平地から山地に入り、焙炉を使っての手揉み製茶を担っていたのである。焙炉とはどんなもので、それはどのようにして消え、機械製茶に転換していったのであろうか。

ここでは、静岡県榛原《はいばら》郡川根本町森平の森越猪補（大正一二年生まれ）家を中心として、隣接する上岸の事例も加えながら変容をたどってみることにする。森平・上岸は、旧本川根町の中心地であり大井鉄道の終点でもある千頭《せんず》の対岸の、小長井の下手に続くムラである。大井川左岸で標高は三四〇～三八〇メートルほどである。生業は、茶・椎茸栽培・炭焼き・定畑（甘藷・里芋・粟・黍・

写真①　手揉み製茶。揉みボイロのカケゴの上で茶葉を揉む（静岡県手揉み茶技術保存会）

麦）、昭和一〇年代までは養蚕も行われていた。

川根本町上岸の鈴木清さん（大正一二年生まれ）は以下のように語る。――祖父の伝衛門（明治七年生まれ）は清透流の茶師、父の健次郎（明治二八年生まれ）は宇治田流の茶師だった。茶揉みにはこのように流派があり、流派ごとに手揉みの技術にちがいがあって、その技を競っていた。清さんは小学校四、五年生の頃から祖父の手伝いをしていたので、清透流の流れをくむことになる。

ホイロには、揉みボイロと乾燥ボイロ（隠居ボイロ）とがあった。前者のカケゴ（炉の上に据えて茶を揉む浅い箱状の揉み床）［写真①］は、五尺×二尺八寸で深さは七～八寸。炭も使ったが、薪ボイロと称し、薪も使った。薪は雑木の薪であり、松と朴《ほお》は嫌った。松は煤が出るし、朴を燃やすと気分が悪くなると言われていた。

ホイロを築くのにはヒナツチと呼ばれる青粘土を使った。ヒナツチは、山中の水の湧き出るようなところにあった。上岸の近くで言えば、堀田の沢奥にあった。炉の上に鉄の渡し棒六本を渡し、その上に網代と呼ばれる幅一・五センチ程の細い鉄帯を格子状に編んだものを置き、さらに鉄板を重ねた［写真②③］。その上にカケゴをのせる。カケゴをのせたホイロの高さは揉み手の臍がカケゴ

カケゴをのせる焙炉用鉄網代
(静岡県榛原郡川根本町上岸)
右：写真②　鈴木清家／左：写真③　山下博家

の縁にくる程度がよいとされた。杉の六分板で作った麴蓋状の箱で、これにホイロ紙三枚を貼り重ねる。ホイロ紙貼りにはキメの細かい技術伝承がある。三枚の紙を貼り合わせるのにはワラビ糊を使う。ワラビの根を叩き、布ごしにして澱粉を沈殿させ、その澱粉を水で薄めて使う。杉板でできたカケゴの底の部分に貼るのは火力に強いコンニャク糊である。コンニャクを擂りおろし、布ごしにして使う。貼り糊は濃く、ホイロ紙の上部にはく糊は薄くする。ホイロ紙の上部にはく糊としては、コンニャク糊を薄めたものの他に、エマシ麦の汁も使った。エマシ麦の糊とりは夜なべ仕事だった。

ホイロ紙は、上岸の山下家からも買ったが、笹間（現島田市）の行商人からも買った。隣ムラ坂京の杉山桂一郎家からも買った。渡し棒は小長井の井沢鉄工から、鉄板などは上岸で農鍛冶を営む小沢金さんから求めた。

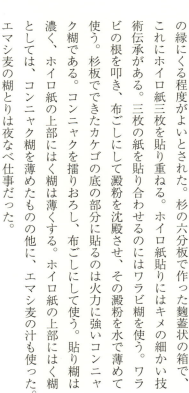

隠居ボイロのカケゴは三尺×二尺、燃料は木炭で、乾燥を目的とした。隠居ボイロの炭を効率的に使うために、俵をほぐしてその藁を炭にかけた。

純粋な手揉みの場合、生葉の一貫目で、①ハウチ＝三〇分→②コロカシ＝一時間→③中あげ＝一〇分→④モミキリ＝三〇分→⑤デングリ＝二〇分→⑥仕上げモミ（ⓐ＝二〇分・ⓑ＝二〇分）→⑦隠居ボイロ＝四五分と長い時間と手数がかかった。

粗揉に手まわし機械を導入してから、一ホイロが生葉で一貫五〇〇匁になった。薪ボイロの薪は、冬季に雑木薪を用意したり、台風の時大井川の河原で拾う河原木を使ったりした。

ヤブキタ種の台切り（再生のための株切り）は二五年から三〇年に一度行う。その間、中切りと称して五年に一度ほど茶の木の中間を切る。台切りした茶の木は畑で焼く。間作は、一年目＝ソバ→二年目＝里芋といった型と、一年目＝大豆または小豆→二年目＝里芋、といった型があった。台切りすると茶の木の畝間が一時的に広くなるので、二年ほど畝間に作物を栽培したのである。

茶園の近くに松の木・桐の木があるのを嫌った。ともに匂いが移るからだと言われている。

川根本町森平の森越猪補さんは大正一二年に森越家の長男として生まれた。以下は猪補さんの体験と伝承による。

揉みボイロ・隠居ボイロについては鈴木家の伝承と同様である。ホイロ用のヒナツチは、鳴沢の水車小屋の近くで採った。渡し棒・網代・鉄板を重ね、その上にカケゴをのせた。カケゴとは、懸子・掛籠などと書き、「他の箱の縁に掛けてその中にはまるように作った箱」のことで、茶揉みに使う麴蓋状の箱はまさにカケゴであり、ホイロカケゴと呼ぶにふさわしいものである。通常、焙炉《ほいろ》と総称されるものは、厳密に言えば炉とカケゴとから成っているのである。お茶時（茶摘み・茶揉みの期間）前には晴天の日を選んでカケゴ貼りをしたものだという。ホイロ紙は上岸の山下家、大井川対岸崎平の堀井惣一家などから買った。ホイロ貼りの糊はコンニャク糊で、滑りを良くするためにホイロを濡れ布でふいてからエマシ麦の汁をはいた。隠居ボイロには炭で、藁薦《わらごも》を掛けたり、藁灰をかけたりして火持ちをよくした。

表①は森越家の製茶技術・製茶設備・燃料・動力の変遷概要を示したものである。機械化の第一歩は、大正三年の手まわし粗揉機、次いで鳴沢の上岸境に作られた水車動力だった。水車は、森越猪補家・羽倉徳光家の二軒共同で大正八年に設置し、昭和一七年まで稼働した。製茶に関しては、粗揉と中揉・再乾に水車動力を用いた。茶以外に、麦・米の精白、ソバの脱孚などにも用いた。臼は四基あった。水車は松材でつくられ、芯はカシの木だった。

純手製は一ホイロ生葉一貫目、半手製は生葉一貫五〇〇匁だった。半手製で一人一日六ホイロ揉んだ。昭和一五〜一七年頃には、一番茶を生葉で二〇〇貫、二番茶で一〇〇貫揉んだ。

森越家の製茶変遷を動力エネルギーを中心に見ると、①純手製＝大正二年まで、②半手製／手まわし粗揉機＝大正七年まで、③半手製／水車動力＝昭和一七年まで、④機械製茶／電動＝昭和二六年〜昭和四〇年まで、⑤機械製茶／重油・オガクズ・プロパンガス＝昭和四一年〜昭和四九年まで、⑥機械製茶／重油・プロパンガス＝昭和五〇年〜、となっており、機械製茶時代になっても電力から化石燃料へと変動していることがわかる。ムラに電気が入ってからも電力に頼らず、長期間水車に頼っていたことも判明した。

猪補さんは昭和一八年に召集され、中国大陸で転戦し、復員したのは昭和二一年のことだった。

年代	製茶法	作業工程・燃料ほか
↓ 大正2年	純手製	工程 ①蒸し→②ハウチ→③コロカシ→④ヨリキリ→⑤デングリ→⑥コクリ→⑦乾燥 燃料 薪　炭　炭
大正3年 ↓ 大正7年	半手製	工程 ①蒸し→②手まわし粗揉→③ヨリキリ→④デングリ→⑤コクリ→⑥乾燥 燃料動力 薪　薪　揉みボイロ　炭　隠居ボイロ　炭
大正8年 ↓ 昭和9年	半手製	工程 ①蒸し→②粗揉→③ヨリキリ→④デングリ→⑤コクリ→⑥乾燥 燃料動力 薪　水車・薪　揉みボイロ　薪　隠居ボイロ　炭
昭和10年 ↓ 昭和17年	半手製	工程 ①蒸し→②粗揉→③中揉再乾→④ヨリキリ→⑤デングリ→⑥コクリ→⑦乾燥 燃料動力 薪　水車・薪　揉みボイロ　薪　隠居ボイロ　炭 時間 50分　20分　15分　20分　40分　30分
昭和18年 ↓ 昭和21年		猪補さん出征
昭和22年 ↓ 昭和25年		生葉を賃揉みに出す
昭和26年 ↓ 昭和40年	機械製	工程 ①蒸し→②粗揉→③中揉再乾→④精揉→⑤乾燥 燃料動力 薪　オガクズ　オガクズ　炭　炭
昭和41年 ↓ 昭和49年	機械製	工程 ①蒸し→②粗揉→③中揉再乾→④精揉→⑤乾燥 燃料動力 重油　重油　オガクズ　プロパンガス　プロパンガス
昭和50年 ↓	機械製	工程 ①蒸し→②粗揉→③中揉再乾→④精揉→⑤乾燥 燃料動力 重油　重油　プロパンガス　プロパンガス　プロパンガス

表①　森越猪補家（川根本町森平）の製茶変遷

戦争は森越家の製茶にも大きな影を落とした。昭和二二年から二五年までは自家製茶はできず、家の茶畑で摘んだ葉を賃揉みに出すという形をとらざるを得なかった。

森越家でヤブキタ種を植え始めたのは昭和二六年のことで、二七年には積極的にヤブキタに替えた。養蚕を廃止したことによって不要になった桑畑の桑を扱《こ》いで茶園に転換した。在来種は牛蒡根といって一本の根が深く地中に喰いこむので概して丈夫であるが、ヤブキタは在来種に比べて弱い。台切り効果は在来種の方があった。ヤブキタは中途切りを行う。台切りを行った場合は、二年間間作をする。間作作物は、ソバ・弘法黍（シコクビエ）・大豆・小豆・胡麻などである。茶が点播された状態の畑を「茶原」、条播された状態の畑を「茶園」と呼ぶ。

遅霜はお茶の敵である。防霜ファン以前の霜対策は、杉の葉または杉皮屋根の廃品を燃して煙を出すことだった。茶始めには餅を搗き、茶じまい＝ホイロアゲには茶部屋に神酒をあげ、家族も御馳走をして神酒を飲んだ。なお、茶部屋には秋葉山本宮の札を貼り、秋葉神社には茶の初穂をあげた。

森越家には志太郡吉永村（現焼津市）から茶師と茶摘み娘が入っていた。「霧島ツツジが咲いたら茶飯の仕度をせよ」という自然暦口誦句があった。この口誦句の意味は、霧島ツツジが咲いたら茶師や茶摘み娘たちを迎えるための米・副食物・夜具などの用意をせよということである。また、「里の花が急ぐと遅霜の心配がある」という自然暦もある。「柿の葉が雀がくれになると在来の摘みはじめ、ヤブキタの盛り」「ホトトギスが鳴くとお茶がこわくなる」ともいう。これも、お茶に関する自然暦である。この他、「豊後梅の花が咲いたら里芋を植えよ」という自然暦もある。

森越家では昭和二二年まで養蚕を続けた。桑の畑は二反歩あった。昭和一五年当時は、春蚕の繭が二〇貫、秋蚕の繭が一〇貫あがった。春蚕には暖房用に炭を用い、四貫俵一俵を使った。木尻の炭は不完全燃焼で臭うので養蚕には使えなかった。また、養蚕以外にも椎茸栽培を行っていた。椎茸山は、馬路橋付近・高山・近山などだった。昭和一五年当時で、天日干しの完成品二〇貫、コウシンと呼ぶ焼き椎茸を一斗枡で三〇杯ほど生産していた。椎茸焙乾には薪も使うが、仕上げには炭を使った。その炭の量は二〇貫にも及んだ。

製茶に炭を使ったことは先にもふれた通りである。半手製で一日六ホイロ、それに、炭が一日一貫必要だった。二〇日で二〇貫である。この他、いわゆる自家用・生活用に一〇貫目の炭を使った。森越家では、炭を、①養蚕 ②椎茸焙乾 ③製茶 ④生活用、に使い、それらをすべて自分の家で焼いた。一窯一〇〜一二俵で、これを一冬に二〜三窯焼いたのである。これだけの炭を焼くためには一年に約一反歩の炭木を伐る必要があった。

炭のみならず、薪も必要だった。薪は、幅一間、高さ一間に積んだものを一坪と数えた。製茶用の薪が四坪、椎茸用の薪が一坪、生活用の薪が四坪、毎年、合計九坪の薪を消費した時代が長かった。麦蒔きを終え、お茶が始まるまでの間は、薪集め、炭焼き、椎茸ボタの伐出など多忙を極めた。椎茸ボタ（原木）はコナラ・シデを選び、炭木や薪材を伐り出す前に伐り出した。皮を痛めないためである。

生業＼月	1月	2月	3月	4月	5月	6月	7月	8月	9月	10月	11月	12月
茶					一番茶	木ナラシ	二番茶					
養蚕					ハルコ				アキコ			
椎茸	タマギリ		鉈目・木組み	収穫							伐採	
炭焼き		炭焼き									伐採	炭焼き
草刈り									カヤカリ		カッポシカリ	
コンニャク			植							収穫		

表②　森越猪補家（川根本町森平）の換金系生業暦（昭和10年代）

小正月には繭の豊かならんことを願ってマユ玉を作った。蚕室には蚕神様の札を貼り、繭あげにはうどん・素麺・混ぜ飯などを作り、蚕室にあげ、家族も食べた。椎茸の伏せこみが終わるとボタモチを作り、炭窯が完成したハチアゲには酒を飲んだ。

表②は森越家の換金系生業の生業暦である。茶栽培・養蚕・椎茸栽培・炭焼き・コンニャク栽培といった換金生業のほかに、麦や甘藷・里芋・シコクビエなど自家用食糧作物もシラハタで栽培した。ここで第一に注目すべきことは、前記のごとき数々の換金系生業要素を複合させることによって生計を維持している点である。

さらに祖父重吉・父新一の代までは高山で山づくり（焼畑）を行い、稗・粟・里芋・大豆・小豆・シコクビエを栽培していたが、猪補さんの代には廃止している。森越家で長く食糧を自給してきたことがわかる。多彩だった換金生業も、昭和二三年に養蚕の廃止、昭和四〇年にコンニャク栽培を自家用のみに絞り、平成七年には猿害によって椎茸栽培が生業としてたちゆかなくなっている。この間、製茶にかかわる燃料としての炭消費の減少、養蚕にかかわる暖房炭の不要化、プロパンガスや石油ストーブ等の導入によって調理燃料や採暖燃料としての自家の炭消費量が激減し、炭焼きも廃止するに至っている。このように現在に近づくにつれ生業要素を徐々に脱落させ、生業構造を単純化させてきたことがわかる。換金生業要素が多種に及んでいた時代、森越家という一戸の中で、例えば炭焼きが、製茶・養蚕・椎茸栽培（焙乾）などと連鎖していたことがわかる。また、手揉み・焙炉製茶全盛の時代にはムラの中でホイロ紙の手漉き製紙と製茶が連鎖していたのである。

冒頭で茶摘み唄を紹介したのであるが、手摘み・手揉み時代に盛んに歌われた茶業にかかわる民謡には三種類の歌があった。その一つは手摘み作業の際に歌われる「茶摘み唄」、次に、焙炉師・茶師が手揉みをする際に歌う「茶揉み唄」、そして、製茶工程の最後の精選、ゴミ除去に際して箕を使いながら歌われる「仕上げ節」である。これらを総称して「茶節」と呼ぶことが多かった。ここでは、手揉み・焙炉製茶時代を象徴する「茶揉み唄」を中心に話を進める。

機械製茶の茶工場以前の焙炉場はこの地方では「茶部屋」と呼ばれてきた。茶部屋は別棟で、先に紹介した大きさの焙炉を三基並べて作業できる形が多かった。手揉みの工程は表①に示した通りである。ハウチ（葉打ち＝ホイロの上で葉をふるって水分を切る）、コロカシ（転かし＝ホイロの上に茶葉を広げ万遍なく熱を加える）、デングリ（転繰り＝とりわけ神経と体力を使い、技術を要する）――。中村羊一郎氏はデングリについて次のように解説している。[*1]「デングリとは製茶の仕上げにあたるコクリの一つ前の段階で、茶の形状を整え、とくに針状に伸ばすことを目的とする。両手の中に抱き合わせるように入れた茶を、押し手に力を加えて掌中で茶葉がすれあうように押し下げる方法で、押し手をかえる時は手首を回転させればよい。はじめは軟かく行い、乾燥度が進めば手首に力を入れて強く揉み込む。」——茶揉み唄の中に次の歌詞がある。

〽葉打ちゃたいげ（たゆげ）だ　転かしゃえらい　あとの転繰り揉みゃ小腕が痛い

また、茶摘み唄の中には次の歌詞がある。

〽お茶の転繰り揉みゃ小腕が痛い　揉ませたくない主《ぬし》さんに

製茶工程の中でも特に神経と体力、集中力を使う「転繰り揉み」の時には、茶揉み唄はとても歌えるものではない。比較的ゆったりと作業を進めることのできる工程で歌ったのである。三基並んだホイロで三人のお茶師が作業を進める場合、一人が音頭出しとなって歌詞を歌唱し、他の二人が囃し方になって囃し詞を入れる。二人が囃している間に音頭出しは咽喉を休め、呼吸を整えてまた次のフレーズを歌唱するという形をとる。最初に音頭出しをする者をⓐ、囃し方をⓑⓒとして歌唱例を示してみよう。

①〽わしが鳥なら茶部屋の棟で（ⓐ）
ヤレ　ソーダソーダヨー（ⓑⓒ）
鳴いて口舌《くぜつ》を聞かせたい（ⓐ）
ヤレ　ソーダソーダヨー　鳴いて口舌を聞かせたい（ⓑⓒ）
②〽葉打ちゃたいげだ　転かしゃえらい（ⓐ）
ヤレ　ソーダソーダヨー（ⓑⓒ）
あとの転繰り揉みゃ小腕が痛い（ⓐ）
ヤレ　ソーダソーダヨー　その唄返すよ（ⓑ）

音頭出しは歌い続けると咽喉が疲れたり、声が枯れたりするので、適宜交替しなければならない。この場面で言えば、ⓐの代りに今まで囃し方にまわっていたⓑが次に音頭出しになって歌唱するために、「ヤレ　ソーダソーダヨー　その唄返すよ」と歌うのである。これまで音頭出しだったⓐは、次に囃し方にまわるのである。

③〽お茶の転繰り揉みゃ小腕が痛い（ⓑ）
ヤレ　ソーダソーダヨー（ⓐⓒ）
揉ませたくない主さんに（ⓑ）

ヤレ　ソーダソーダヨー　揉ませたくない主さんに（ⓐⓒ）

このようにして継唱されるのである。この場面にはいま一つ注目すべき点がある。それは、①②が、男の立場、茶師の立場で歌われているのに対し、③は女の立場、茶摘み女の立場で歌われていることである。労働の中で歌われる様々な労作唄の中には、右に見たような恋情発想の唄が一つの類型として存在しているのである。

二　生業構造の変容と景観変化

静岡県榛原《はいばら》郡川根本町千頭《せんず》は大井川右岸、川根本町の中心地で、大井川鉄道の千頭駅や建設省中部地方建設局事務所、千頭営林署などがある。郷平《ごうだいら》と呼ばれる平地の中の東区の一画には町役場・郵便局・診療所などが集まっている。千頭駅は大井川鉄道の終点であり、森林軌道を継承した大井川鉄道井川線の始発駅でもある。郷平の標高は二七〇～三〇〇メートルであるが西から北の背後をたどると一〇〇〇メートルの山々に至る。千頭にはマチ的な部分もあるが、総合的に見ると山村である。ここでは千頭小字寺野の大村福治さん（昭和三年生まれ）の体験と伝承に耳を傾けながら同家の生業・生活と燃料変遷を確かめ、そこに浮上する問題を探ってみたい。昭和二〇年代、大村家は雑木山一〇町歩、杉・檜の植林一〇町歩、茶畑四反五畝、シラハタ二反歩、それにムラ近くの共有林の割地二箇所四反歩と三反七畝を以って生計を立てていた。

1　茶畑と山草

畑地は、傾斜地をサガ、平地をタイラと称し、昭和二〇年代まではサガを茶畑に、タイラをシラハタにし、シラハタには、甘藷・大麦・小麦（味噌・醤油用）・陸稲（モチ種）・粟（モチ種）・黍・弘法黍（シコクビエ）などを栽培した。現在、千頭の茶畑を見ると稲藁を敷きこんだものが見られるが、かつてはほとんどの茶畑にカヤ（薄）を中心とした山草が敷きこまれていた。カヤ刈りは八月二〇日すぎから一〇月の初めにかけて行った。刈ったカヤをボーシ（カヤ束を集めて円錐形に立てたもの）にして一一月末まで山に置いて乾燥させる。一二月初め、それを運びおろして茶畑に敷くのである。茶畑に敷かれた山草は乾燥しているので地面に密着することなく、通気性のある蔽いになり、徐々に腐ってゆき、茶畑を肥やす。それに対して、藁は通気性が悪く、地がしまってしまうのだという。茶畑にとって有効なカヤ＝山草が姿を消したのはなぜであろう。

大量のカヤは、自然の樹林でも採れないし、植林からも採取できない。雑木山からカヤを得る場合、伐採後の六年間はカヤが採れたし、雑木山に杉・檜を植林する場合にも六年間はカヤが採れた。雑木山を植林しないで循環伐採して利用していた間はカヤを確保することができたのである。雑木の利用とは、薪であり、炭であった。千頭の暮らしの中では薪と炭はどのように使われてきたのであろうか。

2　薪と炭

表③は、大村家の生活・生業にかかわる燃料の変遷を示したものである。これによると、いわゆる高度経済成長期前までは、薪・炭の利用が多かったことがわかる。薪は、径三〇センチ束でその利用量は、炊事・風呂・イロリの合計で約一二〇束、製茶用が四五〇束、炭は、製茶の精揉機用が四貫五〇〇目俵で四〇俵、椎茸乾燥用に平均二五俵を要した。椎茸乾燥の炭の消費量は天候と連動した。降雨量の多い年は炭がたくさん要ったのである。雨の多い年は、いくら炭を多く使っても品質が落ちた。この他生活用の炭も約三〇俵消費した。

これらの燃料を確保するのに必要な雑木を得るために、昭和二〇年代の大村家で、およそ一年三

表③　大村福治家（川根本町千頭寺野）の燃料変遷

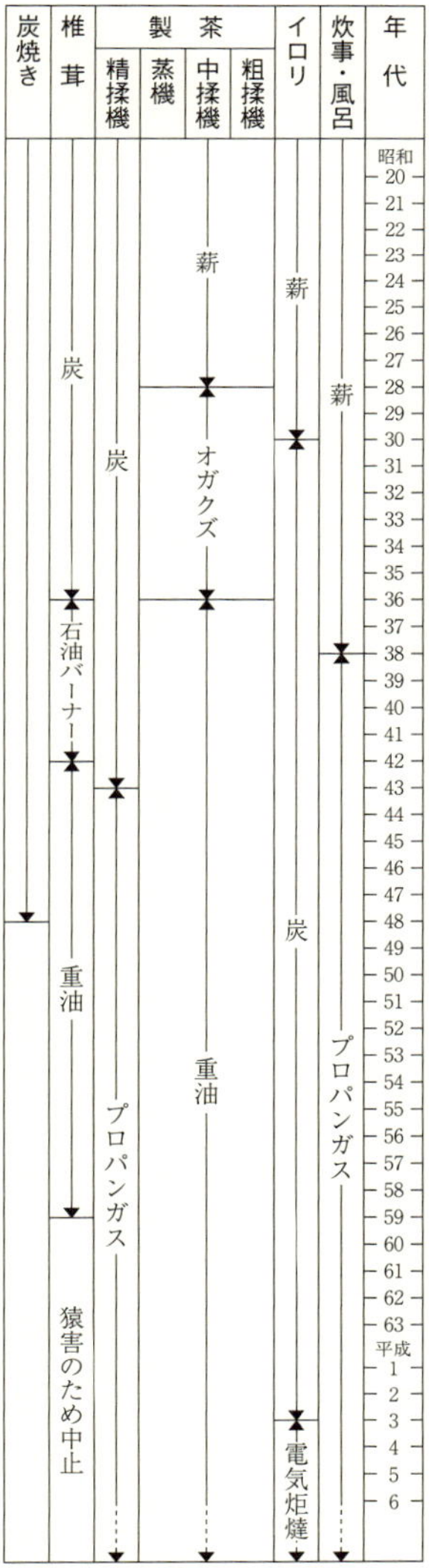

畝の雑木山を伐採しなければならなかった。そして、当然、炭焼きも自家で行ったのである。一年三畝の雑木山を毎年新たに伐採してゆけば、茶畑に敷きこむカヤもじゅうぶんに獲得することができた。

3　雑木山の人為管理

ひとことで雑木山といっても標高・地形等によって差異があった。雑木山は、ヤマツツジが生えているところは痩せ地だが、その方が薪や炭材に適しているという。日向山とカゲヂと呼ばれる日陰山では、カゲヂの方が土が肥えており、ヒナタの方が痩せている。外見が同じような炭木でもカゲヂの木の方が炭にした時の目方が少ない。ヒナタの痩せ地の方が木が苦労して生長するので目方も多いし火力もあるのだという。

三畝の雑木山を伐る際にも、樹木利用の計画によって伐り方にくふうがこらされていた。椎茸の原木と薪炭材を同時に伐ってはいけないと言われた。この二種を同時に伐採すると椎茸の原木となすべき木の皮を痛めてしまうからである。原木は樹皮が生命である。したがって、例えば雑木山のある部分を平成一〇年に伐採して薪炭に利用しようとする場合、平成九年の一〇月下旬から一一月中旬にまず椎茸原木を伐り出しておく。そして、一年たった、一〇年の一〇月下旬から一一月中旬にかけて薪炭用の素材を得るために皆伐する。「葉枯らし」「葉干し」と称して炭焼きにかかる前に伐った木を乾燥させた。葉干しをしないと火つきが悪いのである。炭木の樹種はカシ類を第一とし、ナラ類を第二とした。炭木の長さは一・三メートルであるが、その一本の木の上から下までが同じ状態、同質に炭化するものではないという。上部は焼けて白くなり、床地に接する下部、木尻と称する部分には焼け残りが出やすい。一本の炭のⓐ頭部・ⓑ中・ⓒ木尻では質が異なるのである。大村家では、ⓐを製茶に、ⓑを椎茸焙乾に、ⓒを風呂焚き用に使ったのだという。このように合理的な木炭利用は、自分で炭を焼き、それを自分で使うという場合において初めて可能となる。

もとより炭焼きの季節は冬である。炭木を竈に入れてからその一竈の炭を焼きあげるのに二日半かかった。その間に、製茶用の炭を切りそろえる仕事をしたのである。雑木山の木を薪炭材として循環利用しようとする場合は、三〇年から三五年を経なければ再伐できないという。

4 椎茸栽培

椎茸栽培は、地形環境・湿度などが微妙にからみあい、しかも原木の質もかかわってまことに複雑な技術伝承がある。ヒナタで育った原木は皮が厚く、カゲヂで育った原木は皮が薄い。ヒナタで育った原木をカゲヂにまわし、カゲヂで育った原木をヒナタにまわしても、椎茸栽培の効率はあがらない。ヒナタの木をヒナタで上下に移動すること、カゲヂの木をカゲヂで上下に移動することはさしつかえない。椎茸は原則として尾根よりも沢がよいという。また、原木をタマ切る時には六乾四湿、椎茸を採取する時には六湿四乾の条件がよいとされている。

表③に見る通り、昭和五九年に椎茸栽培を中止したのであるが、それは猿害のためである。寺野に隣接する小字馬場の梶山長次郎さん（大正一〇年生まれ）も昭和五九年から猿害がひどくなり、椎茸栽培の規模を縮小したという。伝統的な猿除けには、水おどし、ポンクリン（添水《そうず》・シシオドシ）、犬をつなぐという方法があったが、近くは、椎茸山の周囲に猿除けとして、ヤクルトの容器にクレゾールを入れて点在させるという方法をとった。椎茸に害を与えるものは猿の他にリス・カラス・野ネズミなどがあったが、猿害は決定的である。ボタから椎茸が吹きそめる時に欠いてしまい、茎を喰って傘を捨てるのである。猿は椎茸の他に、甘藷・豆・里芋・筍・柿などすべてを荒らす。最近では、カモシカや鹿のお茶に対する害も見られる。

5　茶栽培と霜

茶栽培の害の一つに霜がある。遅霜の害は傾斜地に少なく、平地・盆地に多いと言われる。風が通るか通らないかによるのである。茶の芽どき、無風で、午前二時から日の出前まで冷えこむ時に霜害が出る。防霜ファン以前には杉の葉などの青葉を焚いて煙を出し、空気を動かして霜を除けるという方法をとった。霜害は、早く直射日光を受ける地形の方が日照の遅い地形よりも多いと言われる。日照の遅い地形は、霜が徐々に溶けるので害が少ないのだという。直射日光が早いと一気に霜が溶けるので害が多いのである。

6　竹の伝承

竹はヒナタの竹が肉厚になり、カゲヂの竹が肉薄になると言われる。したがって、かつて杉皮葺きの抑えに使う竹はヒナタの竹が選ばれ、籠などの竹細工にはカゲヂの、肉薄の竹が選ばれた。かつて青部地区に籠屋が多かったのは、カゲヂの竹が入手しやすかったからだとも言われている。梶山長次郎さんは真竹について次のように語る。屋根竹には二年目のもの、籠竹には三、四年目のものがよい。竹は九月から二月に伐った。また、竹も木も闇夜まわり（旧暦で月のない日、月の細い時期）に伐れという言い伝えがある。[*2] 昭和初年まで、真竹を二段三段にして筏に組み、島田の向谷まで大井川を使って流していた。

7　大村家の燃料変遷から

右に見てきた通り、大村福治家の雑木山利用は計画的・合理的であり、雑木山が生み出す薪炭材・椎茸原木などを、肥料・炊事・風呂・イロリ・製茶・椎茸栽培とその焙乾などに適切に使ってきたことがわかる。ここには、雑木山管理を基点として、炭焼き→炭→製茶精揉、炭焼き→炭→椎茸焙乾、といった生業要素の連鎖が見られる。そして、炊事・風呂・イロリ・製茶の粗揉・中揉・蒸しなどの燃料を含めてみても本来、自己完結的であり、山地における生業要素が連鎖的・有機的に展開され、一つの完結世界を構成していたことがわかる。狩猟・採集・渓流漁撈といった、始原生業要素の複合ではなく、製茶・椎茸栽培とその焙乾・炭焼きといった独立体系を持つ換金生業が自己完結的に複合されていたことは、いま一度評価し直さなければなるまい。

表③を見ると、炊事・風呂に昭和三八年からプロパンガス、製茶の粗揉機・中揉機・蒸機に昭和三六年から重油、精揉機に四三年からプロパンガス、椎茸培乾に三六年から石油バーナーが導入されていることがわかる。いわゆる高度経済成長期に、従来の雑木山エネルギーが、外来の鉱物資源系の化石エネルギーにその座をとってかわられているのである。自然環境の恵みを循環的に利用する生業構造が崩壊したのである。このことによって山地景観も変わった。この時まで、雑木山は、この地域の人びとにとって宝の山であったのだが、それが一気に不要になってくる。いきおいそこは杉・檜の植林となってゆく。木の実・木の芽・小動物が消えた山から猿・鹿・カモシカは人里に近づき、椎茸や栽培作物に集中する。椎茸栽培の縮小はいよいよ雑木山の必要性を忘却させるのである。それは悪循環を呈しているとも言えよう。

かといって、外来燃料や電気を否定して、イロリと薪の時代にもどすべきだというのではない。先人たちの知恵をふまえ、原始植生の照葉樹林・二次林の落葉広葉樹照葉樹混在林、そして経済的に必要な植林など、山地地形・地質環境を生かしての山の合理的なグランドデザインが必要となってこよう。川根本町の生業人口で、第三次産業、中でも観光関係が漸増してきている。生業をふまえ、暮らしの伝統を刻み、原生の自然の保全・復活を組み合わせた、新しい時代の山地利用のデザインが必要になってくる。

表③を見ると大村家では、生業複合要素の中から椎茸栽培と炭焼きを脱落させてきていることがわかる。先に紹介した森平の森越家の場合、まず養蚕を欠落させ、コンニャク栽培、炭焼きを欠落させてきている。千頭でも馬場の梶山長次郎家の場合、現在、前畑はすべて茶園であるが、昭和一三年まではそこは桑畑だったという。養蚕を廃し、茶業に集中してきたのである。

生業構造の変化は景観変化をもたらす。写真④は平成一〇年二月、大井川左岸の智者の丘公園から対岸の千頭一帯を撮影したものであり、図①はその写真の模式図である。写真を見ると狭い千頭を囲む周辺の山はほとんど杉・檜の植林で埋まっているといってよい。図①の⑪は標高七六一メートルの高千山である。その大部分はスギの植林に蔽われているが、平成九年から一〇年にかけて頂に近い東向き斜面の杉が伐採されており、写真④でもそれがわかる。さらに、頂に近い東斜面の一部や南に連なる尾根に近い数箇所に落葉樹の二次林があるのがわかる。ミズナラ・コナラ・シデ・クリなどの林である。

表③に示される通り、大村家の製茶で重油が使われるようになったのが昭和三六年、椎茸焙乾に石油バーナーが使われ始めたのも昭和三六年、炊事・風呂にプロパンガスが用いられ始めたのが昭和三八年のことである。この時期まで大村家の燃料は雑木山に頼った薪・炭で、薪や炭木が雑木山から伐出された。それは、毎年三畝ずつの循環伐採だった。雑木山の再生期の初め六年間に、茶園の敷草としてそこからカヤを採取したことは先にふれた。大村家以外でも製茶・椎茸焙乾に多くの雑木を用いた。養蚕（炭）・紙漉き（薪炭）にも薪炭が必要だった。その総需要量を考えると、雑木山エネルギーの時代である高度経済成長期以前は、千頭周辺の山地は一部に杉の植林、河畔に近いところにシイ・カシ・ツバキなどの照葉樹があるものの、伐採年次の異なる落葉広葉樹林が斑をな

上：写真④／下：図①　千頭地区俯瞰

①千頭駅　②中村圓一郎銅像の山　③川根大橋　④大井川
⑤東区　⑥西区　⑦八幡山　⑧馬場
⑨寺野　⑩長島ダム作業所　⑪高千山　⑫高千山山裾部
⑬清水館前　⑭小長井河内川

し、その間にカヤを中心とした草の山も混るといった景観だったことがわかる。図①で言えば②⑫などの部分にシイ・カシなどの照葉樹がある。平成九年五月一〇日、対岸の小長井から⑫を眺めたところ、クリーム色のスダジイの花が盛り上がって見えていた。

景観の変化は山だけではなく、畑地でも生業構造の変化に連動した。養蚕の廃止によって桑畑が茶園に転換した例は示したが、桑畑の消滅は生業要素の変換のみではなかった。次に示す二つの事例の地は山つきのムラではなく、厳密に言えば山村ではないが、当該の小主題のためにここに引く。例えば愛知県豊川市稲束の寺部はつさん（大正二年生まれ）は以下のように語った。――毎年四〇

水田				年代	定畑	
麦作	裏作					
稲	菜種	大麦・裸麦	小麦	昭13	桑	
稲		大麦・裸麦	小麦	昭18	桑	
					表作	裏作
稲		大麦・裸麦	小麦	昭25	甘藷	大麦 小麦
稲			小麦	昭30	野菜	柿・栗・梅
稲				昭58	野菜	柿・栗・梅
稲				平2	野菜	檜
稲					豊川市福祉ムラ敷地	

表④　寺部はつ家（愛知県豊川市稲束）の作物変遷（諏訪下の定畑を中心として）

貫の繭を出荷していたのだが、太平洋戦争中に食料増産の指令が出て桑扱《こ》ぎを強制された。寺部家の桑畑は表④のように転換した。転換のたびごとに景観を変えてきたのである。

景観変化をもたらす生業要素の欠落や作物転換の背後には、景観を眺める者には及びもつかない苦渋があった。長野県飯田市滝の沢で、養蚕から果樹栽培へと舵を切った細澤恒雄さん（昭和五年生まれ）は以下のように語る。――細澤家の果樹栽培は早かった。昭和一一年に二十世紀梨を一反歩栽培し始めた。昭和二八年には七反歩ある桑畑の中の四反歩の桑を扱ぎ、そこに二十世紀梨の苗木を植えるという生業転換を進めた。果樹に対する消毒は必須であるが、消毒液の散布には注意を払わなければならない。液が隣接する桑の葉にかかると蚕に甚大な被害を与えることになる。初期には風評被害も出た。自分の家の桑畑と果樹園の中でもこの悩みはあるのだが、近隣の農園に対しては繊細な気配りが必要である。梨を収穫した折には梨を近隣に配った。何よりも注意したのは果樹園に隣接する他家の桑畑の桑摘みの日程についてであった。桑摘みが済んでから自家の果樹に対する消毒を行うようにした。春蚕の場合には、棒桑と呼ばれる枝桑の切り取りが終わってから果樹の消毒にかかった。このような配慮をしてもすべてうまくいくわけではなく、隣接する他家の桑畑と自家果樹園の間に緩衝帯を設けるという方法もとった。さらにモザイク状に接する相互の畑地を交換し、登記処理まで行う場合もあった。

細澤家では昭和三一年に養蚕を全面的に廃し、現金収入源として養豚を行いながら桑畑の果樹園化を進めた。畑地景観も大きく変わった。昭和三四年までに桃園も二反歩できた。果樹の樹種や栽培面積も変動した。梨の場合、幸水の最盛期は昭和五四年だった。果樹栽培の内訳は、二十世紀梨＝五反歩、桃＝三反歩、市田柿＝二反歩を作っていたのが最高で、現在は梨・桃・柿の合計が四反歩である。細澤家の作物転換は社会変容・市場経済の要請と連動するものであったのだが、ここからは先進者ゆえの悩みも見てとれる。

盆の前に子供たちが山に赴いて仏前に供えるための盆花採りを行う習慣が各地に見られた。[*3] ①福島県河沼郡柳津町中野の田崎清助さん（大正七年生まれ）は次のように語った。――盆花採りは子供たちに任されていた。八月一二日、中野八戸の子供たちはそろって山めぐりをした。盆花はキキョウ・ヤマユリ・アワバナ（オミナエシ）で、これらの花はカノヤキ（焼畑）跡地にあった。カノは、一年次＝ソバ→二年次＝粟、と輪作し、アラシと称して五年間休閑させるのだが、そのアラシの地に花々は咲いていた。盆花は各戸の墓に立てた。②福島県南会津郡南会津町藤生の星しげのさん（昭和二年生まれ）は次のように盆花採りをした。八月一三日朝、小学校一年から六年までの男女で、馬料を刈る草刈山へ出かけた。花はキキョウ・ヤマユリ・アワンバナ・オゼンバナ（カルカヤ）だった。上級生は下級生にも花が均等に分与されるように配慮した。

盆花採りの場所は①が焼畑跡地、②が馬料（秣《まぐさ》）を刈る草刈山だった。焼畑を廃止した山のムラ、山のイエではそこを杉の植林にすることが多かった。農耕馬が耕耘機に替わり、厩肥が化学肥料に替わり、輓馬が自動車に替わった。もとより軍馬も不要となった。そして村から萱葺屋根が消え屋根萱も不要となった。これまで多大な恩恵に浴していた草山は不要となり、草山も杉の植林と化した。加えて、電力や化石燃料が普及し、薪炭材を伐り出す雑木山も不要となった。こうして、ムラの背後に続く山々から焼畑地、草刈山、雑木山は消え、杉の植林が一気に増加した。生業構造や生活様式の変化は山地景観を変えたばかりでなく、ムラから盆花も消し、子供たちの「盆花採り」という美しく心やさしい民俗まで消滅させた。

三　山地生業複合の盛衰

大井川右岸に注ぐ支流寸又《すまた》川ぞいの谷は奥深い。先に紹介した千頭から約二〇キロほど溯上した地点、標高八〇〇～九〇〇メートルの一帯を東側と呼ぶ。寸又川の東に当たるからである。東側の小字に散居のように住んでいた九戸は昭和二〇年代以降すべて千頭に転住し、今は東側というムラはない。大正八年、東側に千頭尋常小学校の分教場が開かれたのだが、今は杉林の中に分教場跡の石垣が残っているだけである。千頭小字桑之実に住む榎田まささん（大正一五年生まれ）は雄作・とや夫婦の長女として東側小字尾崎で生まれた。父雄作は以下の生業要素を兼ねていた。①狩猟＝鹿・熊・山鳥ほか　②登山ガイド　③渓流漁撈＝アマゴ・イワナ　④営林署管轄山林の下刈り　⑤持ち子（荷物運搬）　⑥山葵《わさび》栽培　⑦椎茸栽培　⑧焼畑＝一年次・稗→二年次・粟→三年次・小豆、他にソバも作った。⑨定畑＝馬鈴薯・麦・大豆・弘法黍（シコクビエ）・黍・大根など　⑩採集＝栗・コナラの実・葛根（澱粉）・ゼンマイ・ワラビ・フキ・クサギ・ギョウブ（リョウブ）の芽ほか。

キノコはマイタケ・クリタケ・ナラタケなど。これらの中で、④⑤⑥⑦⑧⑨⑩は母のとやも協力して行なっていた。とやはその他、父の獲った鹿肉・乾燥渓流魚などを背負って千頭へ行商に出かけていた。また、榎田家には熊の胆・猿の胆・狸の胆・蝮《まむし》の胆などがあり、人びとの求めに応じていた。鹿の皮・熊の皮は仲買人が買いつけに来た。

榎田家の生業要素を整理してみると、ⓐ日当・日傭取り＝登山ガイド・営林署山林労務・持ち子　ⓑ換金生業要素＝山葵・椎茸・獣肉・獣皮・獣系薬餌・渓流魚——これらの現金収入によって塩・衣料その他の生活必需品を購入することができた。この他ⓒとして自給要素がある。先にあげた⑧焼畑⑨定畑での栽培作物はすべて自給食料となった。榎田家の場合、採集食材も自給食物となっていた。葛根からは澱粉を採り、湯で掻いて食べたり、アンカケに使ったりした。さらには葛根の澱粉とコナラの実とを混食することもあった。採集したコナラの実をアクヌキ（水さらし）し、粉化して葛の澱粉と混ぜ、団子にして蒸して食べた。ギョウブ（リョウブ）の芽は採ってきて水でさらし、鹿の脂と塩でいためて食べた。渓流漁撈は東側尾崎からさらに一五キロほど溯上し、一週間の泊まりこみで漁をした。一日一〇〇匹以上漁獲し、夜はそれを火で焙った。アマゴの食法の一つとして、焙ってから擂鉢《すりばち》で擂ってオボロにして食べるという方法があった。鹿の肉は一〇〇匁ずつ竹の皮に包んだものを売り歩いたのだが、自家では残肉のついた背骨や肋をヨキで細かく叩き、ソギ大根と大根葉を入れ、塩を加えて半日煮込んで食べるという方法があった。鹿肉の保存法には味噌漬け・茹で肉の陰干しがあった。干し肉は水でもどし、山葵醤油・生姜醤油で食べた。

榎田家の生業複合は、日当・賃取り、換金生業要素のほかに、始原性の強い狩猟・渓流漁撈・採集・焼畑などから構成されており、自給性、自己完結性が強いものであったことがわかる。東側から二〇～二五キロ下った千頭や森平では、ほぼ同時代でも始原性の強い生業要素を大きく欠落させている。榎田家のような自給性・始原性の強い生業構成の場合、社会変容の影響をより強く受け、例えば、電化や教育問題に対応できず、より早く山のムラの暮らしを閉じることになった。

山のムラにおける生業複合についてはこれまで多くの事例を報告してきたが、[*4] ここでは三例をとりあげ、その骨子を紹介して、生業複合について考える資料にしたい。

①山形県西置賜郡小国町樋倉は朝日山塊南斜面を水源とする荒川右岸最上流部のムラで、六戸の時代が長かった。以下は同地の佐藤静雄さん（大正七年生まれ）が体験した生業要素で、昭和一〇年代前半に複合的に営んでいたものである。Ⓐ農耕＝ⓐ水田稲作 ⓑ定畑―大豆・小豆・里芋 ⓒカノ（焼畑）―ソバ・大根・蕪 Ⓑ狩猟＝ⓐ共同（マタギ）―熊 ⓑ個人―ムササビ・貂・兎・山鳥 Ⓒ渓流漁撈＝ⓐ共同―サクラマス・イワナ・ヤマメ・アユ・カジカ ⓑ個人―サクラマス・イワナ・ヤマメ・ウグイ Ⓓ採集＝ⓐ食料＝㋐山菜―ゼンマイ・ワラビ・ウド・コゴミ・ミズ・フキほか ㋑茸―ナメコ・マイタケ・コウタケ・トビタケ・ウルシタケ・ワカエ・カヌカ・ノキオチ・キクラゲほか ㋒木の実―栗・栃・胡桃・山葡萄ほか ㋓根茎―山芋 ⓑ加工素材＝㋐樹皮―イタヤカエデ・マダ（シナ）・オリカワ ㋑蔓―山葡萄の皮・マタタビ蔓・アケビ蔓 ㋒草本―ガマ・ヒヨリ・カヤ・スゲ ㋓樹木―ブナ・トリキ（クロモジ）。この他藁細工をし、

燃料を伐り出した。山中ではあるが佐藤家の水田は一町歩あり、稲作にも力を入れた。

徴兵検査は甲種合格で、昭和一四年一月、弘前第五連隊に歩兵として入隊した。直ちに中国大陸に渡って転戦、昭和一六年に足に負傷して帰還した。昭和二〇年六月、再度召集令状を受け山梨県甲府の歩兵連隊に入隊、直ちに台湾に渡ったが空襲の連続だった。復員は昭和二一年二月だった。

②宮崎県西都市上揚《かみあげ》小字古穴手《ふらんて》は一ツ瀬川右岸に注ぐ銀鏡川《しろみがわ》右岸、標高四八〇メートルのムラで、七戸の時代が長かった。以下は同地の浜砂久義さん（大正八年生まれ）が昭和一二年前後に体験した生業要素とその複合の概略である。Ⓐ農耕＝ⓐ水田稲作　ⓑ定畑―トウモロコシ・裸麦・小麦・大豆・甘藷　ⓒコバ（焼畑）＝㋐サエヤマ（奥山）―稗・粟・小豆　㋑コーマ（近山）―ソバ・大根・里芋　Ⓑ狩猟＝ⓐマブシ猟（共同）―猪・鹿　ⓑ罠猟―猪・兎・山鳥・鳩　ⓒ笛猟―鹿笛・雉子笛　Ⓒ渓流漁撈―マダラ（ヤマメ）・イダ（ウグイ）・ウナギ　Ⓓ採集＝ⓐ食料＝㋐堅果類―栗・椎・ハトガシ（アラカシ／澱粉）・茶の実（搾油）　㋑根茎類―カズ根（葛根／澱粉）・ワラビ根（澱粉）・コベ（カラスウリ／澱粉）・スミラ　㋒山菜類―ワラビ・ゼンマイ・ウド・葉ワサビほか　ⓑ加工素材＝㋐樹皮―ツガ皮・カバ皮・サクラ皮・ノリウツギ　㋑蔓―ツヅラカズラ・カネカズラ（葛）・フジカズラ　㋒草本―カヤ（薄）・スゲ　Ⓔ換金要素―三椏《みつまた》（コーマに三椏コバを拓いた。一町歩あり、三椏はその皮を半分は粗皮のまま出荷し、半分は精白して盆前に出荷し、盆金を得た）・椎茸（鉈目式でサエヤマ・コーマで栽培した）・茶（コーマのコバに自生してくる茶の木

を育てて茶コバと称した。茶コバ合計一町歩、生葉五〇貫、製品一斗鑵一二本だった）。

浜砂家の作場即ち焼畑循環地は古穴手の西北西の山地で標高六〇〇〜九〇〇メートルだった。久義さんは原生林の木おろしをして焼畑地を拓いたこともある。

久義さんは昭和一三年に徴兵検査を受け、甲種合格、海軍に配属され佐世保海兵団に入隊、司鑵特技兵（ボイラー技師）となる。戦艦金剛に乗り組み、後に戦艦榛名に転属、ミッドウェー海戦に参戦、敵機七〇機の襲撃を受け辛うじて柱島に帰港、箝口令、上陸禁止の期間があった。終戦、残務処理を終え、復員したのは昭和二〇年一〇月一八日のことだった。
③福井県小浜市上根来《かみねごり》は山中の鯖街道ぞいのムラである。滋賀県高島市朽木小入谷《くつきおにゅうだに》との境をなす針畑峠（根来坂、標高八〇〇メートル）の若狭側の麓に位置する。岩本重夫さんは大正一三年このムラで亀蔵・はな夫妻の次男として生まれた。重夫さんは子供の頃から牛に関心があり、将来自分の牛を持ちたいという希望を持っていた。牛を買うためには金をためなければならないと思い、次男だった重夫さんは丁稚奉公に出ることにした。奉公先は大阪市南区空堀町の関戸薬局だった。戦後、家の事情で重夫さんが岩本家を継ぐことになった。重夫さんは牛好きを生かして牛馬喰《うしばくろう》としても働くようになる。表⑤は家畜商の営みも含め、重夫さんが経験した多くの生業要素、並びに父亀蔵の経験した諸々の生業要素、それに、おのおの代に廃止した生業要素とその廃止年などをまとめたものである。
表⑤中のコロビとは油桐のことである。油桐を栽植し、その実を換金した。搾った油は桐油と

呼ばれ、油紙・雨傘・印刷用インク素材などに用いられた。季節労務は、滋賀県高島市朽木での田植・稲刈などで、日傭を取った。重夫さんとかねさんが結婚したのは昭和二七年のことで、昭和三〇年代前半は、重夫さん夫婦が生業・経済の中心をなしていたのであったが、亀蔵も、杣《そま》と石積みで若干の収入を得ていた。その頃、水田＝五反歩、定畑＝五畝、焼畑＝五畝、切替畑＝二

	岩本重夫（大正13～）	岩本亀蔵（明32～昭39）	父子の実施状況／生業要素		
自家用	○	○		水田	農耕
自家用	○	○	野菜	定畑	
自家用（焼畑）	○昭30	○	大根・ソバ	山畑	
自家用（切替畑）	○昭35	○	小豆		
焼畑跡換金		○昭20	コロビ		
焼畑跡換金		○昭15	ミツマタ		
換金		○昭12			養蚕
換金	○昭50				炭焼
技術日当	○昭35	○昭18		杣	建築
	○昭35	○昭35		木挽	
		○昭35		石積	
自家用	○	○	栃	食料	採集
	○昭40	○	栗		
	○	○	山菜		
	○	○	キノコ		
換金・自家用		○昭10	葛根		
自家用	○	○	山芋		
	○昭45	○	シナ	諸具素材	
	○昭45	○	ミノゲ		
炭俵用	○昭50	○	カヤ		
炭俵ガクブチ用	○昭50		クロモジ		
輪カンジキ自家用	○昭56	○	カマハジキ		
	○昭56	○	カエデ		
換金優先 一部自家用	○昭56	○	熊・猪・兎・山鳥		狩猟
自家用	○昭24	○	マス		渓流漁撈
	○	○	ヤマメ		
商取引	○昭45		牛		馬喰
飼育・商取引	○平4		牛		畜産
近江への田植・稲刈（妻かね）	○昭35	○			季節労働
自家用	○	○	藁		加工

表⑤　岩本家（福井県小浜市上根来）の生業要素一覧
（○印は体験した生業要素を、年数は廃止の年を示す）

反歩といった状態で、岩本家の昭和三〇年代前半の生業要素別収入比の概略は、およそ次の通りであった。農業＝三〇％、狩猟＝二〇％、炭焼き＝三〇％、馬喰＝一〇％。亀蔵の時代には炭焼き・馬喰の四〇％に当たる収入は、養蚕・換金作物などによって得ていたことになる。この中には採集関係は含まれていない。栗の採取が昭和四〇年で終わっているのは、クリタマムシの被害によるものであり、渓流漁撈のマスが昭和二四年で終わっているのは、堰堤建設によってマスが溯上しなくなったからである。

岩本重夫さんの生業構造を見ると、まずその生業要素の多様さが目を引く。しかし、これは決して特殊なものではなく、わが国の、いわゆる山村においてはむしろ普通のことだったと言える。その多様な生業要素が、昭和三〇年代から五〇年代にかけて急激に単純化してきたのである。岩本さんの長男次彦さんは小浜市遠敷《おにゅう》で、次男和彦さんは小浜のマチでともに建築業を営み、岩本重夫さんの生業はここに途絶えることになる。第一次産業系の生業は、兼業化か、さもなくば廃業・転業といった大きな流れの中にある。高度経済成長や生活様式の変化によって捨てられ、切り落とされた生業要素がいかに多いか、それらの中で、記録されることなく消え去ったものがいかに多いかということにも思いをいたさなければならない。そして、生業要素の単純化・平準化が、日本人の生き方や文化とどのようにかかわるかについても考えなければならない。

重夫さんは、徴兵検査で甲種合格となった。検査官は、重夫さんの関戸薬局勤務という経歴を見て「衛生兵」と即断した。昭和一九年九月一日応召、敦賀の連隊に入隊。入隊後一か月の歩兵訓練を受けた後、敦賀陸軍病院において衛生兵になるための教育を受けた。それが一〇月から翌年の三月まで続いた。試験に合格し、「陸軍衛生一等兵　岩本重夫　第五二三連隊本部付ヲ命ズ」という辞令を受けた。岡山県・熊本県へ移動したものの戦地に行くことなく終戦を迎えた。昭和二〇年一〇月一五日に復員した。

ここで事例①②③から見えるものについて考えておきたい。まず、地域は異なるものの①②③ともに、狩猟・渓流漁撈・採集・焼畑という始原性の強い生業要素を複合させていることに注目したい。それは、この節の冒頭で紹介した静岡県榛原郡川根本町の消えたムラ、東側の榎田家の場合も同じであった。各要素の量・質的な差異はあるものの、この国の山のムラ、山村と呼ばれるムラムラでは、始原の生業要素とも言うべき右の諸要素を広い地域で複合させてきたのであった。狩猟・採集・渓流漁撈は、いわば、縄文時代から続いてきたものであり、わが国においてはそれが近代まで生き生きと続けられてきたことに注目しなければならない。焼畑を含む始原生業要素と深くかかわってきた男たちが、当時としては先端的な兵器とかかわって戦場に赴かなければならなかったのが、日本の近代である。

始原生業要素を貧しさや後進性と結びつける考え方が潜在しているのであるが、それは一面的な見方である。山菜・茸・木の実は自然の恵みであり、季節の循環の中で自然から恵まれるものである。渓流魚にも旬があり、鳥獣にも捕獲すべき季節がある。自然のサイクルにそって狩《か》る・漁《いさ》る・採《と》るという営みをすることは自然の恵みを効率的に受容することにもなろう。それは食生活・暮らしの総体にふくらみを持たせることに繋がった。始原生業要素にかかわる者は常に自然に対して敏感だった。近代まで始原生業要素と深くかかわった人びとはこころ豊かであったと言える。最も生々しい自然と直接接する人びとの自然観・生きもの観には「共存」につながるものがある。採り尽くし、獲り尽くしにつながる行為には禁忌という民俗モラルの網がかけられてきた。[*5]

生業複合要素は自給性にとどまる例ばかりではなかった。狩猟の獲物、渓流魚、採集根茎類の葛根・蕨根などから採る澱粉などを換金した例は多々ある。事例②の茶・椎茸・三椏、③の養蚕・炭焼・三椏・コロビ・畜産、川根本町東側・榎田家の山葵・椎茸などは当初より換金を目的とした生業要素だった。また、榎田家の、登山ガイド・営林署管轄山林下刈り・持ち子、③の田植・稲刈は日傭・日当、③の杣・木挽・石積は技術日当である。

これらの諸要素を総合した山に暮らす人びとの生業複合要素の数とその多面性は驚くばかりである。

山に生きる人びとの生業複合のクライマックスはいつ頃だったのか。事例①②③を見ると、それが昭和一〇年前後だったことがわかる。この年代にクライマックスを読みとることができるのは以下のことによる。①は一町歩の稲作を中心に食糧自給を行い、飯米以外は収入になり、熊の胆・熊皮・皮もののムササビ・貂・兎などは現金収入になり、栗・ゼンマイも売れた。サクラマスは年に二〇尾ほど獲り、塩引き・味噌漬けにして長期間にわたって食べた。生業要素の多彩な細目はよく機能していた。②は自給食糧の中心を焼畑に求め、定畑・稲作をこれに加え、狩猟・採集など多彩な自給要素の他に椎茸・茶・三椏などの換金作物にも力を入れている。③は表⑤に見る通りである。一方で始原生業を守りながら、もう一方で、近代化する流通経済の中で換金要素を増やし、生業複合要素は極点に達したのである。それが、昭和一〇年代、日中戦争から太平洋戦争へと戦線が拡大するにつれ、男手、人手が減少し、経済も歪《ひず》み、生業複合要素も激減し、山村の暮らしも疲弊した。

生業複合要素の痩化・単純化が決定的に進んだのは、高度経済成長にともなう生活様式の変化と、地方都市を含めた人口の都市集中によってである。山村過疎化の第一波は高度経済成長期である。この間にも生業要素の廃棄が進み、栽培作物や新たな収入源に対する模索が続いた。そして、その第二波は、高度経済成長期にも山に腰を据えて様々な試行を重ねた人びとの高齢化である。老夫婦が通院や買いものに悩みながらも二人そろっている間は山でがんばるのだが、一人が先立つと残された者は地方都市に住む子供のもとに移るか、施設に入るかで山の民家は無住になる。

山梨県南巨摩郡身延町大崩《おおくずれ》は、富士西麓と富士川の間を遮る天守山地の山中に孤立する高地集落である。このムラに入ったのは昭和六〇年二月二三日のことだった。当時上村一〇戸・下村一〇戸だった。上村の一番奥が佐野重行さん（大正九年生まれ）の家でその周辺の畑で異様な植物に目を引かれた。前日は雪で、群れ立つ植物のおのおのの先端にはビニールの袋がかぶせられていた。近づいて見るとそれはタラノキで、ビニール袋は、春、商品として収穫出荷すべき芽を守るためのものだった。大崩で定畑にタラノキを植え始めたのは昭和五五年のことであり、タラノキの前には、昭和四八年に植えたお茶があった。昭和四六年には柚子、四〇年には梅、その前は養蚕を支える桑で、桑の時代が長かった。重行さんは右のように畑に植える木々のことをツクリギ（作り木）という民俗語彙で呼んだ。それにしても大崩の作り木の変転は慌しすぎる。作り木を効率的に育てる要領を身につける暇さえない。このめまぐるしい変転は、市場経済に連動するもので、山のムラの人びとの苦悩と試行の軌跡をうかがうことができる。

福島県大沼郡三島町は桐のムラとして知られてきたのだが、生活様式の変容にともない桐箪笥・琴・下駄などの需要が激減し、桐栽培は低迷の道をたどっている。同町大石田の秦正信さん（昭和一九年生まれ）は有利な生業要素を求めて試行を重ねてきた。稲作と狩猟は続けて来たものの、高尾原四反歩の畑を中心として見ると秦家の生業要素の変転は目まぐるしかった。桑畑だった畑地はⓐ昭和三三年から四三年まで＝タバコ栽培→ⓑ昭和四四年から五四年まで＝コンニャク栽培→ⓒ昭和五五年から平成一三年まで＝畜産・肉牛飼育→ⓓ平成七年から現在＝カスミ草栽培。この間、昭和四三年に杉の植林を始めた。畜産時代、牛舎は集落の下方の前の沢にあり、最大頭数は五〇頭だった。

ここでも生活様式の変容にかかわる需要変化や市場経済の影響のもとで、栽培作物の変化による生業要素の変転はめまぐるしいのであるが、とりわけ気になるのは畜産の廃止である。これは、高尾原四反歩の畑で栽培作物を変えることとは異なり、資金調達によって成った畜舎という設備を廃棄して次に生かすことができないからである。生業複合を積木型に行うとこうした結果になる。生業複合は、一本の柱のもとに、ロスのない束ねが可能な簓《ささら》型の展開が望まれる。

国土の七〇％が山地であるわが国において、いわゆる山村が瀕死の状況にあることは看過できない。日本の活力や文化の根源には、自然の持つ力、南北に長い列島を背景にした暮らしや民俗の多様性があった。水・木・食物・清澄な空気を山から恵まれてきた。山のムラムラの衰微や消滅を座視することはできない。地方の支脈に沿う数多の山のムラムラの創生は、単一生業では不可能である。地域環境を生かした数種の個性的な生業複合しかない。山の先人たちが依りどころとしてきた生業複合、複合という思想を現代的に展開するのである。ＩＴ時代にふさわしい新しい複合があるはずだ。

1――中村羊一郎「茶の唄」（静岡県民俗芸能研究会『静岡県の民謡』静岡新聞社・一九八三年）。

2――野本寛一「「新月伐採製材」の始動」（『自然と共に生きる作法――水窪からの発信』静岡新聞社・二〇一二年）。

3――野本寛一「小さなクニ見――民俗の教育力②」（東北芸術工科大学東北文化研究センター『季刊東北学』第一三号・二〇〇七年秋）。

4――野本寛一『山地母源論1　日向山峡のムラから』（岩田書院・二〇〇四年）、同『山地母源論2　マスの溯上を追って』（岩田書院・二〇〇九年）、『「個人誌」と民俗学』（岩田書院・二〇一三年）ほか。

5――野本寛一『生態と民俗――人と動植物の相渉譜』（講談社学術文庫・二〇〇八年）、同『自然と共に生きる作法――水窪からの発信』（静岡新聞社・二〇一二年）ほか。

第四章　戦争と連動した民俗

わが国は、明治以降、日清戦争・日露戦争・日中戦争・太平洋戦争などを重ねた。戦時下に生きる——そこには常に様々な人間性の抑圧がある。そうした中でも人びとは理不尽な状況を何とかして打開し、光を見ようと努力した。その方途の一つとして、先人たちが守ってきた信仰や、伝えられてきた民俗的な営みを継承、実践した。藁にも縋《すが》るような思いで微かな伝承に頼ることもあった。戦時下の民俗的営みの総体は厖大なものであったにちがいない。ここではその中のごく一部について、体験者の語りに耳を傾けたものを記録した。

戦死者の霊魂祭祀は重要な問題であり、当然とりあげるべき主題ではあるが、それには筆者の力が及ばなかった。このことおよび戦争の民俗については岩田重則氏が継続的な調査研究を進め、成果をあげている。[*1]

一　武運長久・帰還の祈願

武運長久・弾除け・無事帰還などの祈願は全国各地で多様な展開を見せた。ここではまず、三重県伊賀市旧上野市域の人びとが対象とした旧青山町の奥山権現、滋賀県大津市の還来《もどろき》神社、三重県名張市の咸天狗社《かんてんぐしゃ》にかかわる信仰の実態を報告する。さらに、巡拝に関する事例も紹介する。

1　奥山権現

三重県伊賀市高山の的場義一さん（大正五年生まれ）は昭和一一年徴兵検査を受け甲種合格となった。一二年一月には現役兵として京郡の陸軍病院に配属される。兵科は陸軍衛生兵で、その後、南京に渡ったのだった。

徴兵検査に先立って、義一さんは、父の平一郎さんとともに、伊賀市勝地《かちぢ》の奥山愛宕神社に参拝した。通称奥山権現と呼ばれる愛宕神社は、高山から摺見《するみ》に下る山道の中ほどから左手山中に分け入り、尾根を越えて勝地に至り、さらに、木津川支流奥山川に沿って五・五キロほど溯った山中にある。的場さんが徴兵検査前に当社に参拝したのは、当社の神籤《みくじ》によって、徴兵されるか否か、徴兵されるとすれば兵科は何かを知るためであった。神籤は父がひいてくれた。それは、易の筮竹《ぜいちく》のような棒の先に番号が書いてあるもので、父がひき当てた番号は七番で、その七番は看護即ち衛生

写真①　奥山権現、雪の参道（三重県伊賀市勝地）

写真②　拝殿右側の棚に並べられた焼きものの蛙（奥山権現）

兵だった。そして、八番・九番・一〇番は徴兵されない番号だと言われていた。的場さんの場合は、神籤の神意と現実の兵科がみごとに一致したのだった。こうして、出征が決まると、出征前には無事に帰還できるように再度当社に参拝したのである。

　当社の祭神は火之迦具土神《ひのかぐつちのかみ》であり、一般的に愛宕社の神威効験は防火とされるのであるが、当社が、戦争にかかわり、帰還・弾除け等の神徳ありとされたのは、鎮座の地名が勝地であることによると見てよかろう。この地名は豪族の勝地将監にちなむものだとも伝えられている。また当社は、藤堂高虎の伊賀入りに従った山内氏が現在地に祭ったとも言われる。いま一つ、鎮座地の幽邃《ゆうすい》さもかかわっていると考えられる。

　勝地部落から奥山川ぞいの道にかかると丁石《ちょういし》が目につく。現在は自動車道路がつけられているのだが、的場さんが参拝した頃には人の足で固められた山道だった。今でも、奥山川に架かる権現橋より奥は人一人がやっと歩けるほどの山道で、参道には両側に赤色の祈願旗が立ち並んでいる。旗の奉納者は旧上野市・旧大山田村・旧伊賀町から津・奈良・広島・東京と広域に及んでおり、当社の信仰圏の広さがわかる。切石の石段が終わると参道に杉の古木が現れ始める。空谷《からたに》といった感じの谷の参道〔写真①〕をつめてゆくと頭上に朱塗りの社殿が現れる。

写真③　本殿扉前に対座する石彫りの蛙（奥山権現）

　まず驚かされるのが拝殿右側の棚に並べられた焼きものの「蛙」の群である〔写真②〕。拝殿の奥は崖状で、そこに五〇段の急な石段がつけられていて、その上に本殿の小祠がある。本殿の前には二匹の、巨大な焼きものの蛙がコマイヌ風に対座している。本殿の扉の前にも石彫りの蛙が対座する〔写真③〕。蛙・蛙・蛙である。「蛙」は「帰る」に通じ、出征兵士の「帰還」を招来する呪力を持つと信じられたのである。

　伊賀市勝地に住む辻本義昭さん（昭和六年生まれ）は次のように語る。戦争中、家族を戦場に送った家では奥山権現から、奥山権現の掛軸を受け、焼きものの蛙を借り受けた。掛軸を床の間に掛け、その前に焼きものの蛙を祭る。蛙は、大豆を敷きつめた三方の上に置かれる。そして、毎日、陰膳として、その前に飯と水を供え、出征者の帰還を祈った。大豆と蛙の組み合わせは、「マメで帰る」を意味するものと思われる。

奥山権現の境内には籠り堂があり、奥山川で禊ぎをして籠堂に籠る人もあり、月参りの女性も多かったという。

領主谷の滝本原夫さん（明治四四年生まれ）は昭和一二年に召集を受けて陸軍歩兵として中国大陸に渡ったのだが、出征前、青年団で奥山権現に参拝した。また、滝本みえさん（大正五年生まれ）は、太平洋戦争中には、ムラから出征兵士が出ると一戸から一人ずつ出て奥山権現へ参ったという。同様の慣行は摺見にもあったという。また、比自岐《ひじき》では、出征兵士を出した家の者同士が四、五人まとまって何回も奥山権現に参り、帰還祈願をした例がある。この他、後述の「社寺巡拝」にも奥山権現参拝の例が多く見られる。

2　還来神社

三重県伊賀市蓮池の岡森勇夫さん（明治四三年生まれ）は、昭和一九年八月末日、海軍の船舶警戒隊として召集を受け、大阪に集結させられ、後に横須賀へ配属された。満三四歳のことである。出征に先立ち、岡森さんは、同時期に召集を受けた和田一郎さんとともに滋賀県大津市の還来《もどろき》神社に参拝し、無事の帰還を祈願した［写真④］。近鉄の上野市駅まで歩き、伊賀上野までは電車、伊賀上野から柘植《つげ》へ、柘植で乗り換え、大津まで、さらに、大津から江若《こうじやく》鉄道に乗り、和邇《わに》で降りた。和邇からは和邇川ぞいに西の山中に向かって徒歩で七キロほど溯上する。和邇駅は旧志賀町にあるのだが、還来神社は大津市伊《い》香《か》立《だち》途中《とちゅう》町に鎮座する。参拝後、和邇で一泊し、翌日は多賀大社に参拝してからムラに帰った。

モドロキ大明神と称される還来神社について社伝には次のように伝えられている。「御祭神・藤原旅子《たびこ》は第五十代桓武天皇の皇妃にして、第五十三代淳和天皇の生母であり、太政大臣藤原百川《ももかわ》の女である。往昔此の龍華の荘（大津市伊香立途中町・上龍華町・下龍華町）は藤原氏の食邑地にして、当時其の邸宅あり（旧滋賀郡志賀町栗原地先）。旅子此処に生まる。長じて比良の南麓最勝寺の開祖、静安に随し仏に帰依す。土俗称して龍華婦人という。静安勅を奉じ、屢々宮中に参候して仏名会、灌仏会等を行う。是により才色兼備の旅子、桓武天皇に召し出され、第五十三代淳和天皇を生み奉る。旅子甚く帝の寵愛深かりしが、京都西院に隠棲され、延暦七年（西暦七八八年）五月十八日病を得て逝去さる。病重篤と成りし時、「我が出生の地、比良の南麓に梛《なぎ》の大樹有り。その下に祀る可し」と遺命されし故、此処に神霊とし祭祀さる（鳥居真正面の古木が初代の梛の木）。」――源義朝・源頼朝等の武運長久祈願を伝え、次のように続け

写真④　鳥居に掲げられた還来神社の社号額（滋賀県大津市伊香立）

る。「故郷に還り来たれるとの此の神社の由緒に鑑み、その後、日清・日露の戦いに参戦する人・此の社に参拝をなし、無事帰還を祈願さる。大東亜戦争に至るや、参拝者引きもきらずとかや。（中略）何事も、必ず無事元に還れるという御神徳に鑑み、戦い終わりし今日も、海外旅行、海外出張、旅行、交通安全、病気平癒、健康回復、又尋ね人、帰還等の参拝者絶えざるなり」――。

社伝に言うとおり、境内には今も径一・三メートルほどの椰の枯木が保存されており、杉の古木がそびえ、壊れかけてはいるが、信仰の盛時を偲ばせる絵馬堂が残っている。

伊賀市治田《はるた》の上窪恒郎さん（明治四三年生まれ）は昭和一二年・一六年・一八年の三回にわたって召集を受けた。妻の三子さん（大正四年生まれ）は、昭和一八年、夫の帰還祈願のために長男の俊郎さん（昭和九年生まれ）をつれて還来神社に参拝した。伊賀上野から鉄道に乗り、木津で奈良線に乗り換え、京都に至って叔母の家に泊まった。家からは米を持参した。翌日二人は、戦地に息子を送っている叔母とともに、大津に出、大津から江若鉄道に乗って和邇に至る。和邇からは岡森さん同様、和邇川ぞいに徒歩でモドロキさんをめざした。モドロキさんへ参拝する際には、行きは泊まってもよいが、帰りはその日のうちに帰らなければ出征者帰還の効験がないと伝えられていた。「還来」という社名にちなむ伝承であろう。朝京都を発ち、還来神社に参拝してその日のうちに伊賀市治田の家に帰るというのはいかにも強行軍である。伊賀上野の駅から治田までは徒歩である。小学生の俊郎さんはたびたび苦痛を訴えてかがみこんだ。そのつど三子さんは、歩いて帰らなければお父さんが帰ってこないと言って聞かせた。俊郎さんはよく聞きわけ、家までがんばった。その俊郎さんが平成一一年一二月二六日他界されたのであるが、死の直前、三子さんに向かって「モドロキさんはえらかったなあ」とつぶやいたという。

滋賀県大津市下龍華に住む川井久夫さん（大正一五年生まれ）は還来神社の氏子である。川井さんは、徴兵検査を受けて応召した最後の世代である。当時、還来神社には神職が二人おり、全国各地から集まる参拝者に対応していた。氏子が出征する場合は、無料で祈禱してくれた。そして、お守りを受け、川井さんは敦賀第一三六部隊に入隊した。太平洋戦争末期にも参拝者は絶えなかったが、米麦は供出していたので、遠来の人を泊めることもできなかった。久夫さんの父久吉さんはエンドウ豆を栽培し、それを、道を通る還来神社参拝者に売っていた。食糧難の時代だったのでエンドウ豆がよく売れたという。

さて、還来神社が、出征兵士の帰還祈願の効験ありとして崇敬を集めた理由は何であろう。その第一が、「還来」「もどろき」「もどろぎ」という社名であり、祭神の帰還伝承であることはいうまでもない。さらに注意してみると、祭神の名が「旅子」であることも浮上してくる。この神社は、旅の守り神でもあったのだ。そして、それは、祭神帰還伝承の指標となった「梛の木」とも深くかかわる。

『山家鳥虫歌』[*2]の中に、「今度ござらばもてきてたもれ伊豆のお山の梛の葉を」と梛の葉が歌われている。「伊豆のお山」とは、静岡県熱海市の伊豆山神社のことで、伊豆山神社本殿前には現在も径三〇センチほどの梛の木が立っている。『本朝俗諺志』[*3]によると、「伊豆権現の神木梛の木凡そ三回り高さ十丈ばかり。葉厚く竪に筋あり。此の葉を所持すれば災難を遁ると守袋に納む。又、女人鏡に敷けば則ち夫婦の仲むつまじきなり」とある。他に、この梛の葉は縁結びにも効験があると言われている。梛の字のよみが「なぎ」であることから、「凪ぎ」を連想し、海上安全の呪力もあるとされている。『梁塵秘抄』[*4]には次の歌がある。「紀の国や牟婁の郡におはします熊野両所は結ぶ速玉」「熊野出でて切目の山の梛の葉は万の人の上被《うはぎ》なりけり」――熊野速玉大社の境内には高さ二〇メートル、根まわり六メートルの梛が神木として祭られている。梛の木に関してはほぼ伊豆と同様の伝承がある。

静岡県磐田市掛塚は天竜川左岸河口部に位置し、江戸時代から明治時代にかけて廻船の母港・寄港の地として栄えた。この地でかつて廻船問屋を営んだ家の庭には、今でも梛の木が植えられている。やはり海上安全の呪力を信じてのことで、伊豆・遠州灘・能野と、海岸線に梛の民俗がつながってゆくのである。

ここまで見てくると、還来神社の神木梛が気になる。還来神社氏子の川井久夫さんにモドロキさんの梛について尋ねてみたところ、明治生まれの人から、出征時、旅に出る時などには還来神社の梛の葉をいただいて出したと聞いたという。梛の民俗には一般性があったのである。梛は凪ぎに通じ、海上安全を導くのであるが、和《な》ぎとも通じており、旅の安全に通じたのである。海軍はもとより、陸軍も海外出兵が多かったのだから海の凪・海上安全が求められ、梛に頼るところは大きかった。そして、何よりも梛は凪ぎ、和ぎ――平和に通じるのである。和邇から和邇川を溯上した地に梛を神木とする還来神社があることをふまえると、古代和邇族と海、海と凪ぎのつながりを考えたくなるのであるが、これは今後の課題である。還来神社が出征兵士の帰還祈願対象社として崇敬を集めた要因の一つとして、梛の民俗があったことを加えておくべきであろう。

3　咸天狗社

三重県名張市西田原の山中に、カンテンさん・タマヨケさんなどと呼ばれる石祠がある。西田原の集落をはずれ、谷川ぞいに二〇〇メートルほど溯ると、素朴な木の鳥居と、華奢で古びた拝殿が目に入る。谷川を渡って参拝する形になっている。拝殿の奥には縦長の石祠があり、それは、磐座《いわくら》に直結する形に作られている。拝殿には夥しい数の千羽鶴がかけられていた［写真⑤］。

狭い境内には石灯籠があり、その脇に、拝所参籠舎建設記念の石碑がある。石碑の正面上部に「咸天狗」と横書きされている。カンテンさんと通称されるのは「咸天狗さん」の略であることがわかった。そして、次のような碑文が刻まれていた。「自往古尚武運之神　又子女守護之神　千古蘚蒸咸天森」（往古より武運を尚《こひねが》ふの神　また、子女守護の神　千古蘚蒸《こけむ》

写真⑤　咸天狗社の石祠と手向けられた千羽鶴（三重県名張市西田原）

す咸天《かんてん》の森）――そして、「昭和十二年十月吉祥日　社掌・大西市三郎　区長・中堀七四郎　氏子総代・上村留造・森下久太郎・松村卯之助」とある。昭和一二年、拝殿・参籠舎建築の記念に建てられた碑である。日中戦争時、ここに参籠する風があったのである。碑文により、当社が武運をこいねがう神であったことがわかる。「咸天狗」の意が定かではないが、「咸」に、あまねく行きわたるという意があるところからすると、飛行自在にていずこにも往来できる天狗を意味すると見てよかろう。戦時下の天狗信仰については岩田重則氏が詳述している。[*5]

伊賀市治田の上窪恒郎さんの第一回目の出征は、昭和一二年七月二八日、日中戦争にかかわるものだった。その出征中、妻の三子さんは、ムラの中で家族を戦地に送っている婦人五、六人と仲間を作ってカンテンさんに弾除け祈願に参った。その仲間には、馬場あさへさん・玉池きみさん・東しづ子さんなどがいた。カンテンさんに参るには三つなりの石榴《ざくろ》を供えなければ効験がないとされ、参拝者は必ず三つなりの石榴を持参し、それを供え、夫や子供の弾除け、無事の帰還等の武運を祈った。祠の前には石榴が山をなしていたという。

なぜ石榴なのか、また、なぜ三つなりなのか、の答えはなかなかむつかしい。鬼子母神に石榴や石榴の絵馬を供え、子授け・安産・子の成長を祈る例があるところからすると、石榴献供は、カンテンさんの子女守護の神徳にかかわって発生したものとも考えられるが、そう単純ではない。謡曲「雷電」に、「本尊の御前に石榴を手向け置きたるを（中略）嚙み砕き（中略）吐きかけ給へば柘榴忽ち火焰となって扉にぱっと燃え上る」とある。武運をもたらす神・弾除けの神に焦点を当ててみる時、石榴は、弾丸だと見ることもできる。特に、石榴の「榴」と、手榴弾の「榴」とが通じている点は見逃せない。また石榴の三つなりは、稀少性を主張するものであり、手向けの志の強さを示すものとなる。

三子さんたちは、カンテンさんへ参った折には名張の夏秋にあるお大師様まで足をのばし、ここでも出征者の無事を祈願した。上窪家ではこの他、舅の亀石が、奥山権現・赤岩さんなどへ自転車で祈願に出かけ、お礼参りにも出かけた。

4 「帰る」と「蛙」

奥山権現の項で「蛙」についてふれたのであるが、還来神社でも現在、高さ・幅一・五センチほどの焼きものの蛙に紐をつけたお守りを分与している。蛙には、「もどろきの神に祈りて無事還る」と書いた紙が添えられている。また、境内には「蛙」を思わせる神石もある〔写真⑥〕。出征兵士の無事なる帰還を祈って、焼きものの蛙を祭る習慣は他にも見られる。

伊賀市三軒家の三山蕃さん（大正一一年生まれ）は昭和一七年に京都野砲第四〇部隊に入隊した。母のしづさんは、信楽焼の蛙、一つは、背に子蛙をのせた高さ七センチほどのもの、いま一匹は高さ三センチほどのものの二匹を家で祭った。二匹とも蟾蜍《ひきがえる》の形状を示している。同時に、他家から万年青《おもと》の株を譲り受けてきて庭に植えた。蕃さんは、その焼きものの蛙をどこに祭っていたかは定かに記憶してはいないというが、移植した万年青の脇に据えられていたものと考えられる。とい

右：写真⑥　蛙型神石（還来神社）
左：写真⑦　三山家の庭で祭られた信楽焼の蛙（三重県伊賀市三軒家）

写真⑧　窯元の店頭で売られる信楽焼の蛙（滋賀県甲賀市信楽町）

うのは、しづさんは、蛙と万年青について次のように語っていたというからである。「大元（万年青）に蟾蜍（引き帰る）」――三山家には今でもその焼きものの蛙が保存されている［写真⑦］。蛙の中でも蟾蜍はイエのヌシ（主）だと伝承する例が多々見られる。*6 帰還祈願にはふさわしい生きものなのである。信楽の町の陶器店には今も焼きものの蛙が売られている［写真⑧］。

伊賀市諏訪の辻村志栄子さん（大正三年生まれ）は夫の出征中に五社参りをし、奥山権現・湯舟の手力《たじから》神社・滋賀県の多賀大社などに参った。多賀大社では焼きものの蛙を売っていた。その蛙を買って帰り、神棚に祭った。諏訪では、焼きものの蛙を玄関に据える家もあったが、別に、庭などに家に向けて据えなければ効験がないという言い伝えもあった。

旧阿山町馬田出身の森本昶さん（昭和一八年生まれ）の父正直さん（明治三七年生まれ）は日中戦争に出征した。昶さんの母京さんは、夫の出征中、焼きものの蛙二匹を縁側に据えて夫の帰還を祈った。それも、中国の方向に向けて据えていたのだという。

5　社寺巡拝その他

応召・出征する者自身、留守を守る家族、出征者を出す家族を中心とした隣組などで五社参り、五社はん参りをしたり、三社参りをしたりする習慣は根強かった。五社の選定には、地元の氏神を入れる場合と、氏神詣では当然として、別に五社を選定する場合もあり、また、五社が五所となり、三社が三所となって神社に寺院が混る場合もあった。時代により、また、個人によって同じ地区でも社寺の選定が異なる場合もあるが、おのずから地域的特色も見られる。以下、三重県伊賀市旧上野市域における若干の事例を示すが、参拝順にかかわりなく社寺名をあげる。

市部＝敢国神社・菅原神社・須智荒木神社・愛宕神社・守田八幡神社
木興町＝敢国神社・菅原神社・須智荒木神社・愛宕神社・守田八幡神社
笠部＝猪田神社・敢国神社・菅原神社・愛宕神社・須智荒木神社
一之宮＝敢国神社・菅原神社・須智荒木神社・愛宕神社・守田八幡神社
岩倉＝敢国神社・菅原神社・須智荒木神社・愛宕神社・春日神社
紺屋町＝敢国神社・菅原神社・須智荒木神社・愛宕神社・守田八幡神社
西大手町＝敢国神社・菅原神社・須智荒木神社・愛宕神社・安倍神社
寺田＝敢国神社・菅原神社・須智荒木神社・愛宕神社・守田八幡神社
朝屋＝射手神社・敢国神社・須智荒木神社・愛宕神社・守田八幡神社
千歳＝敢国神社・菅原神社・須智荒木神社・射手神社・府中神社
三軒家＝射手神社・長田金比羅神社・敢国神社・島ヶ原観音
大谷＝敢国神社・菅原神社・須智荒木神社・愛宕神社・守田八幡神社
蓮池＝敢国神社・菅原神社・須智荒木神社・愛宕神社・守田八幡神社
大滝＝敢国神社・菅原神社・須智荒木神社・愛宕神社・花垣神社

諏訪＝敢国神社・射手神社・諏訪神社・友田椿神社・湯舟手力神社

喰代《ほおじろ》の浜田丑之助さん（明治三四年生まれ）の三社参りは、木代神社→比自岐神社→奥山愛宕神社だった。下神戸の三所詣でには、神戸神社→古郡不動尊→美杉の若宮八幡神社という巡り方もあった。五社参り・三社参りに選ばれる社寺の地域性は右に見たとおりであるが、その巡り方にも特色が見られた。諏訪の場合は、農閑期に、「名誉の家」、つまり出征兵士を出している家の者を中心に、組の者も加わって、全員が出征兵士を出している家の洗米を持ち、それをおのおのが各社に供えながら回ったのである。朝屋の南出礒さんの組は一二戸だった。五社参りは年に三〜四回、勝地の奥山権現も二年に一度全員で参拝し、必勝祈願をした。別に、御斎峠《おとき》を越え、滋賀県甲賀市信楽町上朝宮の三所神社に参拝し、帰りに島ヶ原の観音に参って帰るという型もあった。三軒家の三山蕃さんの出征に先立ち、母のしづさんは、御斎峠を越え、上朝宮の三所神社に参拝した。上朝宮の植田初子さん（昭和五年生まれ）は父の武運長久祈願の体験を次のように語る。父新一（明治四〇年生まれ）は、日中戦争・太平洋戦争の二度にわたって出征した。父の出征中、母万寿江（明治四一年生まれ）とともに雨の日も雪の日も百度石回りをした。その方法は、箸と俗称される筮竹状の竹を箱の中から父親の年の数だけ借り受け、百度石を一回まわり終えるたびごとにその竹を一本ずつ箸箱に返すという方法だった。三所神社は長田地区では兵士を守る神として信仰されていたのであった。武運長久・弾除け・帰還祈願などの社寺は様々あったのだが、それらの効験を得る方法の一つとして、徒歩で、遠隔地の社寺に参拝する、という形があったことが明らかになった。それは、「苦行」「行」を実修することによって効験が得られるという信仰だったのである。

帰還祈願の方法は多様であった。福島県耶麻郡北塩原村檜原小字早稲沢の大竹繁さんの兵歴は過酷なものだった。昭和一二年五月喜多方で徴兵検査を受け、第一乙種合格。翌一三年四月三〇日召集――会津若松連隊へ歩兵として入隊、重機関銃隊に所属して中国大陸を転戦、一五年一一月一四日帰還。昭和一六年一〇月、再度の召集――ラバウル・フィリピン・マレー半島・ビルマと転戦し、タイ・カンボジア国境で終戦、昭和二一年五月一〇日帰還。日中戦争足かけ三年、太平洋戦争足かけ六年、二一歳から三〇歳までを戦地で過ごしたのである。繁さんの出征中、母のタツエさんは一日も休むことなく氏神大山祇神社に「朝参り」と呼ばれる早朝参拝を続け、わが子の無事なる帰還を祈願したのである。当地の冬は雪が多い。雪の日も雨の日も朝参りは続いたのである。

他に、陰膳、茶絶ちなどじつに様々な祈願が行われていたのである。

二 「籤逃れ」の祈願

戦時中の武運長久祈願・無事なる帰還祈願・弾除け祈願などは広く知られるところであるが、「籤逃れ《くじのが》」とも呼ばれる「徴兵逃れ」の祈願があったことを知らない人は意外に多い。徹底した軍国主義、軍国教育が国の隅々まで浸透し、その抑圧が強かった時代、人びとの本心である戦争に対する恐怖、兵役に対する疑問、息子を戦場に送りたくない母の心情、夫を奪われたくない妻の思い、徴兵を忌避する若い男たちの思いを表出することは憚られることだった。籤逃れの願望は静かに、秘かに、武運長久祈願の陰に潜ませるようにして行われた。この秘かな願いの祈願対象となった神社や民俗神も今となっては霞の彼方である。したがってここでは四例を示すに過ぎないのであるが、こうした祈願は全国的にあったはずであり、それは、今後微かな伝承の断片や文献をたどるしかない。

1　竜爪さんと徴兵逃れ

静岡市街北方に竜爪山と呼ばれる双峰の山がある。薬師岳（一〇五一メートル）・文殊岳（一〇四一メートル）である〔写真⑨〕。山頂近くに穂積神社が鎮座する。祭神は大己貴命《おおなむちのみこと》・少彦名命《すくなびこなのみこと》とされ、創建年代は未詳とされるが寛永三年（一六二六）の棟札がある。竜爪権現と呼ばれた時代もあり、修験道の霊地だとも伝えられる。雨乞い・五穀豊穣・火難盗難除け・猪鹿除けなどの効験が伝えられるが、豊猟祈願・鉄砲安全にかかわる信仰が篤かった。雨を恵む山だとすれば、竜爪山は「慈雨双山」だった可能性もあり、駿府城の艮《うしとら》に当たるところに注目すると駿府の塞ぎの聖山ということにもなる。近世初頭、望月権兵衛なる者が山中で白鹿を射て発狂し、神がかりして竜爪山を祭り始めたという伝承もある。『静岡県神社志』には次のように記されている。*7「古来鉄砲祭とて四月十七日例祭当日行はるる神事は有名にして、平年は十二、閏年は十三の的を掛けて射る。鉄砲を使用

写真⑨　瀬名川右岸より望む竜爪山（静岡県静岡市葵区）

する者は災難をまぬかるとの特別信仰ありて遠近より数十挺の鉄砲集り壮観である。」——竜爪さんと通称される穂積神社は猟師の信仰を集めた。大井川中・上流域、安倍川流域の猟師たちの多くは、正月に「初撃ち」「竜爪鉄砲」などと称して竜爪山の方に向けて初撃ちを行った時代があった。静岡県榛原《はいばら》郡川根本町長島の長島英雄さん（明治三六年生まれ）は次のように語っていた。——一月二日、猟師が集まってブチゾメ・初ブチという儀礼を行った。「竜爪さんにあげる」と称して、「天開く　地開く　草木ともに皆開く」と声をそろえて唱え、空に向けて実弾を発射した。こうしてブチゾメをしてから実際の初猟に出た。同町小長井の小長谷吉雄さん（明治四五年生まれ）は以下のようにした。——一月二日には竜爪鉄砲を撃ってから初猟に出る。四月の竜爪祭りの日には空砲を鳴らした。竜爪さんは鉄砲の神様なので戦時中は弾除け祈願に参拝した。

狩猟神・鉄砲の神としての信仰は近代以降、弾除け、武運長久の祈願対象となり、日露戦争時には穂積神社の神札が札切れになるほどだったとも伝えられる。また、日中戦争から太平洋戦争にかけては「玉除羊羹」が発売されるほどだった。こうした信仰の陰で一部では徴兵逃れの対象になっていたのである。[*8]

静岡県御前崎市白羽の高塚佐右衛門さん（明治二七年生まれ）から竜爪さんと徴兵逃れについて聞いたことがあった。——日清・日露戦争で身近に戦死者を出した人びとは、表面的にはとにかく、内心では徴兵を忌避していた。当時、長男が徴兵される率が低いとして、次三男を子供のない家に養子に出したという話を聞いたことがある。また、「神方便」といって検査の時嘘を言う人もあったとされる。徴兵逃れの祈願もあった。

佐右衛門さんも友人二人とつれだって徴兵検査の年の初春、竜爪山の穂積神社へ、表向きは武運長久祈願だが、実質は徴兵逃れの祈願に出かけた。御前崎から吉田まで歩き、大井川を渡って、左岸の相川から藤枝までは馬車、それから汽車で静岡へ。静岡では白羽村出身の知人の家に泊まり、翌日竜爪登山、穂積神社で祈願をし、下ってもう一泊して白羽に帰った。これも「神方便」だった。竜爪さんは戦時中は武運長久・弾除け成就として知られていたのだが、秘かに徴兵逃れが祈られていたのである。

佐右衛門さんはこの話をする時、顔を赤らめ、じつに恥ずかしそうに、伏し目がちに訥々《とつとつ》と語った。太平洋戦争中は些細なことでも非国民呼ばわりする社会風潮があった。佐右衛門さんはこれまで、若き日の竜爪参りのことでどれほど心を痛めてきたことだろう。それは庶民の率直な願いとしてのお参りだった。それゆえにこれまで秘して語ることはなかったのである。

伊豆には西海岸ぞいのムラムラを中心に、穂積神社を勧請した竜爪神社が二〇社ある。猟師を中心に豊猟・鉄砲安全が祈られたのであるが、戦争中には、武運長久・弾除けなどが祈られた。出征兵士の家族の百度参りや素足参りも盛んだった。例えば静岡県賀茂郡松崎町池代の竜爪神社は明治時代に勧請され、代参講も行われていた。竜爪講に入ると神札がいただけ、五年経つと掛軸がもらえた。詳細は既に報告したことがある。*9

2 白蛇さまと徴兵逃れ

静岡県藤枝市花倉に阿弥陀沢と呼ばれる沢がある。沢に巨岩があり、傍に椎の古い木が立っている。巨岩の前には小祠がある〔写真⑩〕。この岩には「白蛇様」と呼ばれる白蛇がひそんでいると伝えられており、『駿河記』には以下のように記されている。*10「山際の巨巌有破裂の間に、三百年来白蛇住て、常に岩の中の空虚なる間に匍匐す。雌雄あり。其銀色の如く光あり。此谷阿弥陀沢と呼ばれ一草堂ありて花倉殿守本尊仏を安置せし故とぞ。其後彼本尊賊に盗取られて失ひ、堂も廃すとなり。近年再び草堂を建、無量寿仏を安ず」——。

花倉で生涯を送った秋山政雄さん（明治二九年生まれ）は以下のように語っていた。——白蛇様の効験は「豊漁」と「徴兵逃れ」だと伝えられていた。白蛇様の体は山を七巻き半しても焼津の海にとどくと言われた。白蛇様がその尾で魚を追ってくれるので、焼津の漁師は漁が良くなるのだと語り伝えた。焼津の漁師の信仰は篤く、豊漁の時には鰹を持って願果たしに来る者も多かった。ムラの子供たちはその後について回り、鰹を分けてもらったという。

日清・日露戦争の時代には、白蛇様は「武運長久」を叶えてくれる神であり、「帰還祈願」に応じてくれる神として信仰された。それは、江戸時代以来、蛇神に対して、蛇の好物である蛙を贄として献上して祈願する形が定着していたこととかかわる。また、癜《なまず》と呼ばれる皮膚病に罹った場合、蛙を献上して祈願すれば治る、と伝えられていた。蛇がナマズ（鯰）を呑み込んでくれる、あるいは、元に帰る、といったところからの信仰と思われる。白蛇様に蛙を供えるという祈願法は、「蛙」と「帰る」（帰還）を懸けて、出征からの帰還を想起せしめたのである。

写真⑩　白蛇様の磐座（静岡県藤枝市花倉小字阿弥陀沢）

その後、武運長久・無事帰還から、ひそかに「徴兵忌避」へと信仰が転換した。日中戦争以降信仰圏は、大井川流域・旧志太郡・静岡市の一部へと広がった。徴兵検査は二〇歳だったので、徴兵逃れの願を掛ける時には蛙を二〇匹籠に入れて持参し、白蛇様の磐座の前で放す。希望通り徴兵が逃れられた場合には、倍返しで、四〇匹の蛙を供えることになっていた。秋山さんによると、阿弥陀沢の山田は蛙だらけだったという。哀しく、切実な祈願である。軍国主義の荒波の中でも庶民の真情、戦争忌避の思いはこうした形で底流していたのである。

写真⑩は昭和五〇年に撮影したものである。平成三〇年、確認のために再度訪れたところ、山は荒れ、倒木や雑木に遮られて白蛇様に至ることはできなかった。ムラびとたちの中で、白蛇様が兵役とかかわる民俗神であることを知る者と出会うこともできなかった。

3　山中の秘所・小嵐稲荷神社

聖岳（二九七八メートル）、大沢岳（二八一九メートル）、奥茶臼山（二四七三メートル）などの南アルプス系の山々の広大な斜面を集水域として遠山川の本谷は木沢で上村川を合して下る。そして、天竜川左岸に合流する。長野県飯田市南信濃木沢は、遠山谷の中で上村上町・南信濃和田と並ぶ谷の中心地の一つである。

その木沢のムラの中を流れて遠山川右岸に合流する三ツ沢がある。その沢の水源近く、ムラから約三キロの山中の小山の頂、標高一〇〇〇メートルの杉の森の中に小嵐《こあらし》稲荷神社が鎮座する［図①］。祭神は宇迦之御魂《うかのみたま》大神で、寛政元年（一七八九）に伏見稲荷大社から勧請されたという。遠山谷や、飯田市の天竜川左岸を歩いている折、多くの人びとから小嵐稲荷の話を耳にしていた。それは、戦時中、武運長久を祈るために小嵐稲荷に参ったというものだった。その小嵐稲荷に一度参じてみたいものだと思い続けていた。願いが叶ったのは平成二一年八月二一日のことだった。社殿に向かう径《こみち》のような登り坂の参道には杉の根が露出し、そこに赤く塗られた鉄製の奉納鳥居が夥しく林立し、

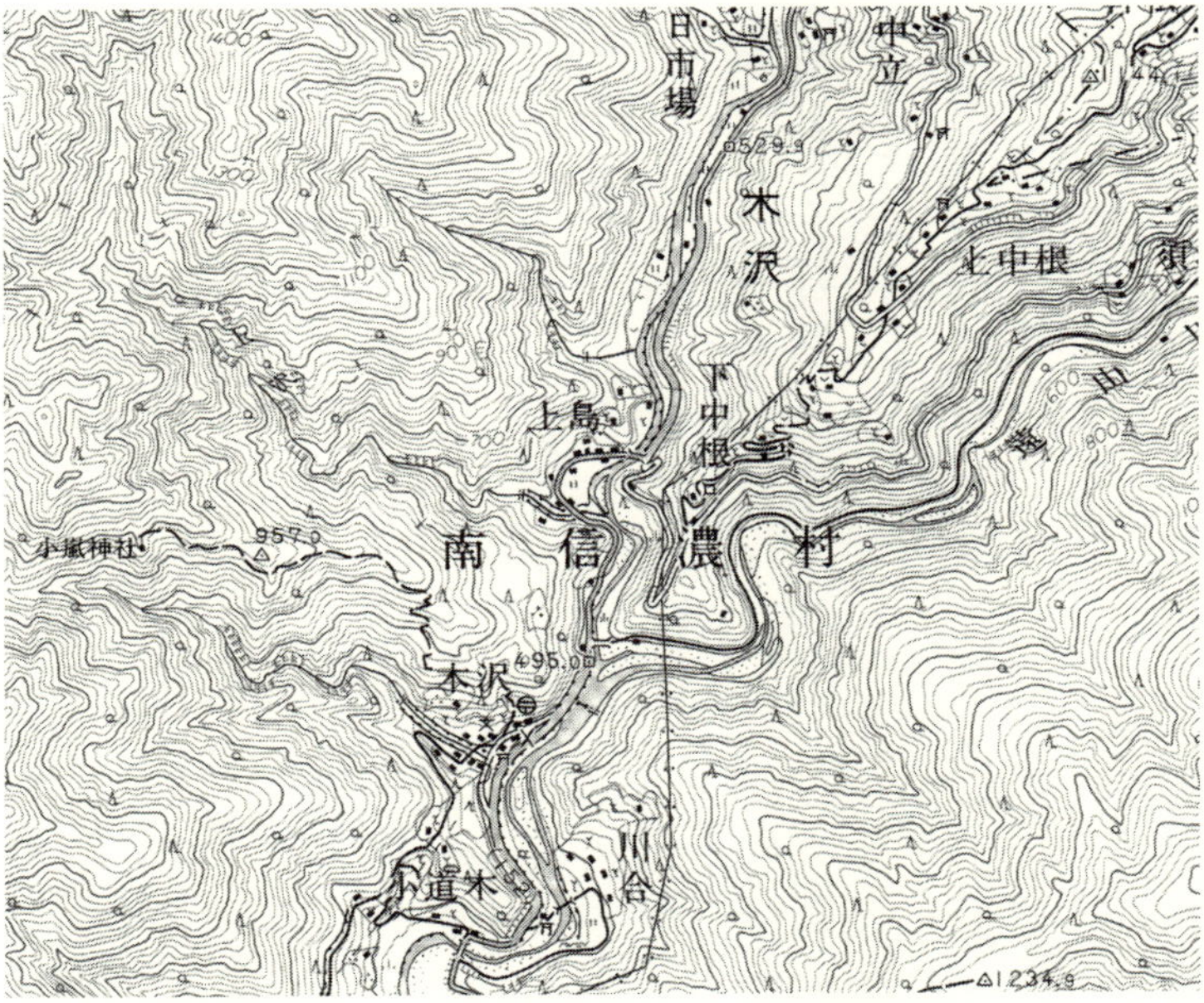

図①　小嵐稲荷神社鎮座地・長野県飯田市木沢（旧南信濃村）
（国土地理院1：50,000）

また、杉の木の根方にも立てかけられていた。小嵐稲荷の奉納鳥居は、各地の山の神・駒形神などに奉納されている鉄板で作られた錆びたものとも、伏見稲荷大社のお塚に奉納された木製、小型の朱の鳥居とも異なる個性を示していた。それは鉄の棒を組み合わせたもので色も朱ではなく、ペンキの赤色を思わせた〔写真⑪〕。そこにはまた幣束《へいそく》も立てられていた。あたりには陰々滅々とした空気が漂い、昼なお暗かった。

閉ざされた扉を開いて拝殿に入って参拝した。拝殿内には「家内安全」「奉納　小嵐稲荷神社」などと墨書した祈願旗が垂らされていた。そして、奉納された夥しい数の陶製の白い狐像に圧倒された〔写真⑫〕。それは、木製の六段づくりの棚二つにびっしりと隙間なく並べられていた。この白狐には、当社に寄せたじつに多くの人びとの祈りが込められているのである。狐を稲荷社の眷属《けんぞく》・神使とすることは稲荷信仰一般に通じ、広く行われている。

稲荷信仰の中核に、その社名に示される「稲」を中心とした農耕守護があることは広く説かれている。また、狐が稲荷神社の神使としての座を占めた理由もいくつか指摘されている。その一つに、狐が農作物に害を与える野鼠や野兎などを捕食・追放するという認識がある。焼畑地に大豆を栽培すると野兎の害がひどいという。野兎除けの呪術として、岐阜県下呂市小坂町鹿山では「兎が喰ったと狐が言った」と紙に書いて竹に挟み、焼畑の大豆栽培地に立てた（成瀬一枝さん・大正六年生まれ）。静岡市葵区大間では、焼畑に大豆を蒔く時に「この山の兎が言うにゃあ「狐がこの山の豆を喰ってしまうそうだ」」と唱えながら蒔くと、狐が怒って兎をやっつけてくれるので兎の害がなく

写真⑪　小嵐稲荷神社に奉納された赤い鉄鳥居（長野県飯田市南信濃木沢）

写真⑫　小嵐稲荷神社に奉納された陶製の小型白狐（同上）

なると言い伝えた（砂有次郎さん・明治三七年生まれ）。富山県南砺市利賀《とが》村阿別当《あべっとう》では「ゆうべ豆が兎を食べた」と書いて畑の中に吊るした（野原ことさん・大正四年生まれ）。また、長野県飯田市南信濃須沢の熊谷茂正さん（昭和一五年生まれ）は収穫後ハザ掛けした大豆にも野鼠がつくと語る。野兎や野鼠の食害に対する狐の抑止力は強く信じられていたのである。

次に、稲荷信仰と狐とのかかわりを、狐の尾の色や形が穀物の穂に似ている点に求める見方がある。稲荷だから稲の穂に最も類似しているかと言えばそうではない。稲の穂も、黍の穂も枝垂れる点では尾に近いのだが、稲も黍も穂が枝分かれしている。稗・麦は、一本にまとまってはいるが枝垂れるという点が弱い。対して、粟の穂は一本で枝垂れる。このような形からしても、色からしても、粟の穂が最も狐の尾に近い。宮崎県西都市上揚《かみあげ》の浜砂久義さん（大正八年生まれ）から狩猟の話を聞いていた折、久義さんは動物の尾のこと、シッポのことを「シリホ」と明確に発音した。「尻穂」という文字が浮んだ。シリホがシッポの語源で、正当な語であることは確かだ。火の秀《ほ》（炎）・波の秀《ほ》（穂）・岩秀《いわほ》（穂・巌）・稲秀《ほ》（穂）など目立つ状態のものを「ホ」で示した。狐の尻穂は確かに穀物の稔りの穂を思わせる。そして、キツネの語源は「食《け》つ根」だとされるのである。

人里離れた小嵐稲荷の社は今では人蹤《じんしょう》稀な存在になった。霊気の満ちた社叢、鉄製の奉納鳥居、夥しい数の陶製白狐、そして静寂——五穀豊穣・武運長久・子宝成就という神徳は承知していたが、社地を下りながら、息子または孫の徴兵検査の年、細く長い山道を一人とぼとぼと歩く父・母、いやむしろ、祖父か祖母の姿が心に浮かんだ。武運長久を祈るための山路である。表向きは武運長久であったろうが、裏には「徴兵逃れ」があったにちがいない、という確信めいた思いが私の心の中に芽生えていた。

飯田市南信濃八重河内《やえごうち》の山崎今朝光さん（大正一一年生まれ）からライフヒストリーの聞きとりをしていた時、思い切って小嵐稲荷のことを尋ねてみた。――私は、出征前、父親とともに武運長久の祈願をしたが、戦前、小嵐稲荷神社には「籤逃れ」「徴兵逃れ」の効験があると秘かに囁かれていた――という答えがもどってきた。こうした伝承についてはさらに聞きとりを重ねなければならないと思った。平成二二年八月二三日、飯田市南信濃木沢の斎藤七郎さん（大正一三年生まれ）宅を訪ねた。朝から体調が芳しくないとのことだったので二〇分だけお話をうかがった。まず、小嵐稲荷神社への徴兵逃れ祈願について尋ねた。「小嵐稲荷は籤逃れに御利益がある」とその効験について、戦前、秘かに語り継がれていたという答えをいただいた。悲しいことに、七郎さんはその一週間後に他界された。同じ木沢の北島花江さん（大正一四年生まれ）は、戦時中、小嵐稲荷に戦勝祈願の和歌や絵が多く奉納されたということは記憶していたが、徴兵逃れについては聞いたことがないとのことだった。

小嵐稲荷の籤逃れの効験が秘かに語り継がれた要因の一つは、人蹤稀にして、人里から隔絶されているという環境があげられる。いかにも秘事祈願場にふさわしい。他に、先に紹介した「勝地」「マメで帰る」「モドロキ」「ナギ」などの言語呪術との同一発想があったと考えられる。戦時という異常な時代、人びとは、藁にもすがる思いから、言語呪術的な側面にも重きを置いたのである。

稲荷の神使たる狐の鳴き声は「コン　コン」として広く通じている。これを「来ん（ぬ）　来ん（ぬ）」「召集令状が来ん　来ん」と掛けて聞きなす心意が含まれていたのである。いま一つ、ア行とワ行の別はあるものの、稲荷を「居成り《いなり》」に掛けて解する部分があったと思われる。召集されることなく、ムラの家に「居成る」というのである。言語呪術の基本には、本意を秘匿し、仮託語を表に出して呪的目標を遂げようとする構造がある。右に示した小嵐稲荷に関する信仰は、鎮座環境をベースとして言語呪術的な要素が加わったものではあるまいか。ちなみに、子宝成就は「小嵐《こあらし》」―「子《こ》生《あ》らし」となる。

遠山谷を歩いてみてももう焼畑はなく、定畑の粟栽培も稀である。主食の米は谷の外から運びこまれる。五穀豊穣も今では谷の人びとにとって切実ではない。谷の子供たちでも狐の尾に似た粟の穂を知らない者がほとんどである。武運長久も遠い過去の話になった。徴兵検査を体験した人も日々幽界に旅立っている。いかなる思いで息子・夫・兄弟・父を戦場に送ったのか、また、出征する者はどんな思いだったのか――風化させてはならないのだが、風化は加速している。

4　奥山半僧坊

静岡県浜松市北区引佐町奥山に無文元選開山の方広寺がある。そしてその境内には、鎮守として半僧坊大権現が祭られている。半僧坊は、海上安全・商売繁盛・火難防除などの効験を以って知られるが、その淵源の一つに以下の伝承がある。無文元選が中国から帰る海路で大時化《しけ》に遭い沈没の危機に瀕した時、舳先に眼光炯々たる男が現れ、船を守り正法流伝の助力をすることを誓い、よって無事の帰還が可能となる。無文が方広寺を開くとその男が再度現れて鎮守となることを誓う。その男を祭ったのが半僧坊だと伝えられている。こうした伝承から、まず、海上安全を願う漁師の信仰を集めるようになった。

写真⑬　方広寺山門と千本幟を売ったという「乃木そば 神谷」（静岡県浜松市北区引佐町奥山）

　通称黒門と呼ばれる方広寺総門前の左角に「乃木そば　神谷」という大きな看板が見える〔写真⑬〕。当家は金原家で、代々そばだけでなく、方広寺参拝の記念品・土産ものなどの販売を続けてきた。金原民子さん（昭和二四年生まれ）は祖母とよ（明治三三年生まれ）から半僧坊の信仰について様々なことを聞かされてきた。次の話が心に残っている。静岡県焼津市の亻水産の社長は太平洋戦争に応召、その折、父親が半僧坊大権現のお守りを受けて息子（後の社長）に渡した。お蔭で無事帰還することができた。以後、社長は四月二二日の開山忌と一〇月の半僧坊大権現大祭には欠かすことなく参拝していた。亻水産のみならず、焼津・小川（焼津市）の漁師の参拝は多かった。三重県の松阪・四日市・志摩の漁師、愛知県の漁民も多く参拝した。漁師たちは「半僧坊大権」と墨書した木のお札を受け、自分の船で船魂様同様に大切に祭った。こうした海上安全・無事帰還の祈願信仰が戦時中の、帰還・武運長久・弾除け祈願へとつながったのである。それは、鎌倉建長寺境内、名古屋市八事の半僧坊大権現分祀からも広がった。さらに、「半僧坊講」は、浦和・日本橋・京橋・横浜・静岡・甲府・長野・松本・越中・福井・尾鷲・蒲郡・安乗・犬山……と広域に及んでいる。

民子さんの父、金原仁さん（昭和三年生まれ）が書き残した「千本幟」についての以下のようなメモがある。「いつ頃からか分からないが半僧坊に奉納する千本幟という和紙で作った幟旗があった。大きさは幅が5㎝位で、墨で奉納・半僧坊大権現と書き、奉納した人の名前はなく、干支と年齢を幟の隅に書き、一人で五〇本一〇〇本参道に奉納した。理由は、当時二〇歳になると徴兵検査があり、合格者には兵役が課せられた。その兵役を逃れることを祈願し、願懸けをし、成就すると、五〇〇～一〇〇〇本の幟を奉納したので、参道に奉納するのを手伝ったものである。（徴兵されると家業に影響が出るので、半僧坊様におすがりしたのである）」

民子さんは千本幟についても祖母とよから以下のように聞いたという。「千本幟は和紙で、幅五センチ、長さ一五センチ、奉納・半僧坊大権現と書き、名前は書かずに干支と年齢を書く。幟は割り箸に貼りつける。「神谷」（金原家）では、千本幟を作って五〇本単位で売っていた。家族全員で一晩夜なべをして作っても翌日は売り切れるほどだった」。

祈願の千本幟に干支と年齢のみを書き氏名を書かないという形は、いかにも「徴兵逃れ」「籤逃れ」という秘したる祈願らしい方式である。「神谷」で大量の千本幟が売られていたのは事実であるが、原初は、祈願者自らが書いていたことはまちがいない。黒門をくぐると幽邃《ゆうすい》な参道が続く。

写真⑭　奥山半僧坊大権現への自動車参道の脇に立て並べられた祈願幟（方広寺）

戦時中には参道の両脇は千本幟で埋めつくされていたという。現在は門前の屋並を通らずに迂回して半僧坊大権現に至る自動車道路が開かれている。旧参道から左山地を仰ぐと布の祈願幟がその自動車道路路肩に挿し並べられているのが見える［写真⑭］。それは戦国時代の砦のように見えるのだが、一本一本の幟を見ると、「奉納　奥山半僧坊大権現」と赤で印刷された布に、奉納者の住所・氏名が墨書されている。併せて、個々の祈願内容、「家内安全」「交通安全」「身体健康」などと記されている。平和な時代の祈願幟である。民子さんは、多くの講元のおのおのの高齢化が進み、講の参拝者も減ったという。

なお、巨島泰雄氏も奥山半僧坊の千本幟について報告している。*11

三　千人針と魂結び

1　千人針の実際

出征兵士に千人針の腹巻を贈るならわしは全国的に見られた〔写真⑮〕。伊賀市旧上野市域でも盛んに行われた。国防婦人会が中心となりムラの内外で千人針の結びを整えたり、女学校に依頼したり、または個人で駅頭に立って、糸結びを乞うこともあった。白布に赤糸を使って千個の結び目をつけたのであるが〔写真⑯〕、これに、五銭硬貨・十銭硬貨を結びこむ場合もあった。五銭玉は、四《し》銭《せん》を越える＝死線を越える、十銭玉は九銭《くせん》を越える＝苦線を越えるという掛け詞の言語呪術をふまえて使ったのである。普通一人一針一結びを基本とするのだが、「寅年の女性、特に五黄の寅年に当たる女性は運気が強い」として、その女性の年の数だけ結んでもらうと良いとして喜ばれた。

『三重日報』の昭和七年三月の記事に次のようにある。「上野町県立阿山高女では三、四日前から出征軍人家族が毎日数十名押しかけ生徒に千人縫を頼むので授業も自然そつちのけとなり学校では面食つてゐるがお国のために働いてゐる兵士への贈物であるので出来る限り便宜を計ることになり廿六日朝から千人縫受付係といふ係さへ設けられ一奇観を呈してゐるが（後略）」。当地では千人針を「千人縫《ぬ》い」と呼ぶこともあり、女学校の生徒たちがこれに協力していたことがわかる。

寅年が好まれたのは、寅を虎と掛け、「虎は一日に千里行って千里帰る」という伝承から、寅年の者がかかわれば、遠い戦地へ行っても必ず帰るという呪術信仰があったからである。これと関連して虎の絵も好まれた。千人針の腹巻をする目的の第一は、弾除けである。しかし、この腹巻を戦地で使った人びとは、異口同音に、この腹巻が虱《しらみ》や蚤《のみ》の巣となり、それに悩まされたと語る。西明寺の高嶋輝男さん（明治四四年生まれ）は門司から貨物船に乗って出征した。もとより千人針の腹巻をしていたのだが、貨物船に乗ったとたん腹巻が虱の巣になった。虱は腹巻ごと飯盒で煮沸しなければ死ななかったという。

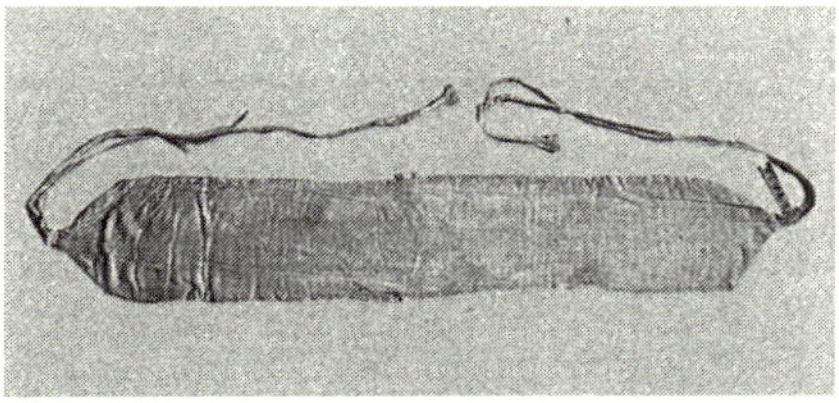

写真⑮　カバーをかけ、付け紐を付けた千人針の腹巻

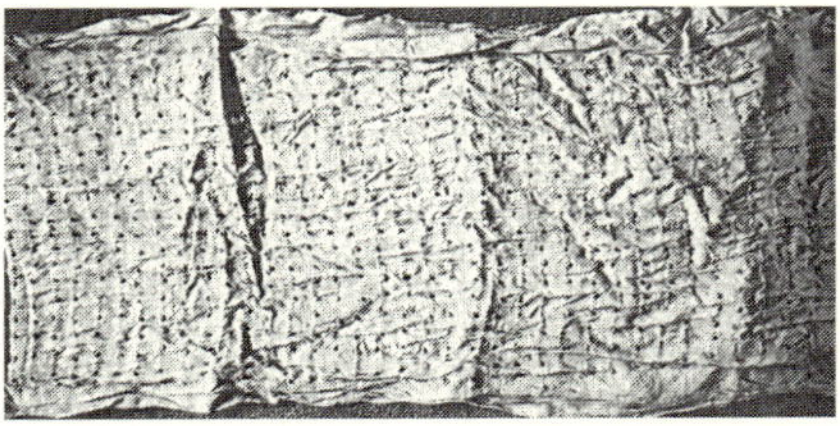

写真⑯　白地に赤糸の玉結びが並ぶ千人針（静岡県榛原郡川根本町桑野山、森下敏雄家）

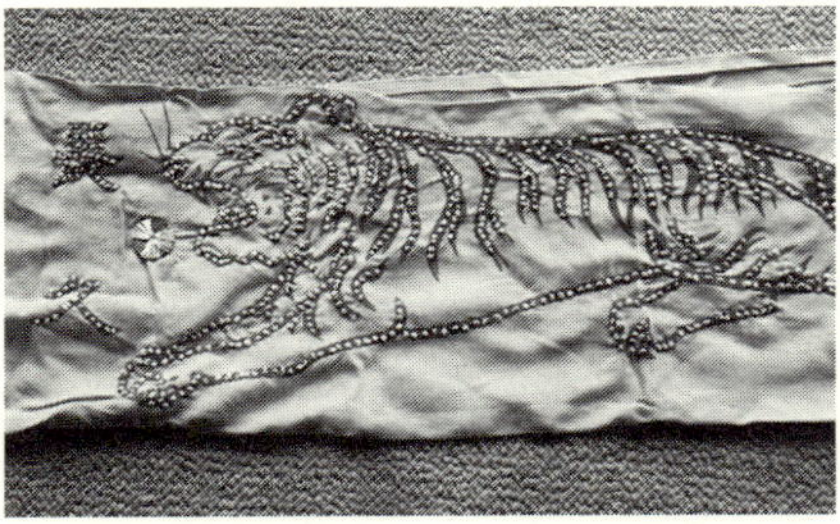

写真⑰　寅結びの千人針（川根本町閑蔵、白瀧宗一家）

静岡県榛原郡川根本町閑蔵《かんぞう》の白瀧宗一さん（大正三年生まれ）は昭和一二年八月一四日、豊橋一八連隊に歩兵として入隊し、中国大陸へ渡った。出征の日、宗一さんは千人針の腹巻を贈られた。昭和二〇年九月一〇日無事復員し、その時持ち帰った千人針の腹巻が保存されていた。それは写真⑰のようなもので、黄色の木綿地に、赤色で、咆哮しながら疾走する虎の図と、その右に「武運」、左に「長久」の文字とが染めぬかれたものである。その虎の絵と文字の赤い線をたどる形で、白糸の結び玉が連ねられていた。さらに、虎の口と、「長久」の文字の間に五銭硬貨がしっかりと縫いつけられている。虎の絵や文字が染め刷りされているということは、日中戦争の時代、この形のものが量産され、市販されていたことを語っている。

私の父浩（大正三年生まれ）は昭和一三年一月二八日、中国大陸で戦死した。昭和一二年二月一四日生まれの私は満一歳になっていなかった。父の遺品は母が管理していたのだが、平成二九年一月二八日、母が逝去したので父の遺品を確かめる機会を得た。遺品の中に白い木綿地の腹巻があった。手にしてみると、白布はカバーで袋状をなしており、その中に千人針が収められていることがわかった。腹巻は長さ一二〇センチ、幅一〇センチ、両端に長さ二七センチの付け紐が付けられている。中を確かめてみると、玉結びの糸は緑色だった。これまで見てきた千人針の糸は赤色が多いので驚いた。それに結び目で切られた糸の端がどれも二〜三センチと長いのも驚きだった。その後、高崎正秀の「千人針考」[*12]を読み直していたところ、千人針の糸の色は、その腹巻を持つ兵士の兵科の襟章に因み、歩兵は赤、砲兵は黄、輜重兵《しちょうへい》は青（緑）だという文章に遭遇した。父浩の兵科が輜重兵だったことを想起し、納得できた。いま一つ、千人針の糸は鋏で切らずに歯で嚙み切るか、指でちぎるものだとされていたことも学び、これも納得できた。

父の腹巻のカバーを解いた折にいま一つ驚いたことがあった。糸の結びのあいまに、木の実の薄皮か、落花生の皮かと思われるようなものが細かいゴミのように付着していたのだ。さらに詳しく確かめてみると、それが大豆の皮であることが判明した。豆の本体は度重なる洗濯などによってなくなっていた。豆《まめ》とマメソクサイ（実息災）とを掛ける言語呪術によって無事の帰還を祈ったのである。父の没後八〇年を閲《けみ》して豆を確かめられたことには感慨があった。千人針には様々な形式があったことがわかる。

川根本町大沢の西村芳也さん（大正一一年生まれ）は召集を受け、和歌山県加太の重砲連隊で任務についた。出征に際して、千人針・寄せ書きの日の丸の他、母のくらさん（明治二八年生まれ）が用意してくれた小さな布袋を身につけた。西村さんは復員後もその袋を大切に保存してきた。袋を開けて収められているものを見せてくれた。袋の中には胡桃の実三個・栗の実一個・大豆一個が入っていた〔写真⑱〕。ここにも掛詞による言語呪術が見られる。「マメ（豆と健康）でクリクリ（栗と健康）クルミ（胡桃と帰り来る身）」という思いが込められているのである。

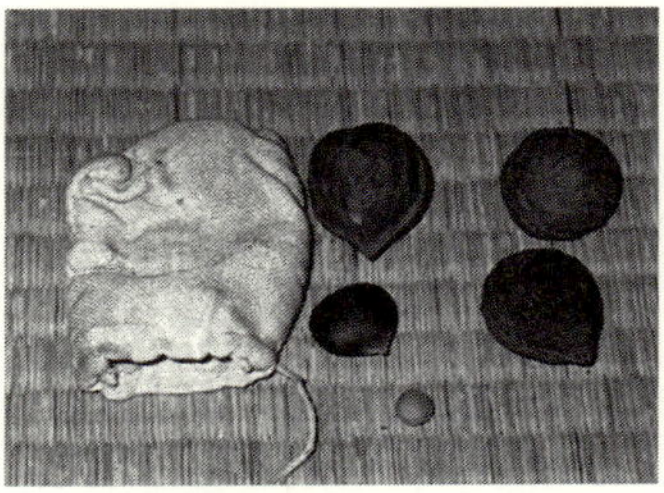

写真⑱　母が持たせたお守り袋（川根本町大沢、西村芳也家）

川根本町でも千人針は五黄の虎の女性に集中した。崎平の堀井ちささん（大正三年生まれ）は五黄の虎で、両隣の山下きぬさん・棚森きくさんも同年で、さらに近所に一まわり年下の寅年の女性がいたので村中の人びとの依頼を受け、連日、仕事のように千人針にかかり切った。サラシの布に赤い糸でコマ結びをする形が多かった。当地では千人針のことを「玉結び」または「千虎結び」と呼んでいた。

私の妻典子（昭和一三年生まれ）は寅年である。国民学校一、二年の頃、居住地の名古屋で、千人針の玉結びを頼まれた。白地に赤糸をコマ結びにしたことを覚えているという。

2 魂結びの水脈

千人針は、これまで見てきたように千人縫い・玉結び・千虎結びなどと呼ばれた。また、千縫い・千結び・千人結びなどとも呼ばれた。千人針という民俗的な匂いのする戦時習俗は日清・日露戦争時に行われ、日中戦争・太平洋戦争時に極めて盛んに行われたのであるが、この習俗は突如として現れたのであろうか。じつは、この習俗には深い淵源があったのである。

高崎正秀は、千人針の起源を古代の紐《ひも》の民俗に求めて以下のように述べている。[*13]「千人針類似の習俗を、古代に探れば、まず紐の信仰が著しく目につくであろう。淡路の野島が崎の浜風に、妹が結びし紐吹きかへす（『万葉集』巻第三、二五一―人麻呂）・海原を遠く渡りて年経とも、子らが結べる紐解くな。ゆめ（『万葉集』巻第二〇・四三三四―家持）こうした歌によれば、古くは旅路の安全を祈って、その家なる妹《いも》が紐を結んで旅行者につけて出立させたことがわかる。すなわち玉の緒の信仰で、女性の聖なる魂の一部分を紐に結び込めて、これを男の旅衣に結び止めたのであったらしい。」（傍点原文）――家を守る女性の魂の一部が紐に結び込められており、それを身につけることによって、旅する男は身の安全を得ることができるというのである。千人針・千人結びは確かに、右の習俗の伝統を襲っていると見てよかろう。千人針は波縫ではだめなのである。一人一人の女性が針を使い、糸を結ばなければならない。千人結びの信仰呪術的威力は、千の結び目に千人の女性の魂の一部が結び込められているところから発する。戦場は旅の先端にあり、旅の危険性をはるかに越えた危険な場であり、砲弾に身をさらさざるを得ないし、海での漂流も稀ではない。こうした場で、兵士たちは家および郷里の女たちの千の魂によって守られるとする信仰がここにはあった。

写真⑲　手力神社の紐結び（三重県伊賀市東湯舟）

　この民俗は沖縄のオナリ神信仰とも脈絡を持ち、柳田國男が『妹の力』[*14]で説いた女性の霊力と深くかかわるものであった。

　万葉時代の、紐に魂を結びこむ民俗が、時を経て千人針にのみ復活することはないはずである。両者の間を継ぐような民俗がどこかに必ずあるにちがいない。――三重県伊賀市東湯舟の手力神社とその周辺にそれが見られた。手力神社の願掛け祈願の方法に次のものがある。社前には夥しい数のサラシの裂き布が垂らされている。願を掛け、祈る者は、その中の一本のサラシの先端を小指で操り、巻きあげて輪状に結んで祈るという方法が伝えられている〔写真⑲〕。このサラシの布の結び目には祈願者の魂が結びこめられるのであり、その祈りの魂が神を動かすと考えられていたのである。サラシの裂き布の中には江戸時代の年号が書かれたものも混じっていたという。戦時中この神社に参った女性は多かった。夫や子供を戦地に送った女たちである。

静岡県島田市野田に野田薬師がある。現在は眼病に対する効験で知られるのだが、古くは縁結びの御利益があったとされる。悲恋伝説の「白藤」もこの薬師に祈ったという。野田出身の橋本修さん（大正一三年生まれ）は、子供の頃、薬師堂にきれいな紐がたくさん垂らされている情景を見たのが忘れられないという。縁結びに因んでこの紐を結んで、そこに魂を結びこんで祈っていたことが考えられる。

3　千人力の事例

千人針と類似の守護呪術に「千人力《せんにんりき》」がある。写真⑳は、伊賀市治田の上窪恒郎さん（明治四三年生まれ）が昭和一六年七月、出征に際して贈られた千人力である。木綿地の胴着（チョッキ）の前身ごろの表裏に、「力」の文字を千字墨書してある。文字の大きさがそろうように、丸い朱印を捺し、その中に一文字ずつ書かれている。これも、千人針同様、千人が力を合わせて出征兵士を守らんとしたものであり、兵士はその千人の力を得て千人力を発揮することができるというものである。「千人針」が女性によってなされていたのに対し、「千人力」は男がその文字を書くものとされていた〔写真㉑〕。旧制上野中学校の生徒たちも「千人力」に協力していたという。そして、背中の内側中央には「四七三」と墨書されている。「死なさん」と読むのである。単なる語呂合わせではない。掛詞の呪力によって、真に主張したいことを隠しておき、よってその祈念の力が強まり、祈願が果たせるとする信仰があった。「四七三」の呪術は治田だけでなく旧上野市内で広く行われていた。「千人力」にはこの他の形もあった。静岡県御殿場市では日章旗に千人の寄せ書きをしたものを「千人力」と呼んでいた。

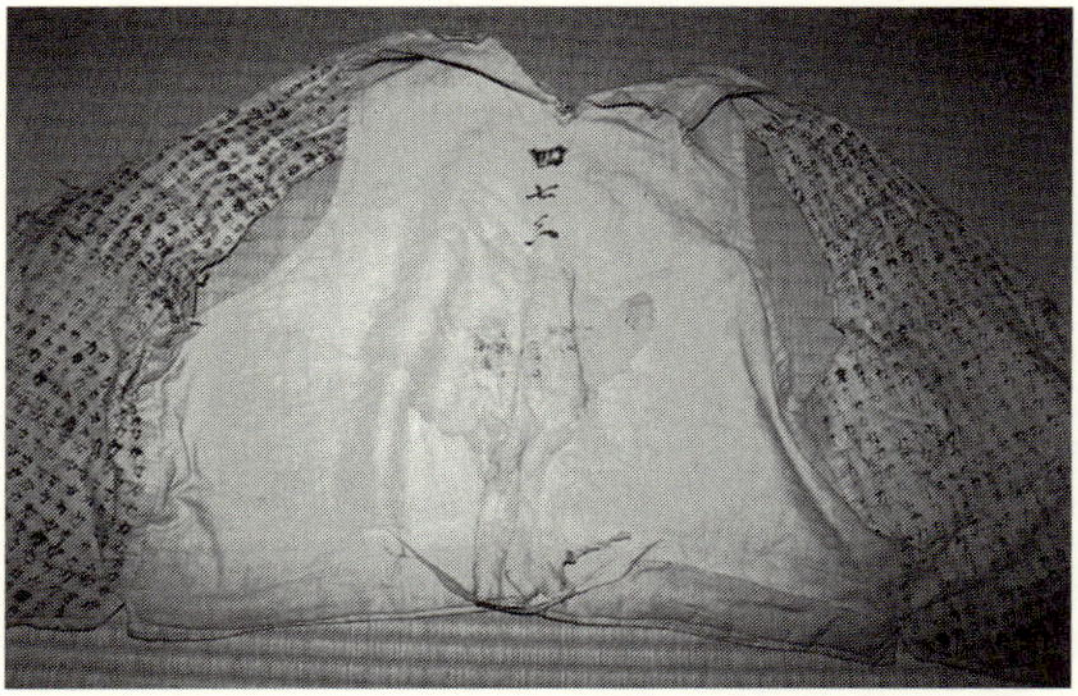

写真⑳　「千人力」の胴衣。背内上部に「四七三」の文字が見える（三重県伊賀市治田、上窪恒郎家）

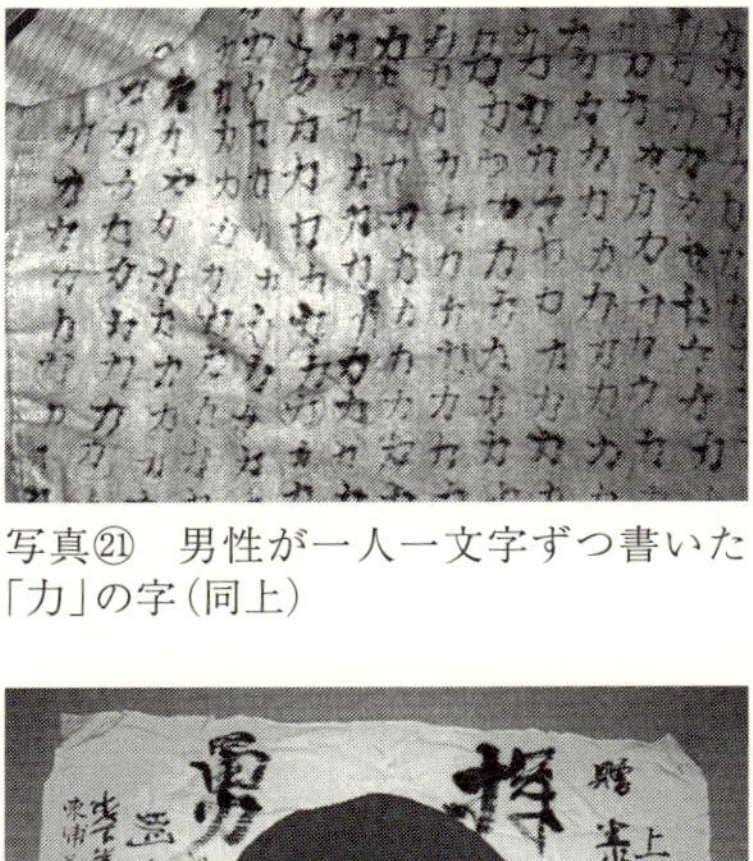

写真㉑　男性が一人一文字ずつ書いた「力」の字（同上）

写真㉒　寄せ書きされた日の丸（同上）

他に、上窪恒郎さんは出征に際して「武運長久」の胴衣、寄せ書きをした日の丸〔写真㉒〕などを贈られた。逆に、出征中、本人は、遺言状と遺髪、その送付先を墨書した木札を保持した。

四　壮行の情景

1　徴兵検査と旅

徴兵検査は満二〇歳の者が徴兵令（昭和二年兵役法・初発は明治六年）によって義務的に課せられた。検査場は地域の中心的な公的施設だった。私の幼少年時代（昭和一〇年代）、おとなたちは徴兵検査のことを「検査」と略称していた。「〇〇は検査前のくせにタバコを喫っている」とか、「検査前は……」「検査があるから……」などと語っているのを耳にした。心中では応召を否《いな》んではいても、社会風潮の中では徴兵検査で良い判定を受けるのが名誉だという価値観が滲透していた。それでも、一方では徴兵を拒むために大量の醤油を飲んで検査に臨む者がいるとも囁かれていた。徴兵検査を前にした青年たちが、独特の緊張感を強いられていたことは子供たちにもわかった。同じ頃、模範青年という言葉もよく耳にした。酒もタバコも嗜まず、品行方正な者たちを指す。「〇〇家の婿は模範青年だそうだ」「〇〇には模範青年がいるそうだ」などと囁かれていた。

徴兵検査と召集令状の重圧は、平和な時代、その空気にひたりきった者にはとてもわからない。

徴兵検査を受ける年に青年たちはじつに様々なことをしてきた。長野県飯田市南信濃和田の中島勝雄さん（明治三〇年生まれ）の徴兵検査は大正六年五月のことで、その折は徒歩で小川路峠（一四九二メートル）を越えて飯田の町で検査を受けた。検査に先立つ三月、勝雄さんは友人と二人で静岡県の秋葉山本宮秋葉神社に参拝した。青崩《あおくずれ》峠（一〇八二メートル）を越え、西渡《にしど》の駿河屋で泊まり、翌日標高八六六メートルの秋葉山本宮に参った。途中、横峠で富士山を遠望した。この年の一二月一日、勝男さんは豊橋まで歩き続けて豊橋第六連隊に入隊した。

富田英男さんは静岡県浜松市天竜区春野町川上で大正七年に生まれた。英男さんが徴兵検査を受けたのは昭和一四年二月のことだった。英男さんはこの徴兵検査に先立つ昭和一三年八月、木曾御嶽を信仰する父正平（明治一八年生まれ）とともに御嶽山に登った。その時、やがて徴兵されるであろうおのれのことを思って武運長久を祈ったという。昭和一四年一二月、現役兵として出征した。入隊先は千葉県習志野の騎砲兵連隊だった。

写真㉓　出征兵士の送迎壇（静岡県浜松市天竜区春野町旧熊切村）

出征当日は、まず、氏神の八幡神社に参拝した。氏名を墨書した白襷を肩から掛け、家族・親族・在郷軍人会・青年団・婦人会などの会員も神社に集まり、ムラ境まで送ってくれた。さらに、旧熊切村の路傍に設置されたコンクリート製の送迎壇［写真㉓］のもとに村長をはじめ、村の役職者・区長・在郷軍人会分会長・青年団役員などが集まって、旧熊切村から英男さんと同時に出征する一七人を送ってくれた。英男さんは一七名の代表として送迎壇に立って出征の挨拶をした。

これらは、出征が決まってからの社寺詣でとは異なり、徴兵年齢を記念しての登山であり、参拝であると思われる。こうした事例は全国的に確かめてみるべき問題である。

2 山と海の壮行

出征兵士の壮行は時期により、村落により様々だった。以下に三重県伊賀市旧上野市域の例を示す。旧友生《ともの》村では、日中戦争から太平洋戦争の初期にかけては、婦人会・在郷軍人会・小学校の五年六年生が水上峠まで送り、そこで万歳三唱をして送った。猪田《いだ》の西出・田中・大東などは猪田橋の橋詰まで送り、比自岐では比自岐盆地の田の中のムラ境まで送った。また、西山では貝坂（現鳥居出のバス停）までムラびとたちが送った。これらの地点は、徒歩時代の、村の境、人びとの境意識を高揚させる場であり、出征兵士の壮行を重ねることによって境意識はより強いものとなった。高山の的場義一さん（大正五年生まれ）は、まず、集議所に集まり、そこから木代神社まではムラびと全員で送ってもらい、上野市駅までは濃い親戚に送ってもらったという。三軒家の三山蕃さんは昭和一七年に応召したが、同時に出征した者は二人で、長田小学校で壮行会が行われた。親戚や村の役職者などに西大手駅まで送られ、兵事係が京都の連隊まで送ってくれた。華やかだった壮行も、太平洋戦争末期には地味でひそかなものになった。

無事帰還できれば幸いなことであった。東高倉には「一斗五升の願ほどき」という口誦句が伝わっており、無事帰還した兵士の家では一斗五升分の餅を搗き、コバ（最小単位のムラ組）の人びとを招いて雑煮をふるまったという。また、西山では帰還兵士の家で一斗五升分の餅を搗き、近所や親戚に配ったという。

鳥取県八頭郡智頭町の平尾新太郎さん（明治四一年生まれ）は合計四回出征した。昭和一三年六月、新太郎さんは二回目の召集令状を受けた。鳥取連隊、陸軍軽機関銃部隊である。出征の日、新太郎さんは一人で向山神社へ参り、武運長久を祈った。智頭尋常小学校板井原分校の生徒たちは板井原峠まで歩き、そこで見送ってくれた。ムラの大人たちはこぞって智頭駅まで同道し、「万歳・万歳」で送ってくれた。しかし、不思議なことに、家族との別れは家で行い、家族が見送りに行かなかったのだという。夫を戦場に送り出す妻しまさんの思いは推察するに余りあるのだが、当時は皆同じ状況下にあったので我慢できたのだとしまさんは語る。

愛媛県越智郡上島町岩城《いわぎ》（旧岩城村）の西村利夫さん（大正一四年生まれ）は塩浜ダイク（製塩塩田現場責任者）として活躍した人である。小学校の頃から算数の成績が抜群によかったので中等学校へ進学したかったのだが、家庭の事情で浜子《はまこ》（製塩労働者）となり、中等講義録で勉強して将来専門学校へ進むつもりだった。厳しい浜子の仕事をしながら講義録で学習を続けたものの、数学はよかったのだが、総合力が弱いと思った。そこで、軍隊へ入って専門の力をつけようと満一八歳で海軍を志願した。

瀬戸内海の港には潮の干満に対応して人が船に乗降したり、荷物を積み降ろしたりするために、ガンギと呼ばれる階段状の船着場が築かれている。利夫さんが出征する日、昭和一八年四月一八日、岩城港に小学生・高等科の生徒・婦人会の人びとなどが集まって、ガンギに段状に並び、万歳三唱で見送ってくれた。艀《はしけ》で渡海船の土生丸まで送られ、土生丸は今治へ向かった。九時に今治に着き、集合した志願兵は、一一時、東洋丸に乗船して尾道に向かった。昭和一八年四月二〇日、佐世保第二海兵団入隊、海軍二等航空整備兵となり、第二〇二海軍航空隊の一員としてセレベス島ケンダリンへ向かった。第二〇二海軍航空隊は零式戦闘機の航空隊だった。

三重県鳥羽市石鏡《いじか》町は海女《あま》のムラである。石鏡における出征兵士の壮行について同地で海女として生きた浜田みちこさん（大正三年生まれ）は以下のように語っていた。――自分が少女の頃、ムラの出征兵士はすべて石鏡浜から四丁櫓のボラ船に乗って出発した。そして、みちこさんの夫実さん（大正五年生まれ）が昭和一二年に出征する頃には港に巡航船が入るようになり、出征兵士は巡航船で出発した。ボラ船も巡航船も鳥羽までである。出征兵士の壮行の方法として、櫓船時代から巡航船時代にかけて石鏡の女たちによって継承実施された儀礼があった。それは以下のようなものだった。出征兵士の妻をはじめとして、姉妹・叔母・妻の姉妹などの女性たちが、上半身は裸、下に腰巻だけの姿で海辺に集まり、海に入って船の前に立ち並び、身内の出征兵士を見送るというものである。それも、ただ立っているだけではなく、全員そろって、まず三回もぐり、次に海水を手で三回撥ねて「ツイ　ツイ　ツイ」と声をそろえて唱えて無事を祈ったのである。そして最後に万歳を三唱した。

水を三回撥ねて「ツイ　ツイ　ツイ」と唱える呪法は、この地方の海女たちの豊漁祈願・安全祈願の方法である。上半身裸、下半身腰巻という姿はこの地の海女の原初のいでたちである。石鏡の女たちの出征兵士の壮行儀礼の底には「潮垢離《しおごり》」があり、いかにも古風である。海女らしい方法だとも言える。ここには女性の大きな力がある。それは沖縄におけるオナリ神信仰と通底するものである。

五　戦時供出と採集活動

昭和一六年九月、金属回収令が公布された。国家総動員法に基づき、軍需産業の原料として金属類を国家に献納することが求められたのである。太平洋戦争末期は日用品にまで及んだ。旧上野市域でも鉄瓶・火鉢・金盥・樋・刀剣類・寺院の釣鐘、さらには蚊帳の吊輪に至るまで供出させられた。金属類の献納にはさらに厳しいものがあった。愛知県豊川市八幡の近田節治さん（明治四四年生まれ）は、高等科を終え、浜松市の織屋武内商店に奉公した。金を貯め織機一二台を求めて織屋を開業した。ところが第二回目の出征中、留守を守る妻初音さんのもとから一二台の織機は供出献納品として運び去られたという便りを受けた。

太平洋戦争末期になると、石油系燃料の不足から、松根油が使われるようになり、松の樹液や松

写真㉔　松根油原料採取の痕（静岡県藤枝市岡部町松原）

の根が集められ、他にも油を搾ることのできる茶の実や食用可能な木の実なども集められた。近郊農村部で集められたものには以下のものがあった。旧上野市域の事例を中心に見ていきたい。これらは学童を通じて学校に集められることが多かったが、村落単位でコバを通じて集められることもあった。

〈松の樹液（ヤニ・松根）〉　素材そのものを集める場合と、松根油に精製する場合とがあった。友生の小学校の裏手は松根油をとる工場があった。旧上野市域で集められた。摺見ではムラ組から人を出し、海軍の兵士とともに山へ松根掘りに出かけたことがあったという。私は、東海道松並木のクロマツの古木の根方に下向きの矢羽紋型に刻みを入れて松ヤニを採取した痕をたびたび見た。まさに戦争の痕である［写真㉔］。

〈茶の実〉　下神戸・鍛冶屋・西山・東高倉その他で集められており、西山では学校へ供出した。終戦を迎えた時、私は静岡県現牧之原市で国民学校三年生だった。二年生の秋には学校から茶の実拾いに出かけた。当時、校内には「茶の実拾って呑龍飛ばせ」という標語が掲げられていた。呑龍とは陸軍の重爆撃機である。

〈桑の皮〉　西高倉・東高倉・岩倉・下神戸などで供出しており、桑の皮は木綿や麻の代替品として繊維素材となった。民間の樹皮系繊維利用は、藤・葛・楮《こうぞ》・ウリハダカエデなどがあった。

〈ヒガンバナの根〉　西高倉・下神戸ほかに供出の報告があり、糊の原料にしたという伝承があるが、救荒・緊急食料として備えたことが考えられる。ヒガンバナの根はアルカロイドを含有しており、それを除去しないと嘔吐し、命を落とすことさえある。旧上野市域にはヒガンバナの根の食用伝承はないが、高知県などではその食法、毒ぬき法が伝承されている。高山ではヒガンバナの根のことを「舌乞食《したこじき》」と呼び、毒ぬきしないで食べると舌がよじれると伝えられている。毒ぬきしさえすれば立派に食用となる。稲田の畦や川辺の土手に真っ赤な花を咲かせる曼珠沙華は、古くは人為的に植えられたもので、救荒食料として利用されたという説がある。

田端町の中森繁次郎さん（大正八年生まれ）は、ヒガンバナの根で傘貼りの糊を作ったという。またこの花を「テグサリバナ」と呼んだ。救荒食物であるため、他人に採られないようこう呼んだのではないかというが、毒性の予告ともとれる。ヒガンバナのあるところにはモグラが来ないとも伝える。

〈葛根〉　鍛冶屋・湯屋谷・白樫などでは葛根を供出している。葛根の澱粉は糊にもなるが、貴重な食料になることは言うまでもない。葛の根から澱粉をとり、それを食用とする習慣は東北地方から九州に至るまで広域で見られる。

〈自然薯〉　摺見では自然薯《じねんじょ》を供出した。

〈樫の実〉　アラカシの実が主であるが、西山・西高倉・東高倉・湯屋谷ほかで樫の実を供出している。

〈櫟の実・楢の実〉 狭義にはドングリは櫟《くぬぎ》を指すが、楢の実も含めて伝承されている。西山・西高倉・東高倉・安福寺・西三田・蓮池などがドングリを供出している。

〈椎の実〉 東高倉では椎の実も供出している。

〈藤の根〉 比土ではボタンの素材として藤の根を供出したという。

〈兎の皮〉 大東では兎の皮を供出した。

右に見るとおり、じつに様々なものを供出しているのであるが、一見して目立つのは、これらが、いわゆる採集食物であるということだ。ヒガンバナの根はアルカロイドを抜き澱粉化すれば食用になり、葛根からも澱粉をとる。樫・櫟・楢の実も水さらし、煮沸などを重ね、アクヌキをすれば、団子・味噌などの材料になる。茶の実は搾って油をとるがそれは食用となり、カスは洗剤に利用される。椎の実はそのまま炒って食べることができる。民俗事例としては鹿児島県奄美大島の椎飯・椎粥・椎菓子・椎焼酎などの椎の実の食用例をあげることができる。兎の皮は、寒冷地の軍装に使われた。

驚くべきことに、終戦直前の物資不足、食糧難の時代に、縄文時代以来この国でひそかに食べ続けられてきた採集食物が、供出という形で光を浴びたのである。旧上野市域では表①に見る採集食物の利用は椎の実を除いて比較的早く廃絶していたのであるが、全国的に見れば戦前までは、これらの採集食物はかなり広く食されていたのである。そうした土壌が、採集食物供出という営為を発生させたのである。

表① 戦時供出物分類

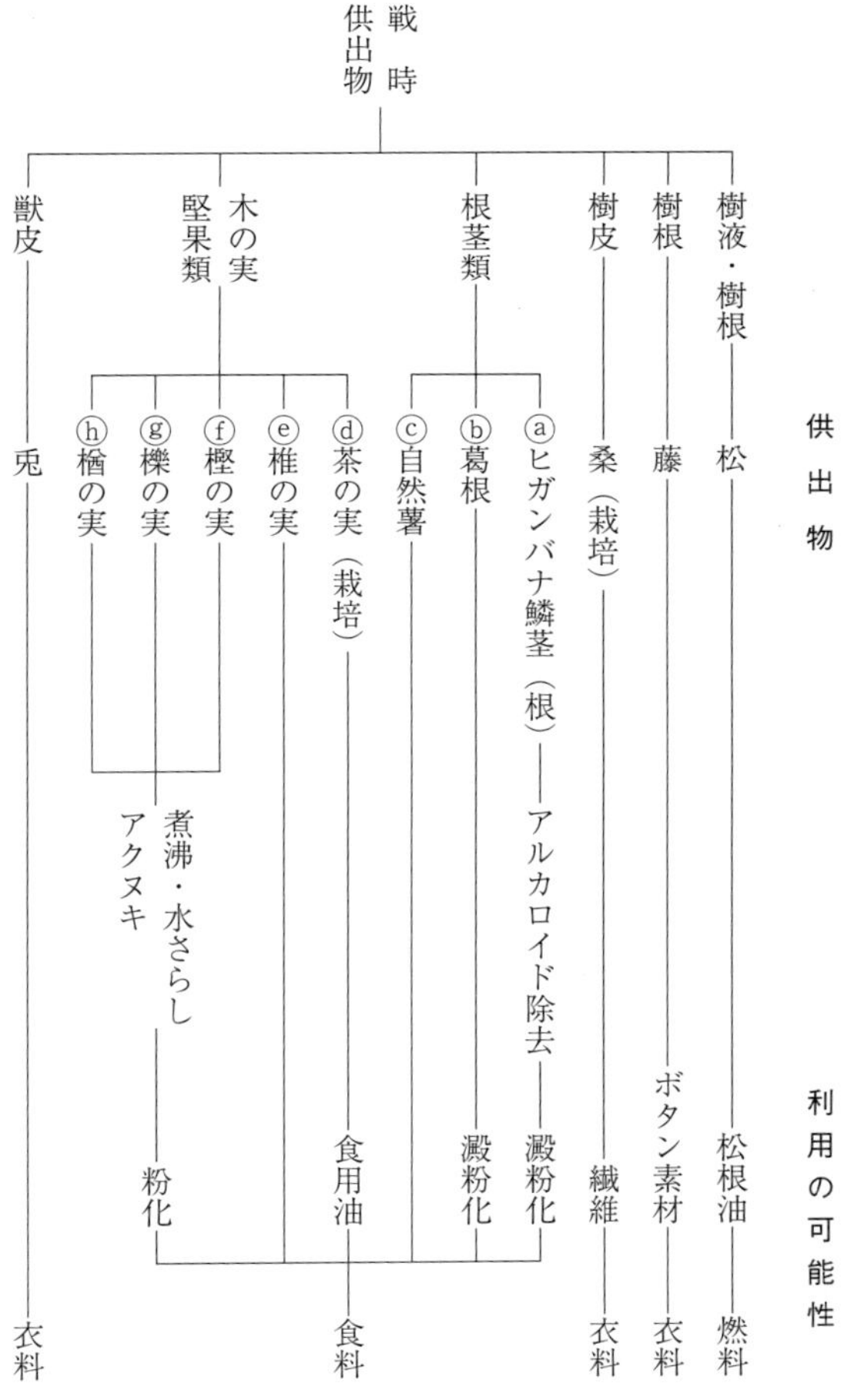

1――岩田重則『ムラの若者・くにの若者――民俗と国民統合』（未来社・一九九六年）、同『戦死者霊魂のゆくえ――戦争と民俗』（吉川弘文館・二〇〇三年）、同『日本鎮魂考――歴史と民俗の現場から』（青土社・二〇一八年）ほか。
2――『山家鳥虫歌』一七七二年（新日本古典文学大系62・岩波書店・一九九七年）。
3――菊岡沾涼『本朝俗諺志』（江戸・須原屋平左衛門ほか・和装・一七四七年）。
4――『梁塵秘抄』今様歌謡集・後白河法皇編著（新日本古典文学大系56・岩波書店・一九九三年）。
5――岩田重則「天狗と戦争」（『戦死者霊魂のゆくえ――戦争と民俗』吉川弘文館・二〇〇三年）。
6――野本寛一「生きもの民俗再考――サワガニ・ヒキガエルを事例として」（『伊那民俗研究』第二五号・柳田國男記念伊那民俗学研究所・二〇一八年）。
7――静岡県郷土研究協会『静岡県神社志』（一九四一年）。
8――中村羊一郎「玉除け・徴兵逃れとしての竜爪信仰」（『歴史手帖』第九巻第一一号・一九八一年）。
9――野本寛一「竜爪信仰」（『静岡県史』資料編23・民俗一・静岡県・一九八九年）。
10――桑原藤泰『駿河記』一八一八年脱稿（足立鍬太郎校訂・一九三二年、復刻版・臨川書店・一九七四年）。
11――巨島泰雄『静岡県近代史研究会会報』第二四号（一九八〇年）。
12――高崎正秀「千人針考」初出一九四〇年（『金太郎誕生譚』高崎正秀著作集7・桜楓社・一九四〇年）。
13――前掲・注12に同じ。
14――柳田國男『妹の力』初出一九四〇年（『柳田國男全集』11・筑摩書房・一九九八年）。

Ⅱ　イロリとその民俗の消滅

第五章　イロリのあらまし

始原の時代、火焚場《ひたきば》は土の上にあった。それは、屋内に入っても続いた。やがてその火焚場は床《ゆか》上に設けられ、イロリ・ヒジロ・ユルイなどと呼ばれるようになる。火焚場が床上に設けられるようになっても、火焚場が始原の時代に担っていた諸機能は生き続けてきた。

その機能には以下の要素がある。①食物の焼焙・湯や煮物の煮沸　②採暖　③採光　④団欒　⑤接客など――。時代や地方によって右の諸要素の比重は異なったものの、イロリという火焚場・火所・火床は一貫して右にあげた諸要素を一括して背負い、その総合力を示してきた。近代に入ってからも基本的にはこの総合力を継承してきたと言ってよい。しかし、西洋文化の導入や生活様式の変容、都市生活者の増加などの中でイロリの機能分化は徐々に進んだ。高度経済成長の波の中でその速度は急激なものになり、現今では、暮らしの中での生きたイロリはほとんど見られなくなったといってもよかろう。文化財や民俗資料としての民家、あるいは山村の民宿などで設備としてのイロリや、イロリの果たす一部の機能を知ることはできるものの、それらは、かつてのこの国の人びとが暮らしの中核で守ってきた生きたイロリ、多彩な力を示すイロリではない。

日本人は、近代以降も、機能分化をさせつつイロリを守ってきた。しかし、今やそのイロリはない。日本人はイロリのある暮らしの中で何を養い何を得てきたのか。そしてイロリの消滅によって何を失ったのか、あるいはどんな不都合や抑圧から脱したのかを考えてみなければならない。

柳田國男が『火の昔』を世に贈ったのは昭和一九年（一九四四）八月二五日だった。[*1] それは厳しい時代の中でのことである。柳田はその中で次のように述べている。「囲炉裏《ゐろり》といふものがまだそちこちに残つて居るうちに、皆さんはいま少し昔の家庭生活を考へて置かないといけません。」――そして柳田はイロリにかかわる様々な民俗を書き残してくれたのである。

私がイロリに関心を持ち、断続的ながらイロリにかかわる聞きとりを始めたのは『火の昔』刊行から三一年後の昭和五〇年代に入ってからのことだった。高度経済成長期である。今にして思えば遅きに失したという悔いはあるが、それよりも問題は、私自身の関心が拡散していたことにあった。かくして聞きとりは平成三〇年まで続いた。収集資料は限られたものではあるが、日本人にとってイロリはいかなるものであったのか、イロリが纏ってきた世界にはどのような広がりがあったのか、またイロリの消滅にかかわって考えるべきことは何なのか、――こうした問いに答えるために、イロリにかかわることは微細な民俗・伝承に至るまで、書きとめておくことにした。

一　イロリの呼称

イロリの呼称に関心を持ったのは、静岡県の大井川中・上流域を歩いていた時のことだった。榛《はい》原《ばら》郡川根本町の千頭《せんず》・小長井・上岸ではヒジロとユルイが混交していた。千頭の上隣の桑野山では八〇％がヒジロ、二〇％がユルイでそれより上流部はすべてヒジロである。ヒジロは山梨県を中心に、隣接する神奈川県、静岡県の安倍川流域、駿東でも使われていた。対してユルイは川根本町の田代・崎平から遠州山間部、南信にかけての広域で用いられていた。

イロリの名称について柳田國男は以下のように述べている。*2「囲炉裏といふのはをかしな当て字で、炉を囲むまでは先づ当つて居るとしても、三番目の裏の字がちつとも判りません。是も多分はヰルといふ動詞から出た言葉で、もとはヰルヰとでも謂つて居たのが、後に此様な漢字を宛てたばかりに、ヰロリが正しくて他は皆誤りのやうに、いふ人が多くなつたものと私などは考へて居ます。実際に又各地の方言を比べて見ますと、ユリイ・ヰルイといふ風に謂つて居る人も少なく無いのであります。」「ロといふ言葉の始まる前には、火ドコといふのがその古い名ではなかつたかと思ひます。日本海の沿岸地方では、西は山陰から東は越後にかけて、今では飛び飛びにこの名が行われて居ります。或は火ジロといふのも一つの名だつたかと思はれて、東京の近くでは山梨長野の一部から、是も飛び飛びにずつと南の方の島々まで、炉を火じろと謂つて居る処があります。シロは苗代や網代《あじろ》などのシロも同じに、火を焚くべきところといふ意味がよくわかるのですが、（後略）」
――。

明快な解説で、冒頭で示したヒジロが「火代」であり、ユルイがヰルヰ系であることがよくわかる。ヰルヰ・ユルイと同系と思われるものにユルリ＝愛媛県上浮穴《かみうけな》郡久万高原町・長野県下伊那郡泰阜《やすおか》村漆平野《しっぺの》、ユルギ＝静岡県浜松市天竜区竜山・秋田県大仙市長野、イリナカ＝富山県砺波市油《あぶら》田《でん》・同南砺市相倉などがある。イリナカとはヰルヰナカの意であろう。ヨロリ＝山形県鶴岡市本郷。ヒジロという呼称の安定感に比べてヰルヰ系がゆらぎを見せていることがわかる。

イロリの呼称はこの他にもあった。ヂロ＝宮崎県東臼杵郡椎葉《しいば》村、同西都市上揚《かみあげ》など九州山地でよく耳にしたが、遠く離れた岐阜県飛騨市宮川町奥ヶ原でもこの言葉を聞いた。「地炉」は漢語表現ではあるが安定感があり、広域で用いられた。ヂル＝鹿児島県喜界島・岩手県上閉伊郡、ヂイル＝沖縄県那覇市首里、ヂロオ＝石川県能美郡・熊本県葦北郡などヂロ系の語彙も多い。ヒナタ＝岐阜県飛騨市宮川町・同下呂市萩原町ほか。ヒナタは「火《ひ》の処《と》」と考えられる。シボト＝青森県つがる市木造土滝《きづくりつちたき》。シボトは火《ひ》火処《ほど》の転訛と考えられる。

ホド（火処）は、広域で、イロリの中央部、火が燃える所、熾《おき》のたまる所を指す。ホドを示す語彙にはヒツボ（火坪＝岐阜県下呂市小坂）、ユルイツボ（ヰルヰ坪＝富山県南砺市利賀《とが》村阿別当《あべっとう》）などがある。静岡県榛原郡川根本町の廃村・東側出身の大村宇佐吉さん（明治四一年生まれ）はホツボと呼んでいた。そして、家を留守にする時にはホツボに擂鉢《すりばち》をかぶせてから外出するよう教えられていたという。

二　イロリの座位・座称

イロリを囲む四方の座位・座称は地方によって差異があるが、土間に対する上方をヨコザと称し、家の主の座とするところはほぼ共通している。座称を比較的に考えるために、まず柳田國男の文章を引く。*3「炉端の正面を横座と謂つて是には当然家の主が坐つた。ここの一枚だけ茣《ござ》が横に敷かれた故に横座である。通例は其右手が客座であつて、客の無い時には家のものもまじり坐つたが、他の一側の上席だけは厳然たるかか座として、嫁にも娘にも代つて居ることを許さなかった。或は杓子とりとも称する食物分配の権能は此座から発動し、嫁に其杓子を渡すことが家の相続であつた。横座と相対する下の座は木尻であつて、是には素より敷物は敷いて無い。薪の尻の方を向けておくから木尻であった」（傍点原文）。

玄関や土間の位置によって座位・座称がずれることもあるし、土間側の板張がない地もある。福井県大飯郡おおい町名田庄では木尻の位置に床はなかったし、佐賀県鹿島市七浦では木尻の位置がアガリブチになっている例を見た。静岡市葵区口坂本では、後述するように土間に設けられたヒジロがその家の唯一のイロリであることを確かめた。

〈ヨコザ〉　ヨコザについて柳田の説くところを実感したのは、岐阜県大野郡白川村荻町で佐藤盛太郎さん（明治三五年生まれ）の語りを聞いた時だった。この地では、ヨコザには畳一畳分の縁《へり》つき茣蓙《ござ》を敷いたが他の三方はムシロだったという。

ヨコザを示す語彙には以下のものがある。カミザ＝京都府南丹市園部町・愛媛県上浮穴郡久万高原町旧柳谷村・高知県高岡郡四万十町下津井。ノボリザシキ＝長野県下伊那郡泰阜村漆平野。オワデ＝宮崎県東臼杵郡椎葉村竹の枝尾。オワデはウワデ（上手）の意と思われる。オヤケザ＝宮崎県西臼杵郡高千穂町岩戸。オトコザ＝福井県三方上中《みかたかみなか》郡若狭町大河内。テイシュザシキ＝新潟県中魚沼郡津南町大赤沢。ワザ・ワダイドコ＝山梨県南都留郡鳴沢村。ワザはウワザ（上座）の意と考えられる。

ヨコザに関する口誦句がある。「ヨコザあがりは猫馬鹿坊主」（山形県西置賜郡小国町樋倉）。「人のヨコザにいる奴は、火吹竹と猫馬鹿坊主」（福島県南会津郡只見町石伏）。「医者・馬鹿・坊主・猫・庄屋」（新潟県魚沼市大栃山）。「ヨコンザへ座る者は米を買え」（静岡県浜松市天竜区水窪《みさくぼ》町押沢）。「ヨコザに座ると米を買わなければばならない」（福島県喜多方市山都町川入）。「ヨコザに座ると米一俵買わにゃならん」（福島県那摩郡西会津町弥生）。「ワダイドコへ座ると米を買わなければならない」（山梨県南都留郡鳴沢村）。「ヨコザでオシメを替えてはいけない」（岐阜県飛驒市宮川町中沢上）。右に示してきた口誦句は、ヨコザが家父長制と結びつきいかに強く意識されていたのか、また、同時にヨコザに座る者の家族に対する責任の重さも滲んでいる。

〈カカザ〉 カカザは各地でどのように呼ばれていたのであろうか。類型の一つに主婦または女性系を示すものと、いま一つ、炊事や食の管理にかかわるものとがある。

カカザシキ＝新潟県中魚沼郡津南町大赤沢。ウバヨコザ＝新潟県東蒲原郡阿賀町船渡《ふなと》。バンバザ＝山形県鶴岡市田麦俣《たむぎまた》。ウバサ＝新潟県東蒲原郡旧上川。ババザシキ＝山形県西置賜郡小国町樋倉。バドコ＝岩手県気仙郡住田町世田米《せたまい》。ツマザ＝京都府南丹市園部町。オンナザシキ＝長野県下伊那郡泰阜村漆平野。オンナザ＝青森県西津軽郡深浦町大山・静岡県浜松市北区引佐町川名。オナゴザ＝青森県西津軽郡鰺ヶ沢町一ツ森・福井県三方上中郡若狭町大河内。コシモト＝神奈川県足柄上郡山北町丹沢。このほか、家の内むきのことをとりしきる主婦のことを「家内」「内」などと称していたことを考えると、ケッチュウ＝岐阜県飛騨市宮川町中沢上の例も注目される。ケッチュウはケチュウ即ち「家中」のことである。ウチザ＝石川県能美郡川北町中島。ナカエ＝鳥取県東伯郡三朝町大谷。ソバザ＝福島県南会津郡檜枝岐《ひのえまた》村。これらも同系と考えられる。

炊事や食にかかわる呼称には以下のものがある。

ナベザ＝福井県今立郡池田町水海・兵庫県美方郡新温泉町久斗山《くとやま》。カシキバ＝岩手県下閉伊郡岩泉町年々《ねんねん》。カシキザ＝静岡県浜松市天竜区水窪町針間野。タナマエ＝秋田県湯沢市院内・石川県白山市中宮。タナモト＝岐阜県郡上市白鳥町二日町・福島県喜多方市山都町川入。ここに出てくるタナは棚、食器や食物を収納する棚でありその管理は主婦に委ねられていたのである。チャノザ＝鳥取県八頭郡智頭町上板井原。「茶の座」の意である。

これら、食にかかわる主婦の座位呼称や、別にふれるイロリの灰の管理などを見ると、カカザに代表される座位に座る女性が、食の調理・分配について主導権を持っていたことがわかり、柳田の言う「分配の権能」もよく理解できる。長野県飯田市南信濃八重河内《やえごうち》本村ではカカザのことをウエンザと呼ぶ。重みを認めていることがわかる。

〈キャクザ〉 平素は長男や婿が座っていても来客があるとその座を明けて客を迎えるのが、多くはヨコザの右隣のキャクザである。キャクザは広域で用いられる座称であるが、地方によって様々な呼称がある。

キャクザシキ＝新潟県中魚沼郡津南町大赤沢。オトコザ＝長野県飯田市上村下栗。オトコザシキ＝長野県下伊那郡泰阜村漆平野・青森県西津軽郡深浦町大山。オトコジロ＝富山県南砺市利賀村阿別当。ダダザ＝山形県鶴岡市田麦俣。ダダは父親のこと。ムコザ＝愛媛県上浮穴郡久万高原町旧柳谷村。ムコジョー＝石川県白山市中宮。「ムコジロ」の意であろう。ヂーザ＝富山県南砺市上梨。アエザ＝岐阜県郡上市白鳥町二日町。饗《あ》え座の意で客に対する饗応を意味する。マルトザ＝鳥取県八頭郡智頭町上板井原。マルトは稀人、客人、マロウドの意である。マタザ＝岐阜県大野郡白川村荻町。マタジロ＝岐阜県飛騨市宮川町下沢上。シモヨコザ＝神奈川県足柄下郡西丹沢。タテザ＝鳥取県東伯郡三朝町大谷・兵庫県美方郡新温泉町久斗山。ヨリデ＝新潟県魚沼市大栃山。タクザ＝福井県小浜市上根来《かみねごり》。

〈キジリ〉 ヨコザの向いはキジリ（木尻）と呼ばれるが、そこはホタ木の尻がくる位置で煙はくるし、土間に近い。条件のよい座位ではない。各地ではどのように呼ばれていたのであろうか。

シモザ＝京都府南丹市園部町・長野県下伊那郡泰阜村漆平野ほか。スエザ＝山形県鶴岡市田麦俣・岐阜県郡上市白鳥町二日町・同大野郡白川村荻町。シタザ＝新潟県魚沼市大栃山。シタンザ＝静岡県浜松市天竜区水窪町押沢。シタジョー＝石川県白山市中宮。ケムリザ＝岩手県遠野市鮎貝。キチジリ＝宮崎県西都市上揚。タキザ＝福井県三方上中郡若狭町大河内。焚き座の意である。ロジリ＝岩手県下閉伊郡岩泉町年々。シモジロ＝岐阜県飛騨市宮川町中沢上。キノザ＝山形県村山市山の内赤石。チャオケンダー＝奈良県五條市大塔町惣谷。キノシリ＝岐阜県下呂市小坂町鹿山。カカバ＝石川県能美郡川北町中島。カカジロ＝富山県南砺市利賀村阿別当。ババザ＝富山県南砺市上梨。カカバ・カカジロ・ババザは、キャクザの対立のカカザと混同しやすいが、これらの地ではヨコザの対位を示す。ニクジロ＝新潟県中魚沼郡津南町大赤沢。キジリマ＝宮崎県西臼杵郡高千穂町岩戸。キノオ＝岐阜県本巣市根尾下大須。キシド＝青森県西津軽郡鯵ヶ沢町一ツ森。キシモト＝青森県中津軽郡西目屋村砂子瀬《すなごせ》。末座や終わりを示す語に「スド」がある。キシドは木の末口が来るところとも考えられる。キシモトは燃料を扱うところだと鈴木忠勝さん（明治四三年生まれ）は語っていた。奈良県五條市大塔町惣谷ではキャクザの対位、カカザに相当するところをキシザと呼んでいた。これは、当地で、山を背にする場を「キシ」と呼ぶところから来ている。

三　炉縁の伝承

火焚場が地面から床上に上がると、火・薪・灰のある火焚場と、人が、座し、素足で歩み、時に横たわる床、板張りや茣蓙・畳との間を区画し、火を一定の枠内に囲みこむ必要が生まれる。その境界は木の角材を中心として四角く区画されてきた。その四角い区画を構成する木は炉縁《ろぶち》と呼ばれることが多いのであるが、地方によって様々に呼ばれ、樹種も多様であった。そして、その炉縁には様々な伝承があった。

炉縁の名称は、炉の名称と連動するものが多い。ユルイブチ・ヒジロブチ・ヂロブチなどがそれである。長野県飯田市の遠山谷ではヒセンブチという呼称を使う。静岡県浜松市天竜区水窪町針間野にはフセンブチという呼称があるが、ヒセンブチの転訛であろう。「火塞《ひせ》き縁《ぶち》」の意と思われる。岐阜県下呂市小坂町鹿山、石川県能美郡川北町中島などでは、フセギと呼んでいた。「火塞き」の意であろう。山形県西村山郡西川町大井沢ではアテギ（当て木）と呼んだ。静岡県御殿場市印野ではマッコと呼んでいた。山梨県南都留郡道志村・同鳴沢村でもマッコである。関東一円から福島県の一部にまでマッコ・マッコウ・マッコウギなどの呼称が見られるのである。語義は定かではない。区画を示す「間《ま》」、区画された空間を示す「処《こ》」とも考えられるが、さらなる検討を要する。広島県庄原市口和町ではカバチという。「火縁《かぶち》」とも考えられる。新潟県東蒲原郡旧川上村では「ヒチギ」という呼称を耳にした。炉縁の内側は火の霊の宿る聖域であったことを考えると、「火霊木《ひちぎ》」の可能性もある。宮崎県西臼杵郡高千穂町岩戸ではドエンブチと呼んだ。炉縁ブチの意であろう。

炉縁を構成する木の種類には以下のものが用いられてきた。ナシ（梨）＝青森県西津軽郡鰺ヶ沢町一ツ森・福島県南会津郡只見町石伏・山形県西村山郡西川町大井沢・新潟県魚沼市入広瀬・岐阜県大野郡白川村御母衣《みぼろ》・同荻町・宮崎県東臼杵郡椎葉村など広域で用いられた。ナシの木は「火に強い」「割れない」「ツヤが出る」「目が細かい」なども言い、「火難ナシ」に通じると伝える地もある。サクラ（桜）＝静岡県御殿場市印野・同静岡市葵区口坂本・同藤枝市市之瀬・宮崎県西都市上揚・神奈川県足柄上郡山北町西丹沢などで用いられた。前記の静岡市葵区口坂本では、サクラでも、サンナリ（サナレ）と呼ばれるその立ち枯れの幹の芯を削ったものがよいとされた。新潟県東蒲原郡阿賀町船渡では、花の色の濃いサクラで作った炉縁はよいツヤが出ると伝えていた。ミズキ（水木）＝山形県西村山郡西川町大井沢・長野県飯田市南信濃木沢・同上村下栗ほか。南信濃木沢の斎藤七郎さん（大正一三年生まれ）は同家のイロリは炉縁のみならず、鉤《かぎ》の木もミズキだったという。そして、このことは、ミズキの「ミズ」（水）が火伏せの呪力を持つからだと伝えていた。

その他、ケヤキ（欅）も各地でよく使われた。長野県飯田市南信濃木沢中立の白澤秋人さん（昭和四年生まれ）は、自分の家の炉縁はクリの木だったが格式の高い旧家の炉縁はケヤキだったと語っていた。他に、柿の木・胡桃《くるみ》の木・榛《はん》の木・朴《ほお》の木・榧《かや》の木・檜・杉の木・楠・栃の木・ダケカンバなども用いられた。

炉縁は四本の木を組んで作るのだが、その組み方についても吉祥を招くための様々な伝承がある。

①三尺四方の炉縁というが、見た目には三尺四方に見えても、縁木の寸法の縦横どちらか一方を、見てもわかるほど長くするものだと言い伝えている。真四角では棺桶と同じになるので真四角は

避ける（静岡県浜松市北区引佐町川名・山下治男さん・大正一三年生まれ）。新潟県中魚沼郡津南町大赤沢の石沢政市さん（明治三六年生まれ）も炉縁は真四角にするものではないと語っていた。山梨県南都留郡鳴沢村の渡辺佐久馬さん（大正五年生まれ）は、人が死んだ時のこさえものは全部真四角だからマッコは真四角にするものではないと伝えていた。

②炉縁の組木の先を斜めに切ってその切断面を合わせて角を作ることをしないで、各材の端を直角に切って図①のように組み合わせる。材の接し方、組み方を「入」字型にして、福や富が家に入りくることを願ってのことだという。（岐阜県下呂市小坂町鹿山・成瀬一枝さん・大正七年生まれ）

③炉縁の組木四本の端を斜めに切ってその切断面を接して四角を作ると四隅には斜線が入る。この形を「四方屋根」と称して寄せ棟型の屋根と見たてた。そして、「四方屋根は棺桶の屋根だ」と称してこの形を忌避し、一角を直角組にして図②のように構成する形を吉とした。（富山県南砺市利賀村阿別当・野原ことさん・大正四年生まれ）

④「四方屋根」型の炉縁の組み方を嫌った。そして、ヨコザとカカザの角に図③のような切りこみを入れて炉縁を構成することを良しとしていた（静岡県静岡市葵区口坂本・大倉長行さん・大正七年生まれ）。山梨県南都留郡鳴沢村の渡辺佐久馬さん（大正三年生まれ）も全く同じことを伝えていた。この切りこみは、聖なるイロリの中に邪悪なものが侵入してくることを防ぐ呪術である。

右に見る通り、人びとは炉縁の組み方にも心を遣ってきた。新潟県東蒲原旧上川村で、「イロリ一隅一人役」という言葉を耳にしたことがあった。イロリの炉縁づくりに心血を注いでいた様子がわかる。

　炉縁の木とは別に炉縁の内側に、別の木の枠をつけたものや粘土などで枠どりをしてあるイロリを各地で見かけた。それは二重の炉縁のあるイロリだと見ることができる。

　長野県飯田市南信濃須沢の大澤彦人（大正一五年生まれ）家ではヒセンブチをクルミの木で組み、その内側に三寸幅のヒノキの枠が張られていた。これをフンゴミ（踏み込み）と呼び、地下足袋など土足の足を入れることもあった。同じ南信濃木沢の斎藤七郎（大正一三年生まれ）家の炉縁はミズキで、その内側に幅三寸の、粘土で固められた枠があった。これをフミバ（踏み場）と呼び、足の置き場にすることがあった。山形県西村山市山の内赤石の黒沼儀太郎（昭和一二年生まれ）家の炉縁はナシの木で、その内側にフミコミと呼ばれる粘土の枠が設けられていた。同西村山郡西川町

炉縁の組み方

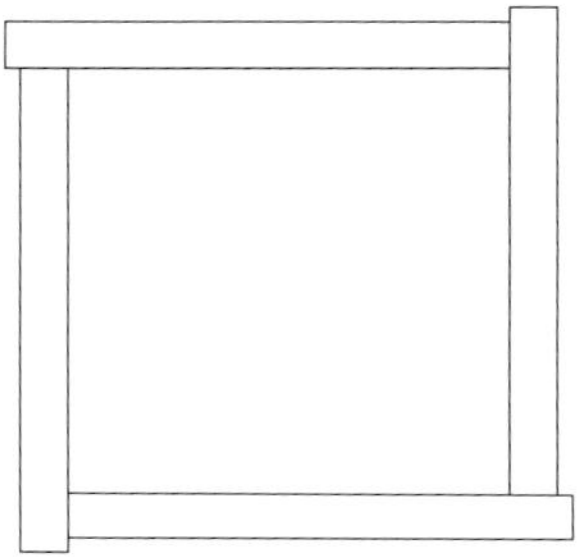
図①　入字型

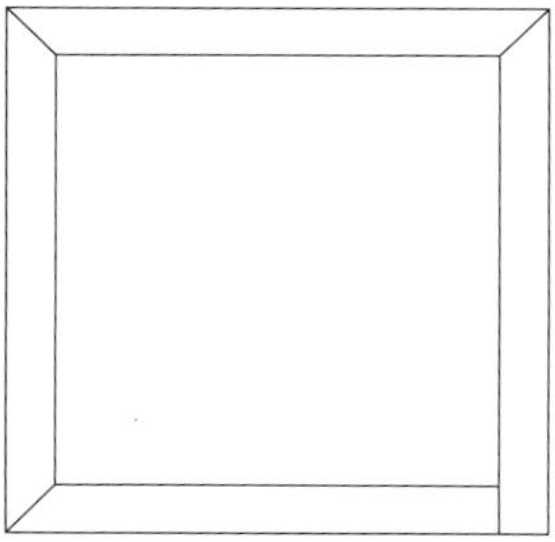
図②　一角ヌキ

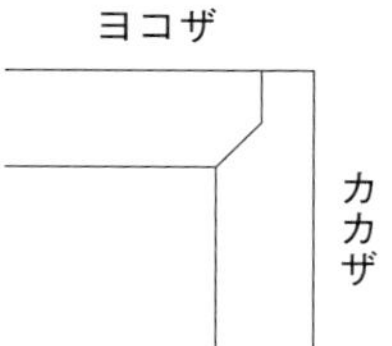

図③　鉤入れ角

沼山の大泉武（昭和二年生まれ）家の炉縁はサクラの木で、フミコミはスギだった。静岡県浜松市北区引佐町川名では、サクラの木で炉縁を作り、その内側にヒノキの枠をまわし、これをフミコミと呼んだ（山下治男さん・大正一三年生まれ）。新潟県東蒲原郡旧上川村では炉縁の内側に設ける板枠のことをキセルコロバシ（煙管転ばし）と呼んでいた。静岡県榛原郡川根本町桑野山の森下覚次郎さん（明治三七年生まれ）は炉縁の内側に設けられた板枠をネコイタ（猫板）と呼んでいた。また、ネコイタにサクラの木を使うと火の粉がサクラの花びらのように散るからいけないとしていた。静岡県浜松市北区三岳でもこの内枠をネコイタと呼んだ。

挙措空間と火床を一本の炉縁木で区切ることは、茶碗、煙管など、寸時にそれらを置くのに不都合なこともある。足を置きたいこともある。そうしたことを補うためにくふうされ、創出されたのがフミコミ・フミバ・キセルコロバシ・ネコイタなどと呼ばれるものだった。右に見た二重炉縁は意匠的にも瀟洒で、磨きこまれたものは美しかった。

しかし、この、炉縁の内枠の発生については別な角度から考えてみる必要がある。始原のイロリは土の上に設けられた火床である。イロリが床の上に設けられるようになっても、その始原の性格を色濃く残存させていたものに、踏み込み炉がある。床面から深い場合は土間の面まで、あるいは膝丈、浅い場合は膝丈の二分の一ほどまで掘り下げ、その低い所に火床を設ける形である。踏み込み炉は、キジリ側、即ち土間側に炉縁を設けず、そのまま土間に繋がるように作られたものが多かった。踏み込み炉は、炉端に座したり、胡座《あぐら》をかいたりするのではなく、基本的には炉端に腰掛けて低位置に作られた火床の縁に両足を置くという形になる。低位置の方形、またはコの字型をなす足場には板が張られたり、土で固められたりしたものがあり、ここに土足のまま足を置くことができるようになっていた。この足置き場が高くなり、床上の炉縁と同じ高さになったものが、先に紹介したフミコミ・キセルコロバシなど、炉縁の内側に板や粘土固形を同じ高さで連接させた、二重炉縁とも言うべきイロリだった。

始原性をひきずる踏み込み炉の至便性と、正月にイロリに足を入れるとその年は苗代に鴨が入るというほどに足入れを拒むイロリ聖視の心意とは矛盾する。現実にはその両者が併存していたのである。

四　イロリと食物

「食」は生命維持にとって欠くことのできない基本要素であるが、それは同時に楽しみ、共食のよろこびを伴うものでもある。

イロリはその食を整え加熱処理をする場である。そして炉辺は食事の場でもあった。主食とされてきた米・麦や雑穀と呼ばれる稗・粟などを鍋に入れ、加えた水を調節しながら飯にする。糅飯《かてめし》、混ぜ飯なども鍋を使ってイロリで煮た。鉉《つる》のない釜は使うことができないのである。副食物も同様にした。鉄瓶を掛ければ湯をわかすこともできる。こうして整えた食は主婦権を持つ家刀自《いえとじ》によって家族に分配されたのである。竈に頼らない地域、竈に頼らなかった時代、右の方法が主流だった。イロリに頼る地帯でも、例えば岐阜県大野郡白川村ではイロリ鉤を使わずに炉の中にゴトクと呼ばれる金輪を据えている。これは、白川が天領であるため、高山の役所から達しがあり、自在鉤《じざいかぎ》の留めの、魚などの彫刻が派手になるのを抑止するために金輪を使うようになったのだと伝えている。白川合掌村の民家のイロリには自在鉤はなく、金輪である。同じ谷筋でも越中五箇山に入るとみごとな自在鉤がある。ただし、白川村でも焼畑などの出作りの小屋では自在鉤が使われていた。

イロリと食物の関係はホドに掛けられた鍋に限られたものではなかった。様々な食物をイロリで焙ったり、灰の中に埋めたり、灰の上に並べたりして加熱して食べる方法があった。

桑原藤泰は文化九年（一八一二）大井川流域山間部を踏査し、その記録を残している。[4] 中にイロリの灰で焼かれた食物が登場する。以下の通りである。場所は現静岡県島田市川根町久名平の農家――。「茶を乞て午時の中食に弁す。主女房《いへとじ》我等も中食せむといへば、七十あまりの老婆を初め児女等炉辺《ろばた》により集まりたるに、炉中より灰かき分、黒き物取り出し、手ことに取持て灰吹き払ひ、生塩を付て喰す。いかなる物ぞと見やれば、毛芋（皮つきの里芋）をあぶれるなり。食終り茶を喫す」――。

右と同じ民俗は近代まで続いた。高度経済成長期以前は、食制も一日三食とは限らなかった。以下、食制も含めて二例を示す。

①茶の子＝夏―午前五時・冬―午前六時。前夜、釜で茹でた皮つきの里芋（毛芋）を笊《ざる》や湯とりに

入れておき、朝起きるとそれをイロリの燠の上にころがしておいて洗面、用足しをしてくると毛芋は焼けていてプシュンと音を立てる。茶を飲みながら毛芋の皮を剥いて食べる。朝飯＝夏―午前八時半・冬―九時。朝飯は、麦飯に味噌汁、漬もの。昼飯＝一二時。ヨウジャ（夕茶）＝午後二時半～三時。夕飯＝冬―午後六時・夏―午後八時。――晩秋、柿の皮剝きをする折には夜食を食べた。ヨウジャなどには里芋のほかに粉ものを食べた。右のような食制が昭和三四年まで続いた。

（静岡県榛原郡川根本町坂京・中野昌男さん・大正九年生まれ）

②茶の子＝夏―午前五時・冬―午前六時。甘藷・里芋・ゼンボ（カシュウイモ）などをイロリの鉄灸で焼いて食べた。麦飯も食べた。朝飯＝午前九時。中茶（または昼）。お茶摘み（雇人）が入った時には食べた。ヨウジャ＝冬―午後二時・夏―午後二時半。夕飯＝冬―午後七時・夏―午後七時半。飯の前にはソバ掻き・弘法掻き（弘法黍＝シコクビエ）・麦香煎・トウモロコシの粉などを食べた。粉モノは、毎朝その日に食べる分だけを碾《ひ》く家があった。食事が一日三回になったのは昭和三五年からだった。

（静岡県榛原郡川根本町上岸・山下あやさん・大正三年生まれ）

イモ類をイロリの灰に埋めたり、火で焙ったりして食べた地域は広域に及ぶ。例えば次のような例もある。積雪地帯では一年中に使う藁製品の製作を冬季に行うのであるが、その藁細工の休み時間にイモ類を食べた。

③カンプライモ（馬鈴薯）や里芋のキヌカブリ（子芋）をイロリの灰の中に埋めておき、休み時間に掘り出し、皮を剥いて塩をつけて食べた。これをイモアブリ、アブリイモと呼んだ。別にソバ

焼き餅を練る時にカンプライモを混ぜると軟らかくなってうまかった。

（福島県大沼郡金山町小栗山坂井・五ノ井謙一さん・大正四年生まれ）

④皮つきの里芋を茹でておき、ヒジロ（イロリ）の灰の中で焼いて食べた。茶の子にはこれを食べる習慣だった。里芋は檜の葉をかぶせ、その上に土をかけて貯蔵した。渋柿に火箸で数箇所穴をあけ、ヒジロの中心のホドから少し離し、蔕《へた》をホドの方に向けて灰の中に並べて一晩埋めておく。焼けて渋が抜け、半熟柿のようになっている。これをサヤシ柿（醂《さわ》し柿）と呼んだ。元旦には父親がヒジロで雑煮を作って食べさせてくれた。

（静岡県榛原郡川根本町犬間・菊田秀安さん・昭和五年生まれ）

⑤サヤシ柿と称して渋柿をヒジロの火に焙って食べた。蔕を火に向けて灰に埋める。蔕を取ってから焙ってはダメである。皮が黒くなるまで焙るのだが、サヤした柿をそのまま食べてはだめである。サヤした柿に火箸で穴をあけ、渋出しをしてから食べるとうまい。

（静岡県静岡市葵区大間・砂有治郎さん・明治三七年生まれ）

⑥イロリの火で焙り焼きにしたものにはイビリ餅＝削り餅と渋柿があった。

（新潟県東蒲原郡阿賀町旧上川地区）

このほか奈良県五條市惣谷でも渋柿をイロリで焼く「焼き柿」について聞いた。

⑦大根をイロリの灰で焼いて食べると冷えが起きない。また、渋柿を焼いて渋を抜いて食べた。火の遠くに埋めて時間をかけてサヤす。渋が抜けると色が変わる。カンズカシ（楮《こうぞ》蒸し）の時には

イロリの灰でソバ団子を焼くならわしがあった。

（静岡県藤枝市岡部町青羽根・羽山むらさん・明治二八年生まれ）

⑧「アブリ柿」と称してイロリの灰で渋柿を焼き、冷まして食べた。「オカキ」と称して蒸した甘藷にソバ粉を混ぜて搗き、団子にしてイロリの灰で焼いて食べた。「人は一年にイロリの灰を三升舐める」と言われていた。

（静岡県伊豆市原保《わらぼ》・石井しずさん・明治三九年生まれ）

⑨鯖をヨグシ（魚串）に刺してイロリの火で焙りあげたものを立てておき、必要な分だけ欠き取って「ダシ」に使った。また、里芋をヨグシに刺して焼き、ゴマ味噌をつけて食べた。

（静岡県賀茂郡松崎町門野・松本きみさん・明治四二年生まれ）

写真①　里芋の串焼き（高知県吾川郡仁淀川町椿山、中内家）

ここにある里芋の串焼きは田楽焼きである。写真①は高知県吾川郡仁淀川町椿山《つばやま》、中内茂（明治三六年生まれ）家のイロリで焙られている里芋の田楽焼きである。

⑩昭和一〇年頃、米一升で鯖三本だった。鯖を買うと長さ五〇センチほどの割り竹を口から尾にかけさしこみ、それをイロリの灰に挿し立ててよく焙った。焙りあげたものを毎日少しずつほぐして「ダシ」に使った。

（静岡県伊豆の国市大仁町浮橋・古屋みつさん・大正元年生まれ）

⑪イロリのヌクバイ（温灰）の中でスルメを焙って石の上で叩き、軟らかくして食べた。どこの家にもイカ（スルメ）叩き石があった。（静岡県賀茂郡河津町見高・島崎勝さん・明治三九年生まれ）

⑫ヒナタ（イロリ）の中で朴の落ち葉の上に味噌をのせて焼き、刻んだネギを混ぜて食べた。火が朴の葉を焼き通すのだが、それによって朴の葉の香りが付くのである。（岐阜県飛騨市宮川町中沢上）

⑬塩サンマをブツ切りにしたものを、練ったソバ粉で包んで団子にする。その団子をイロリの灰の中に入れ、焼いて食べた。（長野県飯田市上村下栗・野牧政男さん・明治三四年生まれ）

ソバ焼き餅（団子）のイロリの灰焼きについて飯田市南信濃木沢中立の白澤秋人さん（昭和四年生まれ）は次のように語る。まず燠の中に放り込む。表面が固まってくるのを見計らって灰の中に入れる。こうするとソバ焼き餅に灰が付かない。

⑭イロリの中に串ざしにしたパパイヤの実を挿し立て、焙って乾燥させてからお茶受けとして食べた。（鹿児島県大島郡加計呂麻島《かけろま》）

⑮陸封された渓流魚のアマゴやヤマメを串刺しにし、頭を下にしてイロリのホドの周囲に挿し立てて焙って食べる習慣は広く見られた。静岡県の大井川中上流域ではアマゴを、宮崎県東臼杵郡椎葉村ではヤマメ（マダラ・エノハ）をこのようにして焙った。焙り続けると頭の部分に油がたまり、やがて口のあたりから灰の上に滴り落ちる。この油を杯に受けてためておく。耳垂れと呼ばれる耳の病気がある。外耳炎・中耳炎に罹ると耳から膿が出る。アマゴ・ヤマメの油は耳垂れの薬に

写真②　ヤマメの串焼き（富山県南砺市旧平村）

なるという伝承が遠く離れた大井川中上流域と椎葉村でともに生きている。

⑯福島県大沼郡金山町には「新五郎餅」と呼ばれるモチがある。モチと言っても臼杵で搗く正式なモチ米の餅ではない。残り飯にソバ粉を混ぜて擂粉木《すりこぎ》を使って鍋などで突き固め、杉串や割箸の先に刺し固める。これをイロリのホドの周囲に挿し並べて焙り焼きにする。焼けるとそれにジュウネン（荏胡麻《えごま》）味噌をつけて食べる。新五郎餅にはいま一つの食法がある。それは、このモチを打ち豆汁に入れて食べるというものであるが、「新五郎餅と雪道は遅いほどよい」という口誦句がある。打ち豆汁のそこに沈んだ新五郎餅には汁の味が滲みてうまくなるというのである。

（小栗山坂井・五ノ井謙一さん・大正四年生まれ）

⑰ゴヘイモチ（五平餅・御幣餅）は長野県の木曾谷・伊那谷から岐阜県、奥三河、北遠州などにかけての広域に伝承されている。粳《うるち》の飯を練りつぶし、スギやサワラの割り串の先に小判型に整えながら固めて練りつける。これを焙り焼きにし、醤油または味噌に胡麻・荏胡麻・胡桃などを合わせて擂ったタレをつけて食べる。現在は様々な方法で焙り焼きをするが、長い間、串をイロリのホドの周囲に挿し並べ、焼けるまでの待ち時間を楽しみながら家族や客と共に食べるという形

が続いていた。岐阜県恵那市明智町や串原地区では新米が穫れるとゴヘイモチを作るのがならわしだった。同地ではヘボ（クロスズメバチ）の幼虫（巣）採取期が新米の収穫期と重なるので、胡麻味噌・胡桃味噌などのタレの中に、加熱処理したヘボの幼虫を擂りこむのだという（保母清さん・昭和一一年生まれ、中垣哲男さん・昭和二四年生まれ）。

ゴヘイモチは本来、新米の収穫祭に関わって発生したと考えられるが、他に山椒の芽が出た時、来客があった時などにも作られたという。[*5] また別に山林労務者の飯場などでも盛んに作られた。

⑱飯場（日傭小屋）では飯を鍋で捏《こ》ね、幅一寸、長さ一尺ほどの割りスギの先に小判型に固めてつけ、イロリのホドの周囲に並べ挿して焙る。狐色になったところで胡麻味噌を塗りつけて食べた。
（静岡県榛原郡川根本町寸《す》又《また》湯山《ゆやま》・望月筆吉さん・明治四三年生まれ）

秋田のキリタンポも本来はゴヘイモチと同系のものだったと考えられる。

⑲ソバタンポというものがあった。冷飯に米粉とソバ粉を混ぜ、加えて擂粉木で搗き混ぜる。スギ材を割って長さ一尺のタンポ串を必要な数だけ用意しておき、混ぜ合わせたタンポ素材を手で串に練りつける。その時一握り四寸を把手として余しておき、串の六寸分に練りつけるのである。普通は串一本ごとに練りつけるのであるが、時に串二本に大きいタンポを練りつけることもあった。これをイロリの火で焙って、山椒の実を擂り砂糖とともに混ぜた味噌を塗った。それをさらに焙った。
（秋田県北秋田市森吉小字小滝・新林佐助さん・明治四二年生まれ）

イロリがほぼ命脈つきた時代になっても突如としてイロリが蘇ることがある。それは、祭りや民

写真③　西浦田楽の田楽焼き（静岡県浜松市天竜区水窪町西浦、高木別当家のイロリ）

俗芸能の場においてである。たとえば静岡県浜松市天竜区水窪町の西浦田楽においてそれが見られる。西浦の田楽は旧暦一月一八日に行われる。高木別当家では一七日「別当祝い」を行う。「別当祝い」とは別当家の男が能衆を稗酒でもてなす行事である。その稗酒の肴として大判と呼ばれる豆腐田楽が出される。豆腐田楽は本来、別当家の女性が焼くのがならわしであるが、現在では能衆の家の女たちも協力する。その田楽焼きに際して高木家のイロリが蘇る。写真③は高木別当家のイロリである。

イロリの灰の中に埋められてじっくりと焙り焼きにされる里芋・馬鈴薯・渋柿・甘藷・ソバ団子など——。焼きあがるまで談笑しながら待つ。串刺しのアマゴ・ヤマメ、田楽芋も——。匂いも食欲を刺激する。白いゴヘイモチが焙られて狐色になってくる。待つ時間、こころ豊かである。美味なる共食、炉端の共食はこころを結ぶ。

飢饉・凶作にかかわるイロリの伝承もある。秋田県仙北市西木町戸沢の鈴木久二さん（大正一四年生まれ）は次のように語っていた。凶作で食べ物が全くなくなってしまった時には、イロリの自在鉤の止め木の魚を煮ればよいと語り伝えられている。そしてその煮汁を飲めば腹いっぱいになる。

止め木の魚には、平素イロリで飯を煮る時の湯気がしみこんでいるからだという。

奈良県吉野郡十津川村那智合《なちあい》の千葉由広さん（明治四二年生まれ）は以下のように語った。飢饉などで塩がなくなってしまった場合には、イロリの周りに敷いてあるムシロを大釜で煮つめて塩分を得よ、と先人から教えられた。

五　炉縁の中に置かれたもの

イロリが生きていた時代、炉縁に囲まれて灰がたまっている火床には褻《け》の生活に必要な様々なものが置かれていた。火箸や灰均らし篦《へら》はもとより、地方により、時代によって差異はあるものの、そこにはイロリ消滅の後には想像もつかないものがあった。

〈スミ壺・痰壺〉　秋田県男鹿市真山の菅原福次さん（明治四五年生まれ）は以下のように語る。

——カカザ寄りのイロリの隅には女性が使うお歯黒用の鉄漿《かね》を入れておくスミ壺が入れてあった。また、今一つの隅には老人が使う痰壺［写真④］が入っていた。痰壺は写真で見る通り底の先が円錐状になっており、灰に突き挿しておけば安定するようになっている。小さいながら把手もついており扱いやすくくふうされている。陶製であり、量産され、大量に流通していた

写真④　イロリの灰に立てる痰壺（秋田県男鹿市真山、菅原福次家）

ことがわかる。老人はただでさえ痰がつまりやすい上に、煙で噎《む》せた時などにも痰をこの壺に吐いていたことと思われる。痰壺の話は静岡県藤枝市岡部町青羽根、同榛原郡川根本町でも聞いた。

〈温石系の石〉　子供の火傷除けとしてイロリの灰の中に丸石を入れるという呪的慣行については後に記しているが、ここではそれとは別な、実用的な石について述べる。保温のために使う温めた石を「温石《おんじゃく》」と呼ぶ。その系列に属するものに次の例がある。

①イロリの灰の中に径二寸五分ほどの丸石を入れて熱し、それを布に包んで胃の位置に当てる。父は胃が悪かったのでいつも石を抱いていた。（宮崎県西都市上揚・浜砂久義さん・大正八年生まれ）

②冬になるとイロリの灰の中に石を入れて熱し、それをボンドロ（ボロ布）に包んでユタンポ代りに抱いて寝た。（静岡県浜松市天竜区春野町勝坂・藤原みえさん・明治四二年生まれ）

①②は温石そのものであるが、これとは別に、温石用の石よりは大きな石をイロリの中に入れ、ホドの火の熱を石に伝導させ、その熱によって炉端にいる者の保温を図るという方法があった。

③貧しい家にはホタ木（太い丸太薪）の代りに径五～六寸の丸石をイロリの四隅に置く家があった。こうして石を据えておき、ホド（イロリの中央）で小さな枝木を燃やし続けるとその熱が石に伝わり、石が焼けた。貧家ではその丸石の熱で暖を採っていた。貧しい家では太いホタ木を遠い山から刈り出す時間がなかった。寸暇を惜しんで日当の仕事に励まなければならなかったのだという。（奈良県吉野郡五條市大塔町惣谷・戸毛幸作さん・昭和五年生まれ）

木に恵まれている吉野山中で近代までこうした状況が続いていたと知った衝撃は大きかった。山小作の問題と深くかかわっているのである。

④トネ（太木）を入れないイロリの隅に径五寸ほどの河原石を入れておき、ユルイツボ（ホド）の熱を石に移し、その石によって暖を採る方法があった。

（富山県南砺市利賀村阿別当・野原ことさん・大正四年生まれ）

〈フマイド石と踏み板〉　人がイロリの灰の中に足を入れて立つことはできないし、イロリの灰のあるところに物を置きたいこともある。こうした状況に対するくふうもあった。

⑤フマイド石と呼ばれる径七寸ほどの丸い平石をカカザとキジリの隅に置いた［写真⑤］。イロリの

写真⑤　フマイド石（岐阜県大野郡白川村荻町）

写真⑥　イロリの踏み板（岐阜県大野郡白川村御母衣、遠山家）

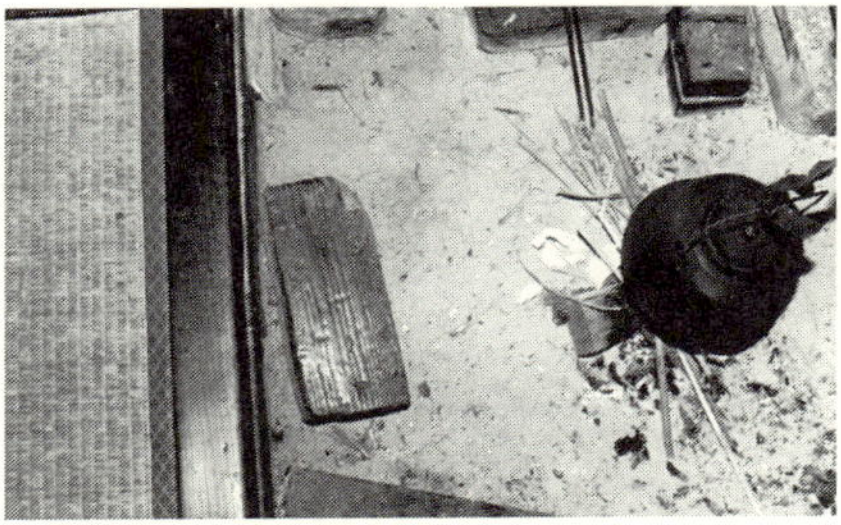

写真⑦　イロリの踏み板（長野県長野市戸隠）

自在鉤、五徳の鍋をおろして一旦据えておくのにフマイド石を使った。フマイド石が熱くない時に、この石の上に足を置いて自在鉤や火棚の調整をすることもあった。このことはフマイドという名称からも納得できる。

（岐阜県大野郡白川村荻町・佐藤盛太郎さん・明治三五年生まれ）

⑥イロリの中に足を入れなければならない時に使うものに踏み板がある。踏み板には様々な形がある。岐阜県大野郡白川村御母衣では写真⑥のような長方形のものを見た。写真⑥を見ると、踏み板のみならず、ポットと小型薬罐・茶碗など湯茶セットが置ける板も入っている。これは踏み板を拡大させ、用途を固定化したものである。同じ形のものは長野市戸隠《とがくし》でも見かけた［写真⑦］。踏み板は、当然一時的な鍋置きなどにも用いられた。御母衣の大戸継盛さんは、冬防寒のために

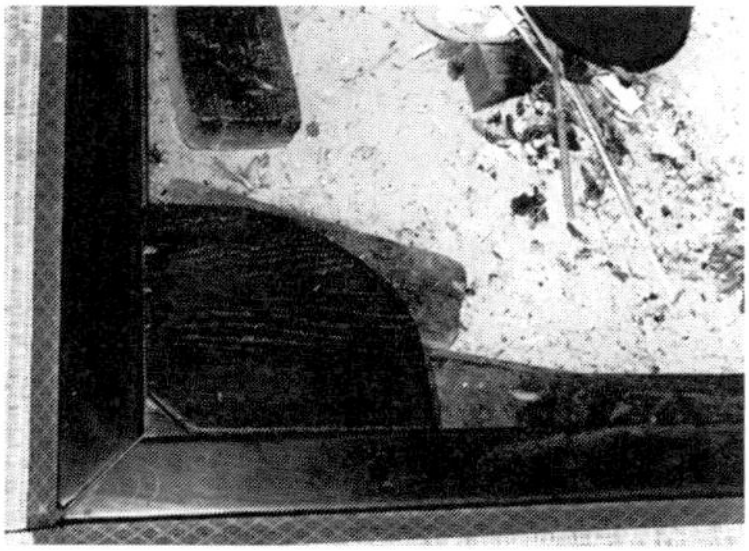
写真⑧　イロリの隅の扇形踏み板（長野県長野市戸隠）

写真⑨　扇形踏み板の下の消し炭壺（同上）

写真⑩　ホドには五徳、キジリ側には消し炭を入れるための銅製の炭壺、角には火箸と灰均らし篦も見える（福島県郡山市駅前旅館）

踏み板に足をのせることもあったという。

〈消し炭壺〉　イロリでできる炭を消し炭として保存し、炬燵《こたつ》炭として使うことも多かった。消し炭を作るには燠を密閉性のある容器に入れ、蓋をして密閉しなければならない。

⑦先に踏み板についてふれたが、長野市戸隠の民家のイロリで、イロリの隅に扇形の踏み板があるのを見かけた［写真⑧］。驚いたことにその扇形の踏板を上げてみるとその下から消し炭の入った立派な消し炭壺と、壺を密閉する精巧な金属性の蓋とが現れた［写真⑨］。炉縁の中、火床がじつに合理的に使われていたことがわかった。

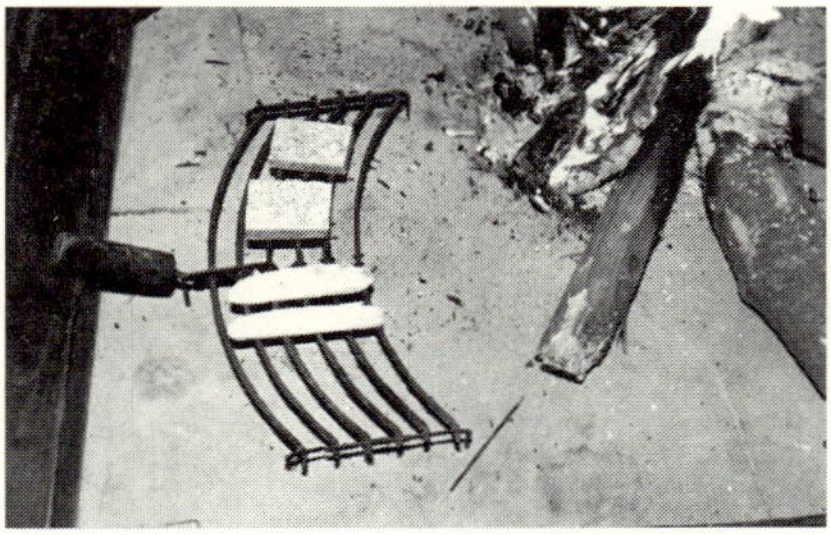

写真⑪　持ち運び可能なワタシ（福井県今立郡池田町水海、鵜甘神社会所）

〈ワタシ・テッキュウ・テッキ〉　イロリの火床の灰の中に短い脚を立てて使う鉄製の食物焼きがある。餅・団子・魚などを格子状あるいは網状の置き面にのせて焼くのだが、大きさは様々である。

　ワタシ（渡し）・ワタシガネ（渡し鉄）・テッキュウ（鉄灸）・テッキなどと呼ばれる。私が育った静岡県牧之原市松本ではテッキと称していた。鉄器の意かとも思ったがテッキュウとのかかわりも考えられ、鉄架の可能性もある。写真⑪は福井県今立郡池田町水海の鵜甘《うかん》神社のナリワイ（田遊び）に参じた際、会所の炉で見かけたワタシである。湾曲し、把手がついているなどくふうが見られる。ワタシでは餅が焼かれていた。写真⑫は静岡県下田市須

写真⑫　テッキュウのあるイロリ（静岡県下田市須崎、横山家）

崎の横山かねえ（明治四一年生まれ）家のものである。炉縁の中に単純な作りの頑丈なテッキュウが置かれ、その上に燠を運ぶための柄杓型の用具がある。左隅には消し炭壺、テッキュウの前には五徳があり、自在鉤に吊られた薬罐もある。このイロリには大きな特色が見られる。本来このイロリは三尺に四尺で、炉縁の内側にそった内枠が設けられていた。それが、写真で見るように、火床を三尺四方とし、一尺分を塞いで板張りにし、鍋や食器その他が置けるように改良されているのである。現にその板張りの上には鍋、餅焼き網などが置かれている。これは内枠の拡大、平面化と言える。火吹竹も見える。餅焼き網とテッキュウがあること、テッキュウの目の粗さなどを考えると、餅は五徳の上に網を置いて焼き、下田という海岸環境でも入手しやすい、サザエ・アワビ・トコブシなどの貝類、乾魚などをテッキュウで焼いていたことが考えられる。

写真⑬はイロリの下手にある横山家の竈である。竈が炊飯を中心に使われていたことがよくわかる。燃えさしの燃料や火挟みが焚き口から見え、竈が現役であることもわかる。竈の左側には消し炭壺と焜炉《こんろ》が行儀よく並んでいる。写真⑫で、イロリの脇に鍋が置かれ、自在鉤に薬罐が吊られていること、五徳・餅網・テッキュウなどの存在を併せて考えると、横山家の煮炊き、湯沸かしなどがどのようになされていたかがよくわかる。

〈ヌカガマ〉　写真⑭は昭和五七年、富山県砺波市千代小字油田の西尾宇吉（明治四一年生まれ）家を訪れた時のものである。イロリには自在鉤があり、鉄瓶が掛けられている。自在鉤の向こう、カカザとキジリの隅に置かれている異様に大きい鑄鉄製の壺型炉は「ヌカガマ」と呼ばれるものである。ヌカとは米糠の糠ではなく、稲の籾ガラのことである。ヌカガマの右後方にある把手のついた箱に籾ガラを入れてきてヌカガマに入れ、点火の後ヌカガマ左後方にある釜に研いだ米と水を入れ、ヌカガマに掛けて飯を炊くのである。

ヌカガマの考案・開発・製造・普及は、山から離れた平野部や盆地の暮らしにおいて、薪のごとき燃料が不足する実態に対応するものだった。ヌカガマ利用の話は砺波市のほか、

写真⑬　竈・炭壺・焜炉（同右）

写真⑭　イロリの火床に置かれたヌカガマ（富山県砺波市千代小字油田、西尾家）

越後平野・横手盆地などでもよく耳にした。当該の砺波平野は山から離れており、常に燃料不足に悩まされてきた。当地ではヌカ（籾）のほか、カイニョと呼ばれる屋敷林のスギの落葉も貴重な燃料だった。件のヌカガマがイロリの中に座を得ているのは、火所としてのイロリの吸引力にもよるが、ヌカを燃やすヌカガマの熱は、冬季の採暖にも有効だったし、炊けた飯を炉端で食べるのにも便利だった。当地ではヌカガマ・スギの落葉のほかに藁もイロリで焚いた。藁は一度に燃してはいけない、一把を三分して燃せと言われていた。

〈アカシ焚き〉　松の根にはコエ松・アブラ松・ジン・アカシなどと呼ばれる赤みを帯びて樹脂が固まっている部分がある。灯油以前の採光材である。柳田國男は松の樹脂部を燃やす道具として、石製のヒデ鉢や岩手県の二戸・九戸などの山村で用いられていた松灯蓋を紹介している。[*6]「大きな囲炉裏の内庭に近い一隅にちやうど行灯くらゐの高さの松の木の枝の四方に出たものを打込んで、古鍋は乗せずに其上で火を焚いて居ます。松の枝が同じ所から何本も横に出るので、その端と幹とを切りとると、そこに枝だけの皿のやうなものが出来ます。それに平たい石を載せて、其上で油松を焚くのもあります。あの地方ではこれをマツトンゲァ、即ち松灯蓋と呼んでいます。」――

長野県飯田市上村下栗小字小野の成澤徳一さん（昭和二年生まれ）は次のように語る。成澤家のイロリにはアカシダキと呼ばれる鉄製の燭台が立てられていた。支柱は一尺、半ばから三脚で支える形になっており、上に径一尺ほどの鉄皿がついたものだった。その皿の上でコエ松を焚いたものだという。小野に電気が入ったのは昭和三一年一〇月のことで、徳一さんはそれまでは石油ランプに頼ったのであるが、石油の買い置きを切らした場合にアカシダキでコエ松を灯して光源とした。アカシダキを常用したのは徳一さんの両親の時代までだった。

岐阜県高山市上宝町中山の中屋弥一郎さん（明治四〇年生まれ）は以下のように語っていた。ヒナタ（イロリ）のヨコザとケッチュー（カカザ）の隅にトウダイと呼ばれる鉄製のアカシダキが立てられていた。高さは二尺五寸ほどで、上部は焚き皿や鍋型のアカシ入れを挿し込めるように鉄管状になっており、下部には軸を安定させるための台が付けられていた。トウダイが立てられている隅の後ろには刻んだアカシ（コエ松）を入れておくアカシ箱が置かれていた。中屋家で採光をアカシ・トウダイに求めたのは大正二年までで、大正三年から大正六年まではカンテラ、大正七年から大正末まではランプを使った。そして、昭和に入って電灯が点った。

1――柳田國男『火の昔』初出一九四四年（『柳田國男全集』14・筑摩書房・一九九八年）。
2――前掲・注1に同じ。
3――柳田國男『明治大正史・世相篇』初出一九三一年（『柳田國男全集』5・筑摩書房・一九九八年）。
4――桑原藤泰『大井川源記』（宮本勉編・黒船印刷・一九九五年）。宮本勉が静岡県立中央図書館所蔵本を底本として諸本照合の上校訂した。
5――櫻井弘人「五平餅」（野本寛一編『食の民俗事典』柊風舎・二〇一一年）。
6――前掲・注1に同じ。

第六章　イロリの垂直性

一　吊り鉤

前章では、イロリを囲んでの座位・座称、イロリの枠どりをする炉縁、食物をイロリの灰に埋めたり、串ざしにしてイロリの灰に挿し立てて焙ったりすることなど、床面、炉面など、どちらかと言えば、イロリを平面的・水平的な側面から見てきた。しかし、イロリの力を正しくとらえるためには垂直的な把握、イロリの垂直性への注目も必要である。この視点を設けることによって、イロリの持つ総合力、立体力がより鮮明に浮上してくるはずである。

イロリの機能の一つに食物や湯の煮沸がある。イロリは始原の火焚場《ひたきば》の屋内化に始まる。地炉や土座住まいの火床・火所が床上に上った。三宝荒神の祖型であった三つ石、三つ石竈が土器や鉉《つる》なしの鍋釜をのせていた時代から鉉つき鍋、鉉つきの鉄瓶が普及する時代に至って、欠くことのできない用具が登場することになった。それは、鉉鍋や鉄瓶を一定の高さで安定的に吊るし、効率的な加熱を可能にするための吊り鉤《かぎ》である。吊り鉤の上部は、梁に取りつけた横木や、家屋の構造材に太綱などで固定される。その吊り鉤は、火力や煮沸対象との関係で、火床との間隔を調整する必要が生じてくる。そこに発生してくるのがいわゆる「自在鉤《じざいかぎ》」、即ち、火床と鍋底との高低差を自在に調整できるように鉤棹にくふうを加えたものである。自在鉤にも様々な種類があり、自在鉤以外にも鉤がある。もとより、イロリには吊り鉤式以外にも三脚鉄輪（四脚も）を火床に据え、そこに鍋釜・鉄瓶をのせる「ゴトク」もある。三本脚のゴトクは、三宝荒神型の三つの据え石の伝統を襲うものである。しかし、イロリにおいては燃料や煮沸食物などとのかかわりで吊り鉤方式の方が主流であった。以下イロリの吊り鉤について見てゆきたい。

写真①　棒型の吊り鉤（岩手県久慈市山形町二又、馬場家）

1　吊り鉤の実際

写真①は昭和五六年八月六日、岩手県久慈市山形町二又の馬場家のイドコと呼ばれる居間で撮影したものである。棒型の吊り鉤は煤と油で黒光を発し、そこに鉉鍋が掛けられている。昭和五六年、当家ではイロリが機能していたのである。

馬場家の木鉤は自在鉤でもなく、棒に刻みを入れて鍋の高さを調整するものでもない。単純・素朴ではあるが頑丈な木鉤である。このような棒鉤は各地で使われていたのである。このタイプは吊り鉤の祖型だとも言えよう。

宮崎県西都市上揚《かみあげ》ではイロリのことを「ヂロ」と呼んだ。同地の浜砂久義さん（大正八年生まれ）はイロリの木鉤について次のように語っていた。木の鉤は、幹（親）を吊り棒にして枝（子）を掛け鉤にするものと、真直ぐな枝（子）を吊り棒にして幹（親）を掛け鉤にして作るものとがある。前者はよいが、後者はイエにとってはよくない――。次のような呪言を唱えながら前者のヂロの鉤を取り付けたものだという。「この家の鉤は子掛りで　家は代々子にかかる　ナムアブラウンケンソワカ」――。

棒鉤の棒の部分の鉤の上方に向かって一寸五分〜二寸ほどの間隔で鉤状に刻みを入れる方式がある。火床と鍋底の間隔をあけようとすれば、鍋の鉉をより上の刻みに掛ければよいことになる。岩手県下閉伊郡岩泉町年々《ねんねん》の祝沢口良雄さん（大正一一年生まれ）はこのような吊り鉤で、鍋鉉をより上に移動させて掛ける時の方法を次のように伝えていた。一番下の本鉤を「カケベー」、次を「カケマイ」とし、鍋を移動する時、カケベー・カケマイ・カケベー・カケマイと唱えながら、必ず奇数のところ、即ち「カケベー」（掛くべし）のところに掛けなければならない――。

イロリの鉤と言えば、大方が自在鉤を想起する。その自在鉤の主たる形式は止め木と弦とを連動させるものである。この類は、火床と鍋底の間隔を文字通り自在に調整できるものである。ところが、岩手県遠野市で見かけた写真②の吊り鉤は木製で、止め木も弦も使わないタイプである。鍋や鉄瓶の鉉を掛ける上向き鉤の反対側に下向きの鉤型を等間隔で鋸歯状に六段刻み込んである。その下向きの鉤に鍋を吊る鉤棒とは別の吊り枠をつけて高低を調節するものである。これはいわゆる自在鉤ではないが高低の調節を意図し、くふうしたものである。同じタイプの高低調節鉤は北海道沙《さ》

写真②　鋸歯型段鉤と木枠が連動する形式の吊り鉤（岩手県遠野市）

写真④　鞘筒型自在鉤（長野県長野市戸隠）

写真③　鞘筒型自在鉤（宮崎県西臼杵郡高千穂町）

写真⑤　鞘筒型自在鉤（静岡県静岡市葵区長熊）

流《る》郡平取町二風谷《にぶたに》の貝沢家（アイヌ）でも見た［348ページ写真⑭］。火棚の中央下に丸太を結えつけ、鉤棒の高低を調節する枠がその丸太に吊られていた。

　自在鉤は止め木の一端に鉤棒を通し、もう一方の端に弦をつけて鉤棒の高さを調整するという原理をふまえた上で、じつに多様な展開とくふうがなされてきた。写真③は宮崎県西臼杵郡高千穂町岩戸、工藤家で役目を終え、納屋に保存されていた自在鉤である。吊り鉤は木で子掛り、その鉤棒を受けている鞘筒は真竹、止め木は舟形に近い。写真④は長野市戸隠の例であるが、これも鞘筒は真竹、鉤棒と鉤はともに鉄製で両者を結合をさせて止め木を使っている。写真⑤は静岡市葵区長熊で、鞘筒は孟宗竹、鉤棒は鉄で、鉤を回転させることができるように鐶がついている。止め木は巨大な鯛である。写真⑥は長野県下伊那郡泰阜《やすおか》村栃城の例で、鞘筒は真竹、鉤棒は木と鉄から成って

写真⑥　鞘筒型自在鉤（長野県下伊那郡泰阜村栃城）

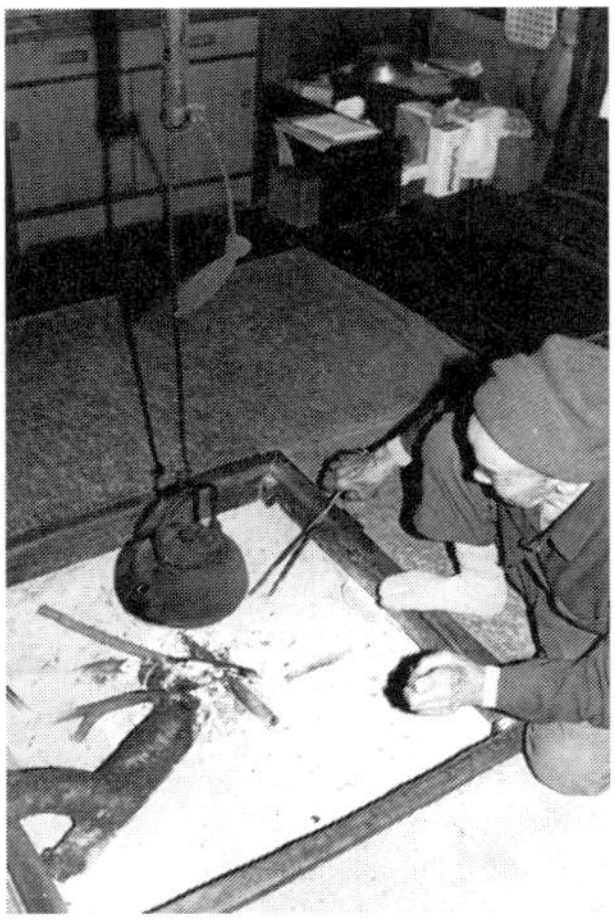

写真⑦　鞘筒型自在鉤（埼玉県秩父市荒川白久）

いる。止め木は魚である。写真⑦は埼玉県秩父市荒川白久、鞘筒は真竹、鉤棒は鉄、止め木は鯉である。こうしてみると、鞘筒型自在鉤が広域で使われていたことがわかる。鞘筒、鉤棒ともに鉄製のものもある〔写真⑧〕。

自在鉤には鞘筒を使わないものもある。例えば写真⑨は長野県飯田市上村下栗、野牧政男家のイロリである。自在鉤は鉤棒も受けも細い鉄棒で、弦は鉄鎖、止め木も小さい。写真⑩は、高知県吾川郡仁淀川町椿山《つばやま》の中内家のイロリである。自在鉤は吊り鉤も受けも細い捩り鉄棒、止め木は鯉である。写真⑪は静岡県伊豆市湯ヶ島字長野の浅田家、鉤棒は

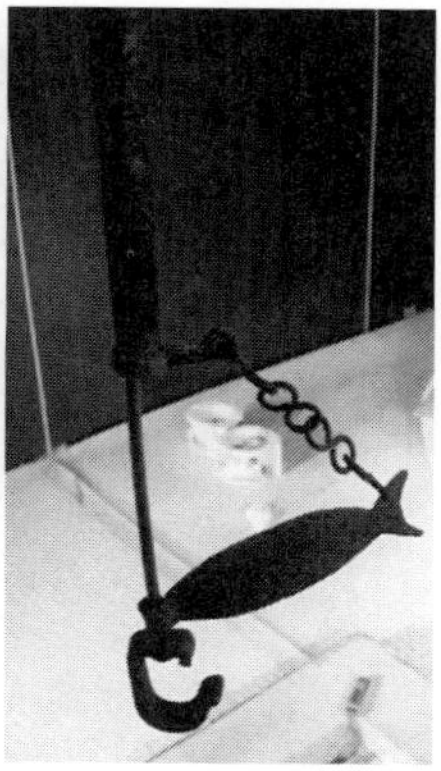

写真⑧　鞘筒型自在鉤（長野県下伊那郡大鹿村鹿塩、池田家）

写真⑨　鉄棒型自在鉤（長野県飯田市上村下栗、野牧政男家）

写真⑩　鉄棒型自在鉤（高知県吾川郡仁淀川町椿山）

写真⑪　鉤棒と綱の自在鉤（静岡県伊豆市湯ヶ島字長野、浅田家）

写真⑫　カギツリに掛けられた鎖型自在鉤（富山県南砺市下梨）

写真⑬　カギツリに掛けられた鎖型自在鉤（同左上）

鉄、止め木は鯉、受けは鯉の尾を縛る麻綱である。写真⑫は富山県南砺市下梨の民家資料館の自在鉤である。ケヤキで作られたカギツリと呼ばれる巨大な鉤に掛けられているのは鉄の鎖で、鎖の一方は止め木を通して鍋などを吊る吊り鉤につながり、もう一方は鎖の余裕分をためて止め木に固定されている。同じ形式の全体像は写真⑬で確認できる。⑫も⑬も鎖を吊り掛ける大きな木製鉤の造形性が見事であり、人びとがイロリを単に実用の側面のみでとらえることなく、心意的な望みをも込めていたことがわかる。写真⑭は富山県南砺市上梨の村上家のイロリである。大きな木の鉤に鎖を掛けるのは⑫⑬と同じであるが、ここでは止め木ではなく、鉄製の止め具を使っている。茶釜が吊られているのであるが、吊り鉤の部分を見ると、掛けた鍋釜の回転が利くように鐶がつけられていることがわかる。その鐶の意匠も美しい。

鎖を使うものには、止め木を使わないで鎖の鐶の操作で高低を調整するものもある。写真⑮は富山県南砺市相倉の池端家のものである。写真⑯は池端家の鎖の吊り鉤を上部で吊っている鉄のカギツリで、⑫⑬の木製大鉤と同じ機能を果たしている。

新潟県の旧岩船郡朝日村（現村上市）の奥三面《おくみおもて》が解村したのは昭和六〇年九月のことだった。その年の八月、マタギの小池甲子雄さん（大正一三年生まれ）を訪ねた。その時には小池家のイロリは役目を終えてはいたが、火棚や自在鉤はそのまま残っていた。それは写真⑰の通りである。梁から太綱で吊られた太い木鉤

写真⑯　鎖を吊る鉄の大鉤（同左下）

写真⑭　鎖型自在鉤（富山県南砺市上梨、村上家）

写真⑮　鎖型自在鉤（富山県南砺市相倉、池端家）

写真⑰　綱吊り型自在鉤（新潟県旧岩船郡朝日村奥三面、小池家）

写真⑲　綱吊り型自在鉤（石川県鳳珠郡能登町柳田字小間生、田中家）

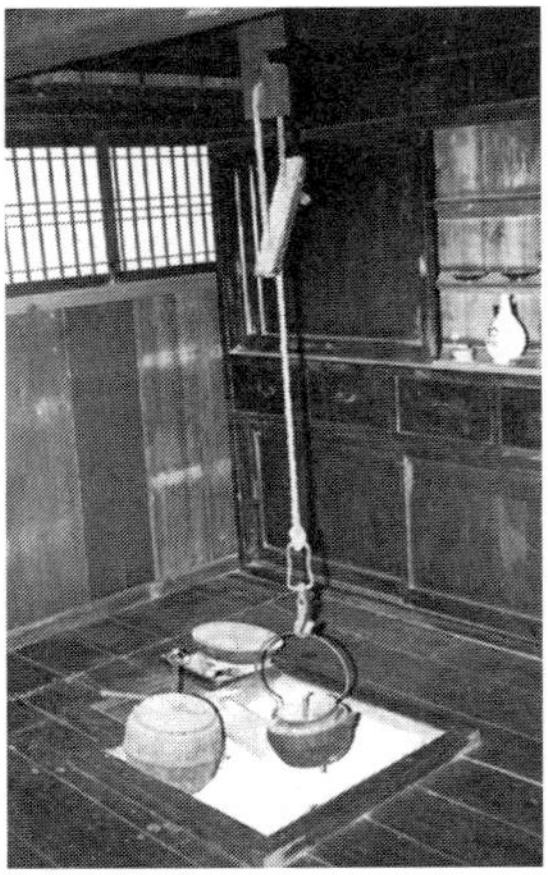

写真⑱　綱吊り型自在鉤（山形県鶴岡市田麦俣）

は火棚の中央を貫いている。そして、太い木の鉤に掛けられている自在鉤を吊っているものは、木でも鉄でも鎖でもない。それは麻綱でレンガ型の止め木に繋がれており、先には鐶をともなう鉄鉤がつけられていた。

写真⑱は山形県鶴岡市田麦俣《たむぎまた》の保存民家のイロリであるが、これも綱吊り型自在鉤である。

写真⑲は平成三年二月、アエノコトを学ぶために石川県鳳珠《ほうす》郡能登町柳田字小間生《おもう》の田中登家を訪ねた時のものである。その折、田中家ではまだイロリが生きていた。写真に写っているのは巨大な火棚と自在鉤である。自在鉤は綱吊り型で綱は太く長い。上部は火棚を貫通し、下に突き出た角材にとり付けられた滑車に掛けられており、止め木も頑丈である。こうして見てくると吊り綱型の自在鉤も広域で愛用されてきたことがわかる。

2　自在鉤にかかわる伝承

イロリを構成する鉤は重要であり、呼称にも示されている。オカギサマ＝山梨県南巨摩郡身延町、オカギドサン＝山梨市戸市、カンギーサン＝静岡市葵区口坂本、カギサマ＝福島県南会津郡檜枝岐《ひのえまた》村、カマッサマ＝静岡県浜松市春野町杉、オカマサマ＝山梨県南都留郡道志村、ジンザイ＝奈良県五條市大塔町惣谷。秋田県男鹿市真山、山形県鶴岡市田麦俣では自在鉤の綱をカギノハナと呼ぶ。山梨県南都留郡鳴沢村の渡辺佐久馬さん（大正三年生まれ）は鉤のことを「大荒神《だいこうじん》」と呼んでいた。鉤に対する聖視の眼ざしが見受けられる。人の暮らしにとって極めて重要な火所、それも、食物を煮、飲料としての湯を沸かすイロリの中央で垂直に上から下がる鉤・自在鉤は重要だった。したがって、鉤は、信仰・呪術・禁忌・年中行事などともかかわってきた。まず、それらに関する各地の伝承を紹介してみよう。

①自在鉤を揺するとエグチナワが落ちてくる。（佐賀県鹿島市七浦・倉崎次助さん・明治四一年生まれ）

エグチナワ（イエクチナワ＝家朽縄＝家蛇）とは草葺屋根の時代に家の屋根裏に棲みついた青大将

のことである。そうした青大将は貯蔵米や養蚕などに害を与えるネズミを捕食することから、全国広域でイエのヌシとしてこれを守る風があった。イエのヌシが落下することは異様な事件であり、家運の衰退を思わせる。このことは自在鉤を揺することの禁忌を語っているのである。火に直結する自在鉤を揺することは火災・火難につながるからである。

②台風や大風が吹いてジンザイ（自在鉤）が揺れて、その揺れが激しくなり、鉤がイロリの炉縁（枠）の外に出るようになったらもうその家の中にいてはいけない。

（奈良県五條市大塔町篠原・和泉重三郎さん・明治三二年生まれ）

ここでも暮らしの場の中心にあるイロリの鉤が揺れることの異常性を語っている。台風や大風のみならず地震の時もまず自在鉤が揺れる。その異常な揺れは地震の程度を告知する。自在鉤は自然災害のセンサーでもあった。沖野岩三郎は「地震のたびに火箸でイロリの自在鉤を叩きながら「世直し　世直し」とさけんだ。地震は世界の塵を落とすとする伝承があった」と述べている。[*1] 火箸で自在鉤を叩くという行為は、本来は当面の地震を鎮める呪術だったと考えられる。次の事例は厳密に言えば自在鉤ではなく、火床とのかかわりなのであるが、イロリと地震にかかわる伝承である。

③平素は斧をイロリの床に挿し立ててはいけないという禁忌がある。しかし、地震の時に斧をイロリの火床の灰に挿し立てると地震がおさまると伝えている。

（岩手県久慈市川代・川代兼松さん・大正一二年生まれ）

ここでもセンサーとしての鉤の揺れに対応して斧が挿し立てられるのである。

④イロリの火が天井に昇った時には鉤の下に唾を付けて鎮火を祈ると火が鎮まる。
（静岡県浜松市天竜区水窪《みさくぼ》町草木・高氏安精さん・大正五年生まれ）

イロリの火床や鉤と直接にかかわる災害は人災としての火災である。イロリにかかわる火伏せの呪術は様々にあるが、これについては後に述べる。イロリにかかわる災難の一つに火傷があり、とりわけ幼児は火傷を受けやすい。

⑤自在鉤の止め木に寛永通宝を吊るしておくと火傷をしない。
（岐阜県飛騨市宮川町中沢上）

山形県西置賜郡小国町五味沢では、寛永通宝に限らず、穴あき銭を吊るす呪《まじな》いとして同様の伝承を伝えていた。

⑥正月を迎えるに際してイロリの鉤に供えものを飾ってイロリと鉤を祭る地は多い。写真⑳は男鹿市真山の例である。岐阜県飛騨市宮川町中沢上では正月に鉤とヒアマ（火棚）にハチジョーを飾った。ハチジョーとは和紙を二つ折りにしたもので注連縄《しめなわ》に挟むことが多い。他に、小型の注連輪が飾られているのを見たことがある。

⑦正月三箇日にはイロリに松葉で塩水を掛けて浄める。正月にはイロリ鉤の魚に餅を縛りつけて「力餅」と称した。家の建前の時には自在鉤の魚に穴あき銭と餅を結わえつけて火災予防の呪いにした。朝起きてイロリの鉤が自分の方を向いていると縁起が良いと

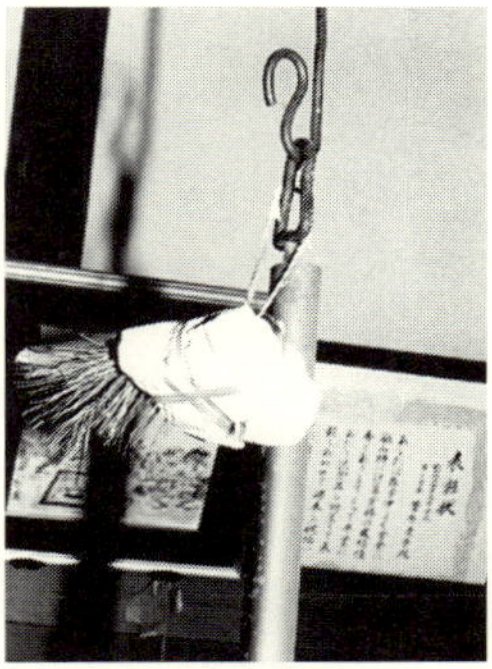

写真⑳　自在鉤・イロリに供えられた正月の松と餅（秋田県男鹿市真山、菅原家）

言い伝えられていた。

（山形県西置賜郡小国町五味沢小字樋倉・佐藤静雄さん・大正七年生まれ）

⑧愛媛県上浮穴《かみうけな》郡久万高原町、旧柳谷村中久保の長谷家では節分に、門口に次の呪物を挟んだ縄を張った。タラ（楤）・ヒイラギ・ヒビ・鰯・炭――病魔・悪霊の侵入を防ぐ呪術である。この日イロリ（ユルリ）の鉤棒にもタラとヒビの枝を吊った。ヒビとはイヌガヤのことで当地では「鼠の鼻刺し」とも呼んでいた。静岡県浜松市天竜区龍山町白倉では節分の豆を紙に包んでイロリの鉤棒に縛りつけておき、梅雨明けの雷が鳴ったら食べるという例が見られた。

⑨「カギ様は月に一度掃除する」（福井県今立郡池田町水海）といった例もあるが、イロリの鉤の煤とりについて特定の日を定める例もある。静岡県浜松市北区引佐町川名の山下治男さん（大正一三年生まれ）は一月一三日を鉤の煤とりの日と伝えていた。この日は小正月に先立つ日であり、イロリに関してはお正月と連動した古層の伝承があったことが知れる。また、長野県飯田市上村下栗には、「庚申の日にイロリの掃除をすると火事になる」という禁忌伝承もある。

右の他にイロリの鉤については次のような伝承がある。

①家人が逝去し、その葬式が終わるとイロリの自在鉤の麻緒を付け替えた。

（福島県大沼郡金山町小栗山坂井・五ノ井謙一さん・大正五年生まれ）

②自在鉤を吊る太綱にはシナノキの内皮を使った。（石川県白山市中宮）

信仰や呪的な伝承以外にも「自在鉤と気象予報」といった注目すべきものがある。

③「自在鉤が粘ると雨が降る」と伝えた。

（静岡県静岡市葵区田代・滝浪文人さん・大正六年生まれ）

④自在鉤の木としては梅を選んだ。その梅を受ける筒は真竹、止め木の材は松で形は鯉だった。鯉の尾を吊る綱は藁縄の三つ綯《な》いにした。自在鉤のセットに、松・竹・梅を使った。炉縁はクルミ材だった。（長野県下伊那郡泰阜村漆平野《しっぺの》・小山芳一さん・大正二年生まれ）

自在鉤を聖視する伝承については先に若干の事例を見てきた。イロリの鉤、自在鉤という場合、鉤のみを指すわけではなく、弦（綱）、止め木、受けなどのすべてを含んでいる。これらの中でも人びとは止め木を重視してきた。新潟県魚沼市大栃山の大島金七さん（明治四三年生まれ）は止め木のことを「トーベ」と呼んでいた。「トメ」の意と思われる。大島さんは、トーベには、玉手箱・扇子（末広がり）・鯉などがあると語り、縁起のよいものが選ばれているのがわかる。各地の例を見ると、鯉を中心として鯛も見られるが、自家製のものは魚であることはわかるものの、魚種が判然としないものも多い。魚であることを第一に考えているのである。ここには、火床の真上に、水棲の魚を置くことによって、火難を水で抑止し、魚に火伏せの呪力を期待する心意が読みとれる。柳田國男は止め木の木鯛・木鮒・北向鮒などを紹介し、止め木の魚について、防火呪力とは別に「むしろ絵馬のように本ものの魚の代りに、炉の神の御目を悦ばせ申す趣意かとも考えられます」と述べている。[*2] 福島県南会津郡檜枝岐では止め木のことをサルッコ（猿っ子）と呼んでいた。上下に動くところに注目しての呼称である。

イロリを囲む空間の中で、魚をどの方位に向けるのがよいのか、また、自在鉤に掛けられる鉄瓶や薬罐の口はどの方位に向けるのかといったイロリの鉤に連動する伝承もある。以下にそれを挙げてみよう。座位については既に前章で述べている。

①ジロの鉤の魚はヨコザに向け、カナジョカ（鉄瓶）の口はキチジリ（キジリ）に向ける。
（宮崎県西都市上揚）

②鉤の魚はヨコザに向け、鉄瓶の口はキジリに向ける。（岐阜県高山市上宝町田頃家）

③薬罐の口は日の出の方角に向ける。（山梨県南巨摩郡見延町大崩《おおくずれ》）

④鉤の魚はヨコザに向け、鉄瓶の口はヨリデ（キジリ）に向ける。（新潟県魚沼市大栃山）

⑤自在鉤の魚は川の方角に向ける。（長野県飯田市上村下栗大野）

⑥自在鉤の魚を入口に向けてはいけない。（神奈川県足柄上郡山北町西丹沢）

⑦鉄瓶の口は東に向ける。（静岡県浜松市天竜区水窪町草木）

⑧鉤の鯉はヨコザに向け、鉄瓶の口はキノシリ（キジリ）に向ける。（山形県村山市櫤山《たもやま》）

⑨薬罐の口はキャクザに向けてはいけない。（奈良県五條市大塔町惣谷）

⑩イロリ鉤の魚は物や金が家にたくさん入るように内向きにする。（岐阜県下呂市小坂町鹿山）

⑪自在鉤の魚、鉄瓶の口は東に向ける。（富山県南砺市利賀《とが》村阿別当《あべつとう》）

福島県南会津郡只見町石伏には、寝る前には鉤をヨコザに向けておく、という家もあった。

二　火棚

イロリに関連する設備の一つに「火棚《ひだな》」がある。それは、イロリの上部に吊るす方形の棚で、大きさは一定しないが、炉縁よりも大きいものが一般的である。一間に一間半といった大きいものもある。大きくなるほどに棚の木枠や木組みは頑丈になる。木を格子状に組んだものもあり、木枠と竹簀《たけす》、あるいは木枠と萱の簀《す》とを組み合わせたものもある。中央には自在鉤を通す空間を設ける形式が多い。家人の日常の居措に支障をきたさない高さにするのが普通である。棚は太綱で家の梁などの構造材から吊られることが多い。火棚の発生は、イロリの火の粉が上がって萱葺屋根などに着火するのを防止するためだとされており、その効用は確かであるがそれだけではなく、その機能は複合的である。

写真㉑　網代編みで美しく作られた火棚（山梨県大月市上和田）

火棚の大きさや強度、火棚へのこだわりは、積雪・降雪が甚しく寒気が強く長い地帯ほど大きく強い。そうした地方ではイロリで火を焚く時間が長く、火も大きくなる。雪で濡れた衣類や藁沓《わらぐつ》・足袋などを火棚にとりつけてあるいくつもの鉤に掛けて乾かすことは日常的である。火棚に吊るのは濡れた衣類や履きもののみならず、乾魚・種ものその他の食品にまで及んだ。火棚の上には、乾燥すべき収穫物や採集食素材などが並べられた。火棚の必要度が薄い場合には火棚が小型化したり装飾的になることもある。

以下に火棚の形式、火棚にかかわる体験や伝承の事例を示す。

①一二月上旬に大根を掘り、よく洗ってからユルギ（イロリ）の火棚の上に並べて干す。イロリの熱と煙でイブリ大根になる。歳末の煤掃きの時に洗って漬けこむ。歯の丈夫な人には最高の御馳走である。また、火棚のさらに上の梁（長木）の上の簀天井に自家用の大豆を備蓄する家があった。自在鉤に、棟あげの時に撒いた穴あき銭を括っておくと火伏せになると伝えた。

（秋田県大仙市長野・草薙喜一さん・大正一四年生まれ）

②火棚のことをヒアマと呼んだ。荻町のヒアマは、枠は固定されたもので長く使用したが枠にのせる萱や竹の簀の子は必要に応じて取り替えた。簀の子の上には、味噌玉・割り柿・柿の皮・栗の実・榧《かや》の実などを並べて乾燥させた。なお、当地にはヒアマを吊る縄は左縄に綯うものだという伝承もある。

（岐阜県大野郡白川村荻町・佐藤盛太郎さん・明治一五年生まれ）

③火棚のことをサゲダナと呼んだ。サゲダナは一間四方で、二方の端に長さ一間の真竹を使い、それに幅一間のスズダケで編んだ簀の子を固定させるとほぼ正方形になる。四隅に太い藁綱をつけ、梁に結んで吊る。サゲダナの中央には一尺二寸四方ほどの煙抜きをつける。サゲダナには当面使うイモ類や栗の実などを広げておいた。

（静岡県藤枝市蔵田・藤田賢一さん・明治三五年生まれ）

④火棚のことをツルシゴと呼んだ。ツルシゴの上には干鱈・干しゼンマイ・馬鈴薯などを置いたが、正月にはツルシゴの四隅におのおの四角のヨモギ餅・四角の小豆餅・白い丸餅を吊ってイロリを

祭った。

（青森県西津軽郡鰺ヶ沢町長平町・中村又三郎さん・昭和八年生まれ）

⑤火棚のことをサゲダナと呼んだ。枠木に板を張ったが、大きさは、ヒジロ（イロリ）の大きさに対応するものだった。旧家、山持ちの大家《おおや》のヒジロは大きく、新屋（分家）のヒジロは小さかった。

（静岡県榛原《はいばら》郡川根本町桑野山・森下覚次郎さん・明治三七年生まれ）

⑥火棚は木枠にスズダケの簀を張ったものだった。イロリの真上の火棚には味噌玉をのせた。一一月末に味噌玉を作って火棚にのせ、春の彼岸に棚からおろして、味噌搔きをした。味噌玉がイロリの煤をかぶるので味噌の色が黒くなった。イロリのシモザの上にも火棚と同じ棚を吊っておき、ここにはコンニャクの種芋をのせておいた。

（長野県飯田市南信濃木沢中立・白澤秋人さん・昭和四年生まれ）

火棚設置によってイロリの火の焙乾力を有効に使う民俗があることがわかる。これについてさらに続けることにする。鈴木牧之の『秋山記行』[*3]の中に巨大なイロリ、異様に低くて巨大な火棚の絵が収められている〔図①〕。四本の太綱で吊られた火棚の上には穀物の穂が山をなして積まれている――、そして長いホタ、イロリに集まる人びと、などを描いた絵図である。その部分に対応する文章は以下の通りである。「いとど寒さに絶かねけるに、主は、火棚《くど》（火棚のこと）に首《てつぺん》の当らぬやうに炉ばたでと云ふ。頓《やが》て帯〆《しめ》、其所へ居《すわ》るに、首あたりて、平座せねば此大火に近寄りかね（たり）。主のくどと云は、大なる火棚にして、八九尺の二本の木を大なる縄にて釣下げ、其上に茅簀を敷《しき》、粟穂を山の如く積上《つみあ》げ干置事《ほしおくこと》、是まで度々村毎に見たるもしかり」――。

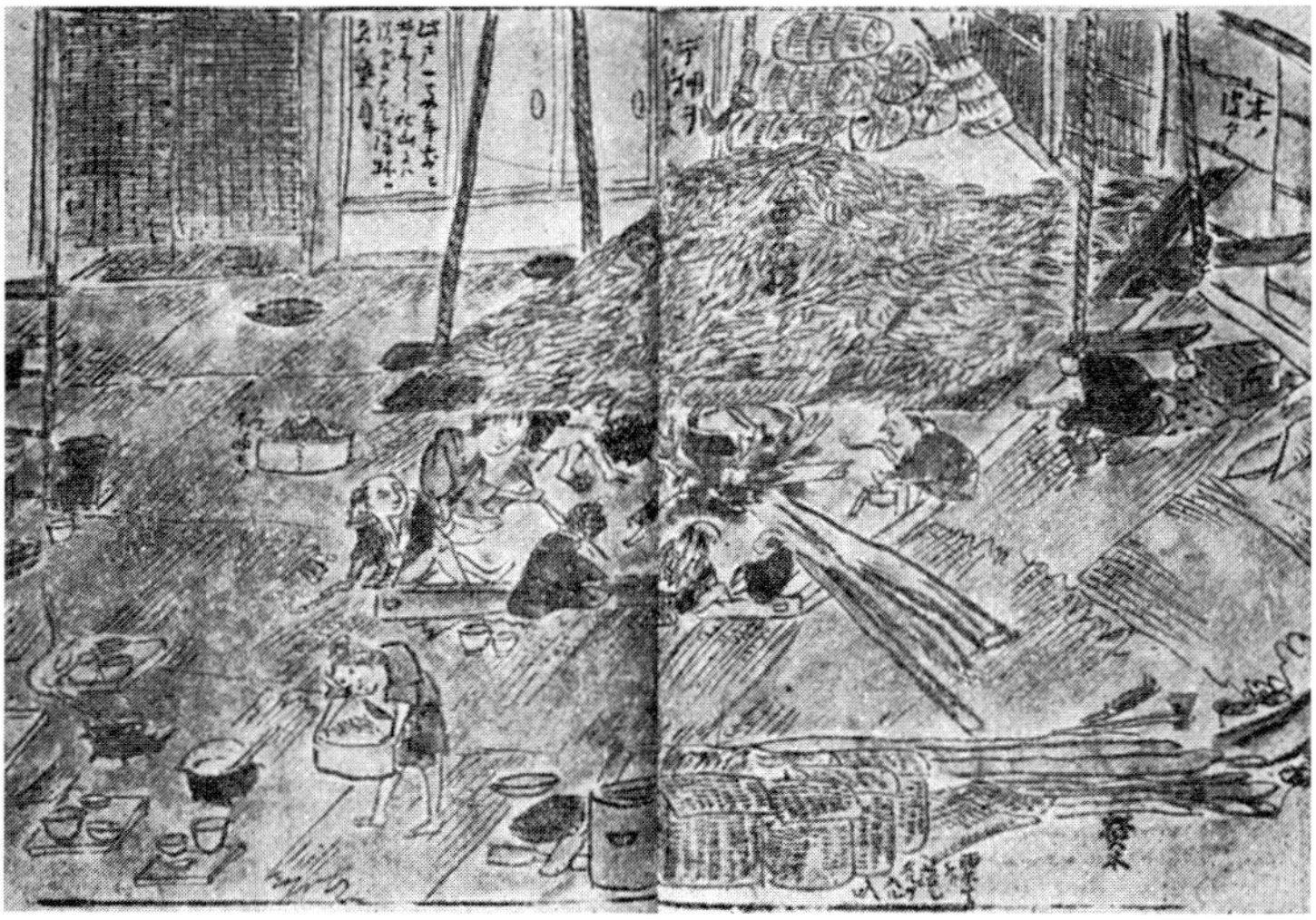
図①　火棚の図（鈴木牧之『秋山記行』東洋文庫186・平凡社）

この火棚の異様な低さは、後述する岩手県の事例と一致する。人の挙措に支障をきたすほどの位置まで火棚を下げ、イロリの火の焙乾効率をあげるくふうをしているのである。だとすれば、牧之が、焙乾対象を「粟」と考えたのは明らかに誤りである。脱孚（皮を除く）に際して稗は焙乾を必要とするが、粟は焙乾を必要としないからである。ただし、粟にはモチ種があるので栽培は稗より遅くまで残存した。秋山郷の人びとは稗・粟ともに大量に食してきた。

新潟県中魚沼郡津南町大赤沢（秋山郷）の石沢政市さん（明治三六年生まれ）は以下のように語る。アンボは普通、粉食系の練食で、中に餡や漬物を入れるのだが、それらを入れない団子状のものもあった。大正から昭和初年にかけての食生活は、朝食はアンボ、昼食は粟飯または粥。粥は粟七〇％、稗三〇％ほどだった。朝食のアンボは一〇月から翌年の五月までは栃アンボ。栃アンボといっても、栃の粉七〇％、稗粉三〇％だった。六月から九月までは稗粉だけのアンボだった。夏季には栃の苦味が強くなるのだという。右によって、秋山郷では大量の稗が栽培され、消費されていたことがわかる。

石川県の白山山麓も焼畑が盛んで稗栽培に力を入れた地域だった。橘礼吉氏は稗の穂の乾燥方法について詳細な報告を行っている。[*4] それによると、旧新丸村、旧白峰村には、イロリの上のツリアマ（火棚）に木箱をのせ、その中に稗の穂を入れてイロリの火力で焙る方法、焙乾効率をあげるために箱を一体化した櫓型の乾燥台を設置する方法、さらにはその櫓型の台の柱の根方に車をつけて移動させる方法まで行われていたという。ツリアマボシに対して櫓型をヂロアマボシと呼んでいる。ツリアマボシ、ヂロアマボシともにイロリの火力に頼るところは共通している。同じ日本海側の加熱処理法として並べてみると、『秋山記行』に描かれた火棚に山盛りにされた穂が稗の穂であることはまちがいない。後述の岩手県岩泉町の場合は粒化した稗を、秋山郷や白山麓では穂稗を焙乾しているのだが、いずれもイロリの火が大きな力を果たしていたのである。

宮崎県東臼杵郡椎葉《しいば》村の稗焙乾の中心的な方法は、コーカシアマと呼ばれる、深さ尺五寸、径三尺五寸ほどの底目の粗い平籠に稗穂を入れ、特設の竈で焙乾するというものだった。[*5] 静岡県榛原郡川根本町長島では同様の籠に稗穂を入れ、それを庭の木に吊って下で火を焚いて焙るという例も聞いた。

白山山麓で行われたヂロアマボシは櫓型の棚を移動するものだが、これとは別の、仮設の火棚もあった。岩手県久慈市山形町霜畑《しもはた》の八幡ちよ（大正二年生まれ）家の例は以下の通りである。当地では火棚のある居間のイロリとは別に、ジョーイと呼ばれる寄りつきの部屋に火棚のないイロリがあった。ここで栗の実を焙乾・乾燥させたのである。栗は毎年二斗から一俵拾った。まず日乾ししてから焙乾するのである。ジョーイのイロリの四隅に、長さ二尺の上に二又のついた太く安定感のある丸太を四本立て、二本の太木の二又の部分に桁木を渡し、その桁木に対して井桁をなすようにいま二本の桁木をおく。栗の実は次の容器に広げて入れられる。一般にキリダメ（切溜）・コウジブタ（麹蓋）・ロジなどと呼ばれて切り餅などを入れる長方形の浅い木箱がある。当地のものはこれにブリキが張られており、トーカと呼ばれている。トーカは一段に二枚並べ、これを縦横に重ねて積みあげる。一度に一〇枚前後積んでから上をムシロやカマスで覆う。準備ができたところで点火する。栗を焙乾するときは自在鉤は上へあげてある。焙乾された栗の実は固くなる。栗の実は踏み臼で「カッサラ　カッサラ」と静かについて堅皮を剥く。剥けない実を集めてもう一度搗く。皮を剥いた栗は甕に入れて保存しておき、必要な時に出して使う。栗と小豆を煮て小麦粉を捏ね、栗まんじゅうを作る。小正月には栗まんじゅうと栗餅を神々に供えた。

三　火棚とアマ天井

岩手県下閉伊郡岩泉町年々の祝沢口良男（大正一一年生まれ）家で水田を拓いたのは昭和五一年のことだった。それまでは、焼畑と定畑で稗・粟・麦・ソバ・タカキミ（ソルガム）・コキミ（黍）・大豆・小豆・馬鈴薯・蕪などを栽培してきた。栃・栗・シダミ（コナラ・ミズナラ）・胡桃などの木の実に山菜・キノコを採集して食し、さらに、安家川を溯上してくるサクラマスやウグイ・カジカ・ウナギなどを漁獲し、これも食に加えた。炭・ムササビ（狩猟）・牛馬飼育は現金収入になった。当家の火所は、イロリ・カマド・風呂だが、カマドはトナ釜・セダ釜と言われる二斗五升入りの大釜専用で、味噌豆・冬季の牛馬飼料を煮る時と餅用の米蒸し・赤飯蒸しなどに使った。他はすべてイロリで、飯も、汁も、煮ものも鉉鍋で行った。もとより鉄瓶もイロリである。イロリは五尺に六尺、炉縁は火に強いナシの木だった。イロリの灰の中で焼いたものは、馬鈴薯・蕪・南瓜・ソバモチ・小麦マンジュウなど、魚はイロリの火で串焼きにした。

イロリの四隅に長さ四尺の柱を立て、その上に、炉縁より各方一尺ずつ大きい棚を掛けた。枠やヌキは木でそこに竹簀が張られた棚で、中央には鉤が抜けるようになっていた。この棚は異様に低い。日常の挙措にも支障があるほどだ。いったいなぜこんなに低い棚をつけたのだろうか。それは、当地が名高い稗作地帯であることとかかわる。

稗を収穫すると束をまとめてシマにする。シマの稗をバラしてムシロの上でマトリ（又木の打具）で叩いて脱粒する。脱粒、即ち粒にした稗を脱孚するためには、焙るか、茹でるか、煮るか、焦がすか、炒るかの加熱処理をしなくてはならない。[*6] 雑穀と呼ばれる穀物の中で、稗に限って加熱処理が必要なのである。当地では、それをタナボシと称して、前記のようなイロリに併設された棚にムシロを敷き、稗粒を焙る形をとったのである。加熱効果をあげるためには火と稗の距離は短ければ短いほどよいことになる。四尺という異様に短い柱の長さ（高さ）はここからきているのだった。この低さは先に紹介した『秋山記行』の火棚と同じである。タナボシに際してはイロリの鉤も除いておいて、コナラ・ミズナラ・ブナなどの太いホタをひと棚に二昼夜焚き続けた。焙り終えた稗は、バッタリ（添水《そうず》）で精白した。棚の角には複数の鉤が吊られており、鉤ごとに、茸・夕顔・ツマゴ・ワラジなどが吊られていた。ベンケイ（藁筒）には魚串・田楽豆腐の串が挿されていた。

イロリの垂直力はこれでは終わらない。当地では天井裏、梁の上の空間のことを「ケダ」と呼ぶ。梁に交わる形で高さをそろえた桁を渡したことからの命名であろう。イロリの上、棚のさらに上、桁の上にエブラと呼ぶ、オニガヤまたはニガタケで編んだ簀を敷く。その上に、栗・栃・シダミ（コナラ・ミズナラ）・胡桃などの木の実を広げて乾燥保存する。イロリの煙で燻されることにより、虫もつかず、長期保存が可能になる。必要な時に必要なものを必要なだけおろして使う。ちなみにシダミは灰汁《あく》で煮てアクヌキをし、洗ってから煮直して笊《ざる》にあげ、キナ粉をかけて食べた。また、アクヌキをしたシダミに麹を入れて寝かし、甘酒にした。茶色い甘酒になった。

さらに驚いたことには、木の実を燻乾させるエブラの上には、さらに上からサクラマスが吊られていた。漁獲したマスはまず腹を裂く。内臓を除き、眼球とエラを除いて腹に塩を入れ、コケラを逆揉みしながら塩を入れる。こうして、土間に板を敷き、その上にマスを並べ、さらにその上に板を置いた状態で四、五日おく。次にイロリの煙の昇るケダ、エブラの上に吊るして燻乾する。真白になるほど塩を入れても脂があるのでその割に塩辛くない。

旧暦三月一六日は農神様の日で、この日は朝、早起きをしてイロリの煙をさかんに立てた。また、カラ臼を搗いて音を立てた。農神様はイロリの煙と臼の音を頼りにして降りて来られるものだと伝えられていた。農神様にはタカキミの団子を供えた。

イロリ↓鉤↓棚（稗）↓エブラ（木の実）↓ケダ空間（マス）と、イロリの熱と煙の垂直的な燻乾力は働く。煙は食物に対して燻乾力を示すにとどまらず、屋根の上まで達し、農神様の依り代になったのである。

岐阜県本巣市旧根尾村越波《おっぱ》の松葉長之助（明治三九年生まれ）家を訪れたのは昭和五四年九月一三日のことだった。松葉家はまだイロリを使っていたが、自在鉤は取りはずされ、ホドに五徳が据えられていた。ホタも燃され灰には魚串も挿されていた［写真㉒］。しっかりとした木組の火棚が吊られており、火棚の下側にはトウモロコシ・乾燥アマゴなどが吊られていた。火棚は木枠と割り竹の簀でできており、火棚の中央には、長い間自在鉤を吊るよすがとなった太く頑丈な木鉤がとりつけられ、煤をあび黒光を発していた［写真㉓］。この時、長之助さんから焼畑のこと、渓流漁撈のこと、そして、栃の実などの採集堅果類などについて学んだ。採集した栃の実を火棚ではなく、さらにその上にあるアマ天井に広げて干すのだということも耳にした。

帰宅後しばらくして、アマ天井に広げられている栃の実を見てみたいという思いが湧いてきた。

再度松葉家を訪ねたのはその年の一一月一〇日のことだった。早速アマ天井へ御案内いただいた。支えそこは板張りではあるが、イロリの上を中心に一間半×二間ほどの広さは板が除かれている。支えの細い桁を並べ、その上に萱の簀を張ってある。その萱簀の上には写真㉔のように採集された栃の実がくまなく広げられていた。その量は予想以上に多量だった。この地方では、その年拾った新ドチを食べるのは当然として、一年、さらには二年のヒネドチまでも食べてきた。栃の実の乾燥保存は、栃の実をはじめとする木の実にはナリ年（多着果年）とウラ年（少着果年）が交互にめぐってくるというナリ木の生態をふまえてのことである。奥美濃地方は高度経済成長前まで栃の実を食糧構造の中に組みこんできた地域である。それは、毎年同じ量の栃の実を確保することによって初めて可能となる。栃の実のウラ年を克服するためには、栃の実の乾燥保存・貯蔵が必須の条件だった。

写真㉒　五徳を据えたイロリ（岐阜県本巣市根尾越波、松葉長之助家）

写真㉓　自在鉤を吊る木鉤がとりつけられた火棚（同上）

これを可能にしたのは絶えず焚かれるイロリの火、その火と連動する煙、それを受けるイロリの上の簀天井である。これこそイロリの持つ垂直力なのである。

エゴイモ・ユグイモ・シマイモ・ヤマイモなどと呼ばれる蘞味《えぐみ》の強いオクテの里芋がある。この里芋は九州脊梁山地・白山麓・大井川中・上流域などにおいて焼畑輪作の最終年に栽培された。その蘞味ゆえに猪の害も少なく、保存も利いた。

静岡県榛原郡川根本町尾呂久保の土屋猪三雄さん（大正四年生まれ）は次のように語った。――ヤマイモ（シマイモ＝エグイモ）・シロガラ・アカガラなどのクズ芋はよく干してから茹でてイロリの上のアマ（天井）に広げて乾燥保存した。こうしておいて一番茶を摘む時期に必要な分をおろして踏み臼で搗いて皮を剝く。搗きあげた芋は水晶のように光る。これをカヂイモ（搗ぢ芋）と称した。普通の里芋を茶の子やヨウジャに食べる時には茹でておいた芋をイロリで焼くのだが、カヂイモは煮て食べた。カヂイモは平地からやってきた茶摘み娘たちにも好評だった。カヂイモにするためにアマ天井で保存した里芋は、新の里芋が掘れる直前まで食べることができたのだから、食糧構造上重要な里芋だったのである。静岡県島田市笹間下の和田信次さん（大正八年生まれ）は次のように語った。――茶の子に里芋を食べた。一一月一〇日か

写真㉔　アマ天井で乾燥保存される栃の実（同右）

写真㉕　乾燥・保存物をのせるために天井の下に張られた台木（高知県吾川郡仁淀川町椿山、中内家）

ら一月末日まではカイトイモ（ナカテ）の茹で焼き、焼くのはイロリである。二月から四月二〇日まではシマイモ（エグイモ・オクテ）の茹で焼き、焼くのはイロリである。四月二一日から六月一五日まではシマイモをカヂイモにして煮て食べた。シマイモは椿の花が落ち、春雨が降る頃、ムロ（貯蔵穴）から出して天日で干す。水気がとれたところでイロリの上のアマ（天井）にムシロを敷いてそこに広げる。こうしておいて、芽が出てきたものを種芋として使い、その他はカヂイモにして食用にした。

シマイモ（エグイモ）もイロリの上のアマで燻乾された。皮つきの里芋を臼で搗いて皮を剥いてから煮るという独自の食法に繋げたのである。イロリの余熱と煙の燻乾力は、里芋を固化・硬化させ、保存性を強め、味を深めたのだった。ここにもイロリの持つ垂直力を見ることができる。

イロリや自在鉤は使っていても、火棚やアマ天井を設けない地や家もある。高知県吾川郡仁淀川町椿山の中内茂（明治三六年生まれ）家がそうだった。同家には火棚もアマ天井もない代り、写真㉕のように、天井の下尺三寸ほどの位置に四本の太い材が固定されている。この材を利用し、必要に応じて乾燥させるべきものをのせたのだという。例えば、焼畑に植える里芋（種芋）をここにのせていたのだという。

四　イロリと床下

イロリの垂直性は火床の上方に連なるものだけではなかった。炉縁・火床の下部、基層部、床下の構造は地方、その生活環境や時代によって異なるものの、火床の周辺、縁の下の部分を積極的に利用する慣行も見られた。それは、積雪地帯、寒冷地帯ほど積極的だった。ここでは山形県の事例の一部を示す。山形県の芋煮会は広く知られるところである。主役をなす里芋は熱帯原産であるため、北漸した里芋の貯蔵、とりわけ種芋の貯蔵に関して人びとは心を砕いてきた。積雪地帯の人びとは親芋・子芋のみならず、茎までも大切に守った。カラトリイモと称して茎を利用するための品種を大切にしている。食用にする芋、種芋の保存・貯蔵に際してはイロリの余熱が大きな力を発揮してきたのである。

①種芋はイロリのカカザの下に二尺七寸四方、深さ三尺ほどの穴を掘り、籾ガラと芋を交互に入れて貯蔵した。種芋は穴の周辺に置いた。雪が消えると芽出しのために畑の床に一旦植え、五月末の田植が終わってから苗代田の畦にそって土盛りをし、そこに移植した。

（山形県鶴岡市田麦俣・佐藤三吉さん・大正一二年生まれ）

②「イモはとり置きがないと腐る」「イモは息をつく」「イモは汗をかく」――ヨロリ（イロリ）の

脇の暖かい所に一間四方、深さ一間ほどの穴を掘り、その穴に里芋を貯蔵した。この穴のことを「モロ」と呼ぶ。モロの底には親芋（カシライモ）の毛根を集めて乾燥させたものを敷きつめる。その上に籾ガラを敷く。そしてその上に芋を並べ、さらに籾ガラをかける。こうして芋と籾ガラを交互に入れるのであるが、種芋は一番下に置き、その上に食用芋を重ねる。一番上には鼠除けのスギの葉を置き、蓋をする。（山形県鶴岡市上本郷・菅原アサエさん・大正一三年生まれ）

③種芋の貯蔵はイロリのそばの縁の下に穴を掘り、ケヤキの落葉と、イモガラを干す時に剝いたイモガラの皮を混ぜてその上に置いた。カシライモを含む食用の芋の保存にも、ケヤキの落葉・茎の皮・籾ガラを使った。茎の皮は若干の湿気を保持するのに役立った。食用としては親芋を先に食べ、子芋を後に食べるようにくふうした。親芋は四月まで、子芋は五月まで食べることができた。（山形県酒田市本川・奥山曾市さん・昭和四年生まれ）

芋類の冬季貯蔵の例は他にもある。

④イロリの周囲の縁の下にモロを作って二度イモ（馬鈴薯）・甘藷を貯蔵した。（長野県飯田市上村下栗・野牧権さん・昭和一四年生まれ）

⑤四尺四方のイロリのキジリ側に幅二尺の板張りを作る。その下に深さ二尺五寸の貯蔵穴を作り、馬鈴薯と大根を収蔵した。（岩手県気仙郡住田町・紺野平吉さん・明治四二年生まれ）

縁の下に生ずるイロリの余熱を利用する民俗慣行の一部を見たのであるが、人に対して多大な恵与性を示す火は同時にすべてを焼き尽くしてしまう危険性を持つ。住居の中、しかも床上でその火を扱うイロリは、見えない基層部において堅牢に構築されていなければならない。これがあって初めて余熱を利用するモロもできるのである。

長野県飯田市南信濃木沢中立の白澤秋人さん（昭和四年生まれ）は自家のイロリについて次のように語る。イロリは三尺に四尺で、深さは一尺、中央のホドに当たる部分の深さは尺五寸だった。記憶する初期のものはイロリの基部に石垣を積むように安定的に石を積み、隙間に赤土を入れ、火床も赤土を固めて作ってあった。自分の代になってから鉄板で囲み、砂を入れて固めていたが、現在はコンクリートで固めてあるので安心している。——静岡県榛原郡川根本町桑野山の森下覚次郎さん（明治三七年生まれ）は以下のように語る。イロリの基部は縁の下の土にも大井川の河原石（玉石）を敷きつめて土台にし、イロリの周囲にあたる下部も玉石を石垣のように積んだ。火床と石積みの間は粘土で固めた。

岐阜県下呂市萩原町の民俗を記した『萩原の着物と住まい』の中にイロリの設置に関する以下の聞き書きが収められている。[*7]「縁の下から川原石を積み上げてきて、その内側を赤土で塗り固めるんや。そんどき、火ツボ（夜火種をいける所）になるところを六寸ほどへこまかいといたさ。〝フセギ（炉の枠）〟に合わせて、きちんと塗るんじゃよ。フセギは二寸五分から三寸角の梨や柿・ヤマズミなんかがよかった。日柄のええ日にモミガラの灰を入れて、仕上がりやったわいな。」——。

火の安全を保ち、燃焼効率を良くするためにはイロリの床、火床の手入れや管理が必要だった。長野県飯田市南信濃八重河内《やえごうち》本村の遠山常雄さん（大正六年生まれ）は次のように語る。一年に一度イロリの中の灰を出して火床の手入れをした。青土・ヒナ土・青松葉を細かく刻んだものを練り合わせて火床、火床の四面に塗るのである。

滋賀県高島市朽木生杉《くつきおいすぎ》にはイロリの築造や補修に使う土を採取する生杉共同の土採り場があった。村の氏神の宮座行事にもイロリを使う。毎年一二月一三日には「ユルリ入れ」と称して神社の炉の作り替えを行う。土を捏ねて、叩き棒で叩いてユルリの火床を固めるのである。こうした行事は、民家においてもイロリの補修、時に作り替えが必要であることを象徴的に語るものである。

1――沖野岩三郎『迷信の話』(恒星社・一九三七年)。
2――柳田國男『火の昔』初出一九四四年(『柳田國男全集』14・筑摩書房・一九九八年)。
3――鈴木牧之『秋山記行』一八二八年擱筆、初刊一九三二年(宮栄二校注『秋山記行』東洋文庫・平凡社・一九七一年)。
4――橘礼吉『白山麓の焼畑農耕』(白水社・一九九五年)。
5――野本寛一『山地母源論1 日向山峡のムラから』(岩田書院・二〇〇四年)。
6――前掲・注5に同じ。
7――脇田雅彦・戸谷重太郎監修、はぎわら文庫編集委員会『萩原の着物と住まい』(岐阜県益田郡萩原町教育委員会・一九八二年)。

第七章　イロリと信仰

イロリは住まいの中で家族を糾合する場であった。食を整えて食べ、暖を受け、表情を交わし、語らって心を結ぶ場であった。それは火の力によるものだったのだが、一方で、火はその扱いを誤るとすべてを焼き尽くしてしまう恐ろしい存在でもあった。イロリは、人がそうした火と直《じか》に接する場であった。それゆえ、人はイロリとかかわる中で多様な信仰や呪《まじな》いを生み出し、伝承してきた。火の永続とイエの永続を合わせて祈る年越し行事に始まる様々な年中行事、さらには禁忌伝承も多い。唐突とも思われそうだが秋田のナマハゲや能登のアマメハギもイロリと無縁ではなかった。イロリから立ちのぼる煙は神を呼ぶシグナルにもなった。

一　年越しの火継ぎ

イロリの火を絶やさないために、また、小枝のような燃料をつぎ足してゆく手間を省くために、イロリの下座の両隅から太くて長い丸太をイロリの中央のホドに向け入れる地が多かった。また、平素は小枝や薪を焚いていても、大晦日から正月にかけては太く長い丸太のホタを用意し、燃やす地は広域に及んだ。二つの隅とは限らず、イロリの四隅から入れる例も見られた。この太い薪は地方によって様々な呼称がある。ホタという語は、イロリや竈に燃す焚木、小枝・枯枝をも含むが、前記の太い薪を指して用いる地も広域に及ぶ。この太い薪を示す各地の呼称にふれながら、かかわる伝承を記す。

〈クンゼ〉　高知県高岡郡四万十町下津井・愛媛県上浮穴《かみうけな》郡久万高原旧柳谷村などではクンゼと呼ぶ。高知県吾川郡仁淀川町椿山《つばやま》では大晦日にイロリに入れるクンゼを福クンゼと呼び、ナマのカシの木の丸太をこれに当てた。福クンゼでできた炭を保存しておき、それを、タラ・イヌガヤ・ヒイラギなどとともに節分の注連縄《しめなわ》に挟んで魔除けの縄にした。

クンゼはクイゼの転訛である。クイゼは、稲架の支柱・木株・薪などを意味する。四国山地から離れてはいるが、静岡県榛原《はいばら》郡川根本町犬間ではイロリの四隅から中央に向けて入れる太い丸太を「クイゼンボー」と呼んだ。クイゼンボーはカシ・ギョウブ（リョウブ）などを良しとした（菊田藤利さん・明治四一年生まれ）。
〈クンジョ〉　徳島県那賀郡那賀町川俣。正月の一週間前にクンジョ迎えをした。クンジョにはクリ・シデ・カシ・シイを使ったが、特にクリ・シデを選び、「クリシデ四方栄える」と誦した。太さは五寸、長さは二尺五寸。クンジョに足を掛けてはいけないと言われた。クンジョで年とりの雑煮を作り、クンジョは四隅から入れて、小正月までもたせた（蔭原正雄さん・大正一二年生まれ）。クンジョとは先に紹介した「クンゼ」の転訛だと考えられる。
〈トネ〉　岐阜県飛騨市宮川町中沢上・同高山市上宝町田頃家・同中山・富山県南砺市利賀《とが》村阿別《あべつ》当《とう》・同旧平村相俣・鳥取県東伯郡三朝大谷《みささおおたに》などで耳にした。宮川町落合ではトーネと呼んでいた。相俣ではトネのことをヨコギとも呼んだ。岐阜県大野郡白川村御母衣《みぼろ》ではトネとバイギの両方を使っていた。トネにはナラ類やブナが選ばれた。宮川町中沢上には「旦那の前よりトネの前」という口誦句がある。

　太薪のことをトネと呼ぶのはなぜであろう。『日本国語大辞典』[*1]には次のようにある。「囲炉裏の火種を翌朝まで消えないように保存しておくこと。岐阜県などでいう。方言・囲炉裏の火種を絶やさないための太い薪。富山県東砺波郡・福井県今立郡・岐阜県大野郡・高山（大みそかにたく大きいほだ）」――これらの記述を読むと、「トネ」が「タネ」と同義であり、トネはタネの転訛であることが明確になる。「トネ」とは「種火の木」の意なのである。
〈ヒダイキ〉　静岡県静岡市葵区口坂本・同藤枝市市之瀬・同岡部町青羽根などで聞いた。静岡市葵区梅ヶ島ではキダイキ、同長熊ではダイキと呼んでいた。口坂本では大晦日のヒダイキのことを「トシトリギ」と呼び、カシとクリの丸太を用意した。「堅く（樫の木のように）繰り（栗）回しよく」という吉祥口誦に合わせたものだという。梅ヶ島では「大晦日には火を絶やしてはいけない」と称してとりわけ太いカシの木を用意した。市之瀬ではヒダイキは種火を継ぐ木だとして、朝はヒダイキの燠《おき》からツケギ（スギ・ヒノキを経木状の薄板片にしたものの一端に硫黄を付着させた点火木）を使って火を起こした。こうした伝承を聞くと飛騨から越中にかけて使われてきたトネ＝タネ→タネ木、が実感的になる。ダイキは台木だとも、大木、即ち大きな木、火を継ぐ太い木の意味だとも考えられる。

〈ヒノトギ〉 宮崎県・熊本県の山間部で用いられた。宮崎県西臼杵郡高千穂町岩戸ではイロリで燃やす太木のことをヒノトギと呼ぶ。ヒノトギの樹種はカシ類かケヤキである。大晦日には特に大きいヒノトギを用意し、これを「トシダロウ」（年太郎）と呼んだ。トシダロウの樹種はカシまたはクヌギで長さは五尺とした。トシダロウを伐り出す日は一二月一三日で、伐り出してきたトシダロウは玄関に近い柱に縛りつけて飾っておいた。トシの晩（大晦日）にはトシダロウの燃え方で翌年（新年）の吉凶を占った（工藤久利さん・大正五年生まれ）。宮崎県東臼杵郡椎葉《しいば》村尾前の尾前新太郎さん（大正一一年生まれ）は次のように語る。大歳から正月にかけてイロリに焚くカシの太木をヒノトギ、またはトシダマと称し、一二月二八日、または三〇日に家のアルジが伐り出した。

宮崎県西都市上揚《かみあげ》ではヒノトギにカシの太木を使った。ヒノトギはキジリ側の両隅から一本ずつ入れた。当地には「燃えんてもヒノトギ　馬鹿でも旦那」という口誦句があるという（浜砂久義さん・大正八年生まれ）。

「トギ」には多様な意味があるが、その一つに「通夜」「徹夜」がある。「ヒノトギ」とは一晩中火種を絶やすことない「火守木《ひもりぎ》」「火継木《ひつぎき》」という意味ではなかろうか。大晦日の火継ぎはとりわけ重要で、これを担う木を「年とり木」「年玉」「年太郎」などと聖化して呼ぶ慣行があったことがわかる。

鹿児島県志布志市志布志町内之浦では大晦日に径八寸、長さ三尺のカシまたはマテ（マテバシイ）のヒノトギをイロリに入れ、一週間焚いた。一月四日の山始めに翌年のトギの切り出しをした。鹿児島県肝属郡南大隅町根占横別府《ねじめよこべっぷ》でも一月四日の山始めに翌年のトギ切り出しをした。トギはカシの木だった。四日の山始めにトギ切り出しをするということは、本来、大晦から正月三箇日は山へも入らずトギの火を守っていた時代があったことを示唆している。

右の諸例から、火を守り継ぐということが、生命維持、家の永続にとって重要な儀礼だったことがわかる。それは、椎葉村の家庭で個人に分与される「トシネ」と呼ばれるトシトリ餅や、各地でトシトリ餅を食べることによって個人の生命を充実させ、家族の紐帯を強化することと同様である。

長崎県佐世保市宇久町十川（宇久島）では丁寧な火継ぎが行われていた。大晦日にはイロリのキジリ側の二隅から「年継木」を入れた。この木はクロマツの太木で、「世継」とも「トシツギダマ」（年継玉＝霊）とも呼ばれた。木は三尺の丸太二本を組み合わせたものを一セットとして両角から入れた。二本のうち一本は旧年の正月にイロリで燃やしたものの半分を保存しておいたもの、もう一本は新たに用意したものである。旧年のものを内側、新しいものを外側にして木口をそろえてホドに向ける。二本揃った部分におのおの和紙を敷き、その上に餅をのせ、さらに橙《だいだい》をのせて祭る。こうして、前年の年継木は燃してしまい、新年を迎えてから新しい年継木の燃え残り半分を次の年継ぎのために保存しておくのである（坪井要さん・昭和三年生まれ）。

〈ホタ・ホダ・ボタ〉　長野県飯田市上村下栗大野ではイロリに入れる太い木をホタと呼ぶ。ホタはナラ類を最上として、クリは火が飛ぶと称して使わなかった。静岡県浜松市天竜区水窪《みさくぼ》町大野では太木のことをボタと呼ぶ。大晦日に火を絶やしてはいけないとして、とりわけ太いカシまたはナラ類を用意した。ボタを燃す際に「逆さ木」、即ち末口をホドに近づけることを忌み、根から燃やすことを良しとした。「逆さくべは逆さを見る」（末口から燃すと親より子が早く死ぬ）というのである。また、ドーナカクベと称して、イロリの中心のホドに薪を横たえることも禁じていた（水元定蔵さん・明治二二年生まれ）。自在鉤にかかわる親子の伝承と併せてみると、イロリを見つめることによって家の永続願望・親子の情なども読みとることができる。

その他の太木の呼称にはバンギ（福井県三方郡美浜町）、カックイ（京都府南丹町園部）などがある。水窪町大野では逆さ木を燃すことを禁忌としたが、水窪町草木では「木の皮を剥いて燃やしてはいけない」と伝えている。理由は、燃した人も裸になる（財産をなくす）からだという。

静岡県榛原郡川根本町坂京の中野昌男さん（大正九年生まれ）は以下のように語る。――歳の晩は元旦まで太木を焚き続ける。その火で梅干しを焼いて炭化させて保存しておく。風邪をひいた時この梅干しを粉にし、熱湯を注いで飲むとよいと伝えられている。

イロリで使う太木について述べてきたのであるが、中で、大晦日・大歳から正月にかけてイロリに太木を燃やし、火を断やさないということが重要な意味を持っていたことが浮上してきた。大歳から正月にかけての火の問題については柳田國男も注目し、『火の昔』[*2]の中に「火正月」という項を設けている。中に次の一文がある。「先づ大みそかの年越の晩には、途方も無く大きな火を炉に焚くのがもとは日本の南北にかけて普通の習慣で、屋根の裏が見えるほど焚くなどと謂つて居ました。」また、「『火い火いたもれ』は昔家々で火が得にくかつた時代に、近所へ火種を分けてもらひに行く言葉ですが」とあるが、火を絶やすこと、火種を消すこと、他家に火種をもらいに行くことは決して名誉なことではなく、むしろ恥ずべきことだったと見てよい。柳田の火に対する見方の根底には以下の見解がある。「家に火を絶やさずに置くということは、或は伝統といふものであつたかも知れません。（中略）最初火を造る方法が甚だ六つかしかつた時代から、是は容易に消してしまつてはならぬものといふ考へが、深く心の中にしみ込んで残つて居るのかとも思はれます」――。

大晦日から正月にかけて家の火を守り継ぐという主題は昔話としても広く語られてきた。『日本昔話事典』[*3]には「大歳の火」という項目があり、その冒頭に次の例が記されている。「火を消してはならない大晦日の晩に、嫁が囲炉裏に埋めておいた火を意地の悪い姑が塩で消す。朝になって火がないので嫁が外で泣いていると、裏山の八幡様に火が見える。行くと恐ろしげな男がいて火と死人をくれる。姑が火を見て嫁に問うので、嫁はわけを話して、木小屋に隠した棺を開くと小判がある。」——同系の話は多いが、大晦日から正月にかけては火を守り継がなければならないこと、火の管理が女性の重要な仕事であったことは共通して読みとれる。

大晦日から新年にかけての火継ぎの意味を考えるに際してもう一つの事例を示しておこう。以下は鳥取県八頭郡智頭町上板井原の平尾新太郎さん（明治四一年生まれ）による。——大晦日の夜にイロリに入れる木を「ヒドメ」と称した。樹種はケヤキを適材としてクリを第二とした。長さは四尺、太さは径一尺と極めて太いものだった。ヒドメの火は小正月まで燃え続けさせなければならないと伝えられている。これを以って考えるとヒドメとは火を消し止めることではなく、年々守り続けてきたイエの火を大晦日に、太い火留めの木に留め受け、小正月までの間にイエに定着させ、その後もその火を守り続けるという構造になっていることがわかる。家族はみなヒドメを跨いでもいけないし、ヒドメの傍を通ってもいけないと言われていた。ヒドメに籠もっている火の霊に対する忌みの心意が感じられる。

右のヒドメの話は次の柳田の文章の裏づけになる。「日本の多くの村々では火をとめると謂つて居りました。火どめの技術は大抵の女たちは知つて居て、あたり前の事と思つて居りましたから、事々しく之を伝授する者もありません。」[*4]——

大晦日から新年への火・火の霊の継承は、単に大晦日から元旦へというものではなかった。それは、大晦日から正月三箇日、あるいは七日間に及び、さらには、徳島県那賀町の例は、正月一週間前のクンジョ迎え、大晦日の火受け、元旦の雑煮から小正月まで、長い時間をかけて火の霊を定着させているのである。先に示した鳥取県智頭町の例でも、大晦日から小正月までが単位になっている。新しい年の火をイエに落ちつかせるため、祈りと慎みの時間が必要だったのである。

トネ＝タネ（種火を継ぐ木）、ヒノトギ（年を越す火に対して徹夜して侍る）――といった重要な語彙に注目しなければならない。高知県仁淀川町の福クンゼの伝承、静岡市葵区口坂本のヒダイキ・トシトリギという呼称、宮崎県高千穂町のトシダロウという呼称、トシダロウの伐り出し、柱に縛って置く祭り置き、吉凶占いなど、宮崎県椎葉村の太木をトシダマと呼びならわす心意、長崎県宇久島の「世継ぎ」「年継ぎ木」の呼称と儀礼の実際など、年の変わり目、その時間の節目に火を守り継ぐことの重さが観念としてではなく、この国の人びとが手のとどく過去に実践してきた営みとして心に響く。火が人の生命維持、人の暮らしにとって不可欠で、重い存在であったことがよくわかる。

右に見てきた年の節目の儀礼や伝承が本来的な形ではあるが、大晦日に一旦イロリの火を消し、新年に改めて火を起こして新年の食物を煮るという例もある。福島県南会津郡只見町石伏や、静岡県の大井川流域の一部でこうした例を耳にしたことがあった。

年越しにイロリで燃す太木の呼称はこれまで見てきたもの以外に「ボクト」（栃木県大田原市）、「ツックイボウ」（静岡県榛原郡川根本町）などを耳にした。

二　イロリと年中行事

イロリはその周囲に家族を吸引し、居住空間の中で重要な位置を占めていただけに、イエの行事、年中行事とも深くかかわった。大晦日から新年にかけて「火を継ぐ」という重要な営みがあった。これも当然年中行事の中に入れて考えるべきではあるが、ここでは先に紹介した通り節を改めている。また、自在鉤にかかわる年中行事も前章の「吊り鉤」の節でふれた。ここでは右以外の、イロリと年中行事について述べることにする。

①大晦日に大井川から径五分か六分の玉石を八個迎えてきてヒジロ（イロリ）の四隅に二個ずつ置いた。これは新年を迎えるための浄めである。

（静岡県榛原郡川根本町桑野山・森下覚次郎さん・明治三七年生まれ）

②大晦日に大井川から径一寸ほどの黒石を一二個迎えてきてユルイ（イロリ）縁に置いてユルイの浄めとした。

（静岡県榛原郡川根本町青部・下島惣五郎さん・明治二五年生まれ）

③大晦日にユルイの炉縁の四隅に飯を供えた。

（静岡県浜松市天竜区春野町小板・伊藤和三郎さん・明治四四年生まれ）

④大晦日にイロリの内部の土の塗り替えをした。まず灰を除いて畑に入れてから、塩を撒いた後塗り替えをした。灰のとり出しは年に一四回ほどした。

⑤大歳の晩イロリの床を清浄にし、神社の火を提灯にいただいてきてイロリの柴に移す。
（岐阜県高山市清見町二本木・脇谷佳澄さん・昭和一一年生まれ）

⑥大晦日、一旦イロリの火を消して、改めて火を打ち出してから新年の食物を煮た。
（福井県今立郡池田町水海）

⑦正月に初めてヂロの火を焚く時には次のように唱えてから火を起こした。「寝屋起きて　四方ユルリの隅見れば　燃え立つ煙は不動権現　弥陀と薬師が遊び参らす　鉤と自在は弥陀のお姿」――。
（福島県南会津郡只見町石伏）

⑧正月にタラノキの箸をイロリの灰に挿し立てる。これを行うとその年はイロリの中に悪いものが入ってこない。炉縁より中に足を入れてはいけないという意味もある。
（宮崎県東臼杵郡椎葉村竹の枝尾・中瀬守さん・昭和四年生まれ）

⑨一か月漬けこんだアマゴの熟《な》れズシを、正月に家族そろってイロリの周りで食べた。冷たい熟れズシは歯に滲みるといって父半之丞（明治六年生まれ）はイロリの熾を皿に入れ、熟れズシを温めて食べていた。
（秋田県男鹿市真山・菅原福次さん・明治四五年生まれ）

（岐阜県本巣市根尾小字越波《おっぱ》・松葉長之助さん・明治二九年生まれ）

⑩一月一五日の夜、ヨコザの前の灰の上に平年は一二個、閏年は一三個の大豆を並べ、一月から一二月、一三月を定めて各大豆の焦げ方を見て月々の天候を占った。焦げ方がひどいと雨が多いことになる。
（岩手県宮古市田代小字君田・村上正吉さん・大正一二年生まれ）

⑪一月一六日の朝、イロリの四隅に塩を振る。（山形県村山市楯山《たもやま》・鈴木シケノさん・大正一四年生まれ）

これは小正月の儀礼だと考えられる。

⑫一月二〇日を「トコロ節供」と呼ぶ。この日の朝イロリでトコロを焼いて高神様とエビス様に供える。飢饉の時トコロを食べたことを忘れないためだと伝えている。

（静岡県静岡市葵区長熊・長倉てつさん・明治四四年生まれ）

富山昭氏は次のような報告をしている。*5「清水市（現静岡市清水区）両河内川合野では二十日正月を「野老《ところ》節供」と称し、野老を掘って、焼いて苦い部分を食べる。同じく板井野でも野老を焼きいぶし、この時戸を開けて怖がっていると、外から小判をくれていくものだと言い伝えた。」――

⑬門松を一月二〇日まで立てておいて、二〇日に除いてそれをイロリで燻《くす》べた。この燻べた煙と匂いで貧乏神を追い出すのだと伝えた。この日の朝はどの家の破風からも煙が出ていた。外を歩くと貧乏神にとりつかれると言って外を歩く者はいなかった。

（愛媛県上浮穴郡久万高原町旧柳谷・長谷直国さん・明治四二年生まれ）

⑭堅雪のことを凍《し》み雪という。凍み雪になると「春一番」のために清水の湧いているところへ芹を採りに行く。芹を採ってくると、ホタテ貝の貝殻に、刻んだ芹・大根おろし・煮干し・味噌をのせ、イロリの炭火で焙りながら解き混ぜ、家族全員そろって食べ、初笑いをした。これをアブザラ（焙皿）と称し、「春一番」と呼んだ。（新潟県新発田《しばた》市滝谷新田・佐久間進さん・昭和二五年生まれ）

⑮節分の福豆は、イロリが生きていた時代には当然のことながらイロリの火で炒られていた。長野

県飯田市上村下栗では豆を炒る時に榧《かや》または樅《もみ》の枝を燃した。また、葉つきの榧の枝に鰯の頭を刺して戸口に挿した。鰯も当然イロリで焼いたのである。長野県下伊那郡天龍村や静岡県浜松市天竜区水窪町でも節分の鰯を刺すのに榧の枝葉を使った。この一帯では榧の葉のことを「バリバリ」と呼ぶ。これは榧の葉を燃す時に出る音の擬声語である。

節分に榧の葉を使う例は他にもある。

⑯榧の葉を一枚一枚ちぎってイロリで燃し、その火で、アサギ（麻ガラ）にゴマメ・榧の葉を挟み女性の髪の毛を巻きつけたものを焙りながら、「ヘブトの口　蚊の口　蚤の口　虻の口　蛭の口　マブシ（マムシ）の口　百足の口　その他もろもろの悪口を焼く」と唱え、焙り終えてから戸口に挿した。（福井県三方《みかた》上中《かみなか》郡若狭町三田・池上三平さん・明治三七年生まれ）

榧の葉を用いるのは、葉の突刺性と、葉を燃す時に出るパチパチ・バチバチ・バリバリという音に悪しきものを追放する呪力があると考えたのである。

⑰イロリの火の周りに一二個の豆を並べ、そのおのおのの豆の焦げ方でその年の天候を占った。黒く焦げた月は雨が多いと言われていた。節分の豆を保存しておき、初雷の時に食べると雷除けになると伝えた。（静岡県藤枝市高田・寺田覚雄さん・大正一一年生まれ）

⑱節分には炒った大豆を水に入れて茶碗に落としてみて、それが沈めば豊作、浮けば不作だとしてその年の作物のできを占った。（愛媛県上浮穴郡久万高原町旧柳谷・長谷直国さん・明治四二年生まれ）

⑲二月八日と一二月八日は目一つ小僧がくるという。この日は赤飯を炊いてイロリの鉄灸で焼いて

から唸りながらこれを食べる。目一つに、この家には病人がいると思わせるためである。別にイロリの炉縁に目一つ小僧の分として赤飯の握り飯を一つ置く。目一つは握り飯の小豆の目があまりに多いので驚いて逃げるのだと伝えている。

（静岡県伊豆市湯ヶ島町長野・浅田あいさん・明治三六年生まれ）

⑳二月八日、ユルイ（イロリ）で楠の木を燻す。さらに、子供たちが笹竹を持って、「〽風邪の神を送り出せ」と大声で叫びながら小布杉境まで送った。

（静岡県静岡市葵区三ツ野・寺坂すぎさん・明治二三年生まれ）

㉑コト八日、風邪の神送りなどとも呼ばれる二月八日に子供たちが鉦を叩きながら「〽トードの神を送れよ　チーチーオッポのサンヨレヨ」と囃しつつ山の神の祭り場まで送った。子供たちが各戸を回る時、イエイエではイロリの鉤に吊るしてある鍋・鉄瓶などを必ずおろした。

（長野県飯田市上村下栗・野牧政男さん・明治三四年生まれ）

イロリの鉤に吊るしてある鍋・鉄瓶をおろすという儀礼的行為は、この日煮炊きを慎んで物忌みをしていることの象徴となっている。事例⑬の外出を慎むことも忌み籠りを意味している。

㉒一一月二三日、大師講の夜、ホドの周囲にヌカ（籾殻）を入れ、その中に大根を入れて焼く。大根の皮が丁度よく焦げてよい。二四日の朝それを細かく切って荏胡麻《えごま》和えにして食べた。

（新潟県魚沼市大栃山・大島寛一さん・明治三八年生まれ）

㉓一一月二三日、大師講の夜、大根をイロリの灰の中で焼き、二四日の朝、削り大根にして胡麻味

噌をつけて食べた。

（新潟県魚沼市三ツ又・中沢知一郎さん・大正六年生まれ）

三　呪いと禁忌伝承

火は人に大きな恵みをもたらす反面、人に火傷を与え、時に家を焼き尽くすといった恐ろしい存在でもある。人びとは火の鎮静を願い、火難を受けないように願った。その火と直接接する場の一つにイロリがあった。火を囲っているイロリは聖域ともなり、人びとは火傷・火難除けの呪的な営みに心を配り、イロリにかかわる様々な禁忌伝承を語り継ぎ実践してきた。

イロリが幼児にとって極めて危険な場であることは、野口英世の伝記の中で必ず語られる火傷の話によってもよくわかる。火傷予防の呪的伝承には以下のものがある。

写真①　ヒジロ（イロリ）の中に置かれた火傷除けの丸石（静岡県榛原郡川根本町幡住、市川家）

①イロリの灰の中に丸石を入れておくと子供が火傷をしないし怪我もしない。イロリの灰の中に唾を吐くと風邪をひく。（静岡県榛原郡川根本町幡住《はたずみ》）

写真①は昭和五一年八月、幡住の市川よりさん（明治二四年生まれ）を訪ねた時のものである。市川家のイロリは三尺に一間、畳一畳分で大きかった。薪ストーブも置かれてはいたがイロリも生きていた。当地はイロリの呼称がヒジロとユルイの混交する地で、イロリのことはヒジロと呼んだが炉縁のことはユルイブチと呼んでいた。火床の鉄瓶の下の位置に径七センチほどの丸石が二個置かれているのがわかる。また、炉縁の木の一部が火のために焦げて欠損しているのもわかる。

②特に子供が火傷を負わないことを願って、ゲンコツぐらいの丸石をイロリの灰の中に入れておいた。また、神棚に飾った橙をさげた後イロリの灰の中に入れておいた。橙は石のようにカチカチになった。

（静岡県田方郡函南《かんなみ》町田代）

③正月飾りの橙をヒジロの灰に埋めておくと火傷が防げると伝えこれを行った。

（静岡県御殿場市印野・山梨県南都留郡道志村）

④大井川から径一寸ほどの丸石を四個拾ってきてユルイの四隅の灰の中に入れておいた。こうしておくと火の粗相がないと伝えられていた。

（静岡県榛原郡川根本町平栗・中沢金仁さん・明治三〇年生まれ）

⑤ユルイの隅の灰の中に丸い石を入れておくと子供が火傷をしないと言われていたのでそうした。

（静岡県浜松市天竜区春野町川上・高田格太郎さん・明治三四年生まれ）

⑥子供が火傷をしないようにとイロリの隅に丸石を入れておいた。

（静岡県伊豆市原保《わらぼ》・石井しずさん・明治三九年生まれ）

⑦鋳物師《いもじ》の金屎《かなくそ》で壺のような形になっているものをイロリの灰の中に入れておくと火傷をしないと

言い伝えられている。

（福島県南会津郡只見町石伏）

⑧イリナカ（イロリ）の四隅に塩を撒いておくと子供が火傷をしない。

（富山県砺波市千代小字油田《あぶらでん》・西尾宇吉さん・明治四二年生まれ）

⑨径三寸の丸石をイロリの四隅の灰の中に埋めておくと火伏せになる。

（静岡県榛原郡川根本町尾呂久保・土屋亀一さん・明治三八年生まれ）

イロリに関する禁忌伝承は多岐に及ぶ。以下にその一部を紹介する。

①正月にイロリに足を入れるとその年の苗代田に鴨が入って荒らす。イロリのアク（灰）をかきまわすと中から坊主が出てくる。イロリの火を叩くと寝小便を漏らすようになる。鉄瓶で湯を沸騰させ続けるとその家から金が逃げていく。

（青森県西津軽郡鰺ヶ沢町一ツ森・大谷秀教さん・昭和二三年生まれ）

②元旦にイロリの中に足を入れるとその年は苗代に鴨がつく。

（青森県中津軽郡西目屋村白沢）

③正月からお正月明けの二〇日までにイロリの炉縁から中に足を入れるとその年の苗代が鴨に荒らされる。子供がこの禁を破ると火箸で叩かれた。

（青森県西津軽郡鰺ヶ沢町長平町・中村又三郎さん・昭和八年生まれ）

④イロリにくばる（炉縁より中に足を入れる）とアモメ（火斑）ができる。アモメができるとアモメハギが来る。

（新潟県東蒲原郡旧上川村）

⑤ユルイを苗代に見立てて、元旦・二日にユルイの中に足を入れると、春、籾を蒔いた苗代に雀・鳥が入って荒らすと伝えている。（富山県南砺市利賀村阿別当・野原ことさん・大正四年生まれ）

⑥ユルイの灰を突っついたり、灰を水で濡らしたり、灰の中に唾を入れたりするとユルイの灰の中から「ユルイ婆さん」という妖怪が出てくると言い伝えられていた。

（静岡県浜松市天竜区春野町川上・高田格太郎さん・明治三四年生まれ）

⑦切った爪をヂロ（イロリ）に入れると七代カシケル（貧乏する）。カシケンボーという言葉がある。

（宮崎県東臼杵郡椎葉村竹の枝尾・中瀬守さん・昭和四年生まれ）

⑧太いホタのことをツックイボウと呼んだ。「ツックイボウの燃え先を突っついてはいけない」という禁忌があった。火ボコリ（火の粉）があがって下げ棚（火棚）に移るからである。「ユルイ（イロリ）の灰を濡らすと家の中が湿める」「ユルイの灰を濡らすと病人が出る」と伝え、イロリの灰を濡らすことを禁忌とした。

（静岡県川根本町青部・下島惣五郎さん・明治二八年生まれ）

⑨イロリの四隅にはどこにも神がいる。「イロリの角を跨ぐな」「イロリに足を入れるな」「イロリに唾を吐くな」と言い伝えられていた。

（福井県今立郡池田町水海）

⑩男がマタギに出ている時に家人がイロリのキシモト（キジリ）を跨ぐと山で雪崩が起きる。

（青森県中津軽郡西目屋村砂子瀬《すなごせ》・鈴木忠勝さん・明治四〇年生まれ）

⑪鍋の鉉のことをヤマとも言う。イロリの鉤に掛けられた鉉鍋の中の食物をヤマゴシ・ツルゴシに分けてはいけない。

（福島県南会津郡只見町田子倉出身・大塚正也さん・昭和四年生まれ）

⑫蚕の上蔟期にはイロリで火を焚いてはいけない。また蚕の下で魚を焼いてもいけない。
（富山県南砺市相倉・池端貞江さん・大正九年生まれ）

⑬ヨコザとカカザの間の隅にホタを入れてはいけない。夫婦の間を裂くことになるとしてこれを禁忌とした。
（福島県南会津郡只見町石伏）

⑭アマゴ（アマ天井）の上に藁と麦稈をのせて収納した。藁は剛日《こうじつ》（奇数の日）には降さない。田植えは剛日にはしない。麦稈は地火日《ぢかにち》には降さない。地火日には畑に種蒔きをしない。この禁を破るとアマゴの上で藁と麦稈が擦れて火事になる。
（静岡県浜松市北区引佐町川名・山下治男さん・大正一〇年生まれ）

右の事例を見ただけでも人びとがいかにイロリの灰やイロリの清浄を守り、火を尊び、イロリを聖視してきたかがわかる。別項でふれている通り、イロリの灰は栃の実その他の食物のアクヌキや洗剤として利用され、イロリの中で様々な食物を焼いてきたことと深くかかわっている。イロリの中の火の扱いに慎重さを欠けば直ちに火難に結びつくのである。

火傷防除にかかわる呪的伝承やイロリにかかわる禁忌伝承以外にもイロリに関する呪的伝承や信仰伝承は種々あり、各地に伝えられている。以下にその一部を示す。

①家で葬式をしてその忌み明けに安倍川河口部の海岸に赴き潮水を汲んで帰る。その潮水をイロリの四隅に注ぐ。
（静岡市葵区長熊・長倉てつさん・明治四四年生まれ）

②イロリのヨコザとカカザの隅を荒神様の座だと伝え、そこにはとりわけ注意をはらった。

（静岡県静岡市葵区梅ヶ島・葉山毅さん・明治四二年生まれ）

③荒神祭りの時にはイロリの灰にオタカラ（御幣）を挿し立てて祈った。毎年の荒神御幣は天井裏にためて置き、代替わりの時に納めるならわしだった。

（静岡県浜松市天竜区水窪町大野・水元貞蔵さん・明治二二年生まれ）

④毎朝先祖様にお茶をあげる時に、金神様《こんじん》にあげると称してイロリの隅の灰の中に数滴のお茶を垂らした。

（静岡県榛原郡川根本町尾呂久保・土屋亀一さん・明治三八年生まれ）

⑤母屋は東西に長く南面していた。ヒジロは三尺に一間で東西に長かった。朝ヒジロで湯を沸かし、最初にお茶を入れると、カカ座とシモ座の隅に少量のお茶を垂らしながら「南無無縁さん　南無無縁さん」と唱えた。鍋で飯が煮えると、鍋蓋の上に少量の米粒をのせて「南無無縁さん　南無無縁さん」と祈った。このような祈りをしておかないと「無縁さん」に呼ばれ、つれて行かれると伝えた。無縁さんとは、無縁仏で浮遊霊だが、「ホーイ」と弱々しい声で呼ぶものだと伝えられていた。

（静岡県榛原郡川根本町寸又《すまた》小字湯山・望月ひなさん・明治四三年生まれ）

⑥火に関係する夢を見たり、火の玉を見たりした時にはイロリの四隅に水を注ぐ。同時に藁叩き石にも水を注ぐ。

（愛媛県上浮穴郡久間高原町旧柳谷・長谷直国さん・明治四二年生まれ）

⑦正月飾りの橙をイロリの灰の中に入れておき、咳がひどい時にそれを煮出して飲んだ。「酢が枯れると効くようになる」と言われていた。（静岡県賀茂郡河津町見高・島崎勝さん・明治三九年生まれ）

⑧リンパ節の炎症性腫脹を「ヨコネ」という。ヨコネに罹ったら、イロリの中の灰を踏んで足型をつけ、その足型の中央に燠をのせると癒ると伝えられていた。

（宮崎県西臼杵郡高千穂町岩戸・工藤久利さん・大正五年生まれ）

⑨イノーが出た（リンパ腺が脹れた）時にはイロリの灰を踏んで足型をつけ、その足跡の中に燠を三つ並べて息を吹きかければ癒ると伝えられていた。

（長野県下伊那郡泰阜《やすおか》村漆平野《しっぺの》・木下さのさん・明治三〇年生まれ）

⑩昔炭焼き小屋に泊まっていた男が巨大な蜘蛛に喰い殺されたという話がある。炭焼き小屋にもイロリがあるので、炭焼き小屋に泊まる者はイロリの四隅に長さ五寸の棒を立てた。この棒に蜘蛛糸を巻かせて蜘蛛の難を逃れようとする呪術である。

（静岡県賀茂郡河津町沼の口）

四　イロリとナマハゲ

火の分化が進む前、時を溯るほどにイロリの求心力は強いものだった。抱き炬燵《こたつ》・行火《あんか》・湯たんぽなどが普及する前、毛布もなく、夜具も粗末だった時代には、イロリの周囲で寝るという形も珍しいことではなかった。鈴木牧之は『秋山記行』の中で以下のように書いている。[*6]「極寒の時でも夜具はない、右の衣類（切れ布子《ブウトウ》）着た儘にて、帯もといたりとかぬだりして、炉縁を枕にし、又は炉端たに横たはり、帯解たるものは、常の着ものを其儘かけ、炉には大なる割り木を、夜の明る迄焚故、火がざく〳〵と溜り、四方の炉端に寐たるもの〔にて〕、眼の覚たもの火をつくろひ、其火気を便りに寐申。又、焚火を離れ寐るものは、叺《かます》の中に這入て臥せる。夫婦は取わけ大きなる叺一ツに這入て寐る」――。

近代に入ってもイロリの周囲で寝ることは珍しいことではなかった。高知県高岡郡檮原《ゆすはら》町大田戸の中越盛行さん（明治四三年生まれ）・佐鳥さん（大正三年生まれ）夫婦から以下の話を聞いた。盛行さんが鍛冶屋の修業をしたのは上本村の中平家で、そこは姉めぐみの嫁ぎ先だった。盛行さんはある時、姉の姑に当たるつねさんから次の言葉を聞いたことがあった。「婆さんらこまい時にゃふとんちゅうものなかったぞ。藁で編んだもの被って紙で作ったもの着て寝たぞ」――佐鳥さんの実家は越知面の横見、川上家だった。佐鳥さんは、母のうめ（明治一九年生まれ）から渋紙をふとんの代りにして寝たことがあるという体験談を聞いた。いずれも、冬はイロリのある部屋で、イロリの傍で寝たのである。冬季、暖を採るために夜もイロリの火を炊き続け、そのイロリに背を焙りながら寝る老人が多かった。盛行さんの祖父虎治も、上半身裸でイロリの側で寝たので背中にアマブラ（火斑＝火ダコ）ができていた。盛行さんはそれをよく覚えている。

右に、アマブラと年寄りの関係が明白に語られている。老人は体の冷えに悩まされる。山形県鶴岡市旧温海《あつみ》町で、年寄りは保温のためにドブロクを飲んで寝るので、年寄りのある家ではドブロクをたくさん醸《かも》したと聞いたことがある。

高知県高岡郡檮原町大蔵谷の西村晴實さん（昭和五年生まれ）は次のように語る。裾をまくってイロリの火に当たり続けるとアマブラが腿《もも》の内側にできた。紫色をした亀の甲の形のようなものが連なってできた。「イジマエ（居住い）が悪いとアマブラができる。イジマエを正せ」と親たちから言われた。――別に次の言葉も聞いた。「アマブラをきつう付けるとすぐには逃《の》きませんねえ。足を広げないと暖かくないのでつらかった」（同町上本村・二神政美さん・明治四二年生まれ）。

イロリの火による火斑を示す言葉は地方によって異なる。アママ＝徳島県那賀郡・広島県・島根県・宮崎県・新潟県、アマミ・アマビ＝長野県東筑郡、アマミ＝石川県、アマビレ＝愛知県北設楽郡、アバミ＝岐阜県飛騨地方、アバネ＝島根県出雲地方、アボメ＝熊本県、ナモミ＝秋田県・岩手県、ナゴミ＝岩手県、ヒカタ＝秋田県・岩手県などがある。

年の折目、大晦日や一月一五日の夜、秋田県男鹿半島にはナマハゲが出現する。ナマハゲは鬼面をつけ、ケラ蓑（シナの剝き皮〈内皮〉で作った蓑）や藁蓑を着、出刃包丁・手桶を持ってイエイエを巡回する。ナマハゲとはナモミハギ（火斑剝ぎ）の意であり、ヒカタタクリ（火形たくり）ともいう。岩手県宮古市松草ではナゴミタクリ、新潟県村上市大栗田、石川県鳳珠《ほうす》郡能登町秋吉などではアマメハギと呼んだ。これらはいずれも、ムラびとが鬼面異装をし、来訪巡回する神を演じる形である。これら異形の神々は、現今では、アマブラ・ナモミを作るような怠け者を諭し、子供を善導する役割を担うように語られるのであるが、本来は、ナモミ・アマメなどに象徴される冬の間に人びとにたまる心身の汚濁、病いなどを除去し、人びとに春以降を働き抜く生命力・活力をもたらしてくれる尊い存在だったのである。この異形の訪れ神の呼称に立ちもどって考えてみればそれは明らかである。先に紹介した、身体性を持ってイエイエを回る異形神の登場までには至らなくとも、異形の来訪神の伝承像を伝える地は他にもある。

宮崎県東臼杵郡椎葉村では火斑のことをアマメと呼ぶ。行儀悪くイロリの火に当たる子供を戒めるために、親たちは「アマメ剝ぎの爺のくっど」（同村長江・椎葉治美さん・大正一一年生まれ）、「アマメ剝ぎがきゆるぞ」（同村不土野・椎葉伊八さん・大正五年生まれ）などと語ったという。

高知県の山地では火斑のことをアマブラと称する。高岡郡津野町芳生野《よしうの》乙王在家《おつおうざいけ》の長山長水さん（大正一四年生まれ）は、子供の頃行儀悪くイロリの火に当たっていると、親たちから「アマブラコスリがくるぞ」と戒められた。アマブラコスリとは鬼のようなもので、アマブラを剝ぎに来るのだと聞かされていた。吾川郡仁淀川町別枝《べっし》生芋《せいそう》の杉本馨泉さん（大正一〇年生まれ）は、祖父から「アマブラつくるとアマブラコスリがくるぞ」と聞かされた。

右に示した宮崎県・高知県の伝承は、東北・越後・北陸の積雪地帯に伝承・実修されるナマハゲ・ヒカタタクリ・ナゴミタクリ・アマメハギなどと共通する民俗土壌において発生したものであり、異形の神が身体性をもって眼前に出現するか、口頭伝承にとどまるかのちがいである。両者ともに厳しい寒さに対応するイロリを発生の基盤にしている。より寒く、より雪深く、より冬が長い地域においてムラびとが扮する神が登場し、比較的に雪も少なく、冬も短い四国・九州において口頭伝承にとどまっている点には、環境差が影響していることが考えられる。煮炊きに特化した竈への依存度が高く、イロリの衰退が早かった地にはこうした伝承はないのである。ナマハゲ型訪れ神やその現象を生み出したものはイロリにほかならない。

ナマハゲ型訪れ神の伝承・実修地においても高度経済成長期以降、生活様式が激変し、イロリは薪ストーブ、化石燃料ストーブ、電気空調設備にその座を譲った。多量の煤を発生させ、それを屋内に拡散させるイロリは敬遠される。イロリが消え、密閉性を増し、床や敷物を整えた新しい住宅の座敷では、ナマハゲ型の訪れ神も招かれざる客と化しつつある。

五　煙の行方

宮崎県東臼杵郡椎葉村竹の枝尾の中瀬守さん（昭和四年生まれ）は次のように語る。小正月を迎える前の一月一四日夕刻、ヂロの前で次の祝《ほ》き唄を唱する。「〽寝屋起きて四方ユルリの隅見れば　燃え立つ煙は不動権現　弥陀と薬師が遊び参らす　鉤と自在は弥陀のお姿」――この唄を唱した後、ヂロで一晩中味噌を焼き続けた。このようにすると福がやってくると言い伝えていた。この呪術儀礼は注目すべき内容を含んでいる。浄められ、賛美されたイロリから立ち昇る煙は神の依り来る目印となり、一晩中立ち昇る味噌の匂いは神の嗅覚を刺激して神を誘うしるべになっているのである。祝き唄に登場するのは仏であるが、実際は小正月の神おろしだと見てよかろう。

香気と神の関係については柳田國男が「鳥柴考要領」でクロモジについて述べている。[*7] 右の焼味噌の香気との脈絡が考えられるところである。焼味噌の香気の誘引性を語る例を示そう。静岡県浜松市北区引佐町川名の山下治男さん（大正一三年生まれ）は田植の時、田小屋で蕗《ふき》の葉に味噌を包んで焼いて食べた。これは田植という重要な作業にかかわる田の食物で、田に限って作ることが許されていた。平素母屋の中で蕗の葉で焼味噌を作ると、「納戸の荒神様が蕗の焼味噌の匂いに誘われ焼味噌をほしがって出てくる」と言い伝えていた。納戸荒神はイエの守り神、東北のザシキワラシのごとき存在で、納戸荒神が納戸から出るということはイエの衰退を意味していた。

さて、冒頭の、ヂロから立ちのぼる焼味噌の香気と煙による神おろしにつながる事例を示そう。

①旧暦三月一六日は農神様の日で、この日は朝、早起きをしてイロリの煙を立てた。またカラ臼を搗いて音を立てた。（岩手県下閉伊郡岩泉町年々《ねんねん》・祝沢口良雄さん・大正一一年生まれ）

②三月一六日を山の神が野へ下る（畑へ下る）日だとし、この日はなるべく早起きをして、イロリで杉の葉を盛んに焚いた。煙をたくさん出した家に神様が良い種をおろしてくれると言い伝えた。また山の神はこうして畑神となり、畑作物を守って九月一六日になると山へ帰ると言い、一二月一二日には歳神になるとも言い伝えた。（岩手県花巻市大迫町川目・小松平巳代吉さん・明治三九年生まれ）

これらの三例を見ると、煙が神の依りつく目印として意識されていることがわかる。煙突とサンタクロースの関係とも一致する。

①では音が神おろしの道標となることも語られている。ここでは、まず、イロリの煙が神のしるべになることを認めたい。椎葉村の例にもとづき、煙並びに香気が神誘引の印になっていることに

注目し、煙も香気もイロリから発せられている点を確かめたい。イロリは家の中の聖域である。それは、一見平面的認識にもとづくものに見えるのだが、イロリのホドの上には火棚があり、さらにその上にはアマ簀がある。火棚やアマ簀の即物的な力には大きいものがある。イロリの煙は、屋根裏を経て、煙出しに通じ、さらには天にもつながっているのだ。

イロリの煙は右に見たような信仰的招《お》ぎ代《しろ》の役目を果たすにとどまらず、むしろ、それ以前に木の実を燻乾させ、火の熱気とともに種芋類の保温にも力を果たした。さらにその燻乾力は屋根裏全体に及び、屋根素材の萱の湿気を除き、萱につく虫類を駆除し、結束材ともども屋根を強くした。ノヂ竹は煙に燻され続けて艶やかな褐色をなし、強度を増して、加工素材として歓迎された。これをススダケ（煤竹）と呼ぶ。越中五箇山の「コキリコ節」は広く知られている。コキリコ節にかかわるリズム楽器の一つに「〽コキリコの竹は七寸五分じゃ……」と歌われる竹がある。七寸五分の二本の竹を打ち合わせてリズムを刻むのであるが、これに、合掌屋根に使われ、イロリの煙に燻され続け、役割を終えたノヂ竹を使うのである。手もとにあるコキリコを打ち合わせてみると、乾いて硬質な美しい音を発する。イロリの煙に燻された梁材やノヂ竹の美しさについてはブルーノ・タウトも言及している。

菜種油・石油以前の灯火燃料に、ヒデ・コエ松・アブラ松・ロウ松・ジンなどと呼ばれる樹脂を多く含んだ松の根の部分があった。これを刻んでイロリの隅に立てたヒデ鉢・松灯蓋などに入れて灯火として利用したことについては柳田國男が詳述している。[*8] そのように松がイロリとかかわりながら重い働きをしていた時代があったのである。しかし、ヒデ・コエ松とて煤が出ないわけではなかった。イロリのホドに焚く焚木がくすぶり、イロリの周りにいる人びとが煙に巻かれ、噎《む》せたり咳き込んだり、煙が目に滲みて涙が出たりすることは日常的にあった。このことはブルーノ・タウトも記している。ヒデ・コエ松は灯火として大きな力を発揮してきたのであるが、同じ松でも、コエ松ではない部分をホドで焚く焚木として使った場合は、最もひどくくすぶり、いぶり、煙や煤を多く発生させる存在になった。以下は長野県飯田市南信濃木沢中立の白澤秋人さん（昭和四年生まれ）の体験と伝承である。家で竈を造ったのは昭和三〇年のことだった。それまではすべての煮炊きをイロリの火で行っていた。どんな木でもくすぶることがあるが最もいぶり、煙いのは松材だった。同地の氏神は正一位稲荷神社で、八日市場の月日神社と一年交代で一一月三〇日から一二月一日にかけて夜を徹しての大祭り（霜月祭り）が行われる。大祭りに際して各戸より一戸何把と割り当てて焚木を集めるのであるが、その焚木束の中に松を入れてはいけないと定められている。湯立てを中心として夜神楽が奉納されるのであるが、その際、松を燃やすと煙に悩まされる。のみならず、湯立ての釜を中心として上部にシデやザゼチを垂らした白蓋を設け、これを湯殿と呼ぶのであるが、松を焚くと、その白蓋の白い和紙が煤で汚れてしまうのだという。

日常、自家のイロリでも木のくすぶり、煙・煤などには悩まされた。煙で眼を悪くする者もいた。南信濃須沢の吊り橋のタモトに目の神様があった。イロリの煤煙で目を悪くした人は目の神様に参ったのである。

イロリの煤煙を止め、終息させて焚木をうまく燃やすために火吹竹《ひふきだけ》を使った。火吹竹は尺五寸から二尺ほどの淡竹で、一節をぬき、一節を残す。残した節に錐《きり》で穴をあけ、もう一方の切断口を吹き口として息を集約して錐穴から火に空気を集中的に当てるように吹くのである。

柳田國男は火吹竹について次のように述べている。[*9]「たつた一本の竹を節をかけて切り、底に小さな穴をあけるだけの考案ではあるが、竹の得られぬ土地も全国には随分多く、錐は殊に家々に具はつた道具でない。其上に斯んな小さな穴をあけただけで、火を吹く呼吸が調節せられるといふことも、さう安々と心づく法則ではないのである。後から考へればこそ何でもない話のやうだが、最初は是でも発明であり、又は幸福なる発見だつたのである。」――そして、火吹竹の不要化を強く促したものとして付け木とマッチの登場をあげている。

写真② 火吹竹を吹く（高知県吾川郡仁淀川町椿山、中内家）

この見解に異論はないのだが、付け木とマッチが普及した後にも、イロリ・竈・風呂場のおのおので火吹竹は健闘した。

ここで、火吹竹以前についても考えてみなければならない。始原の時代の火起こしや火の獲得の困難さは想像に余りあるが、近代に入ってまで用いられた火打石《ひうちいし》・火打鉄《ひうちがね》、起こされた火を受ける火口《ほくち》とその用法、やっと生まれた小さな火を起こしたり受けたりするには苦労があり、付け木の登場を待っても火起こしにはなお心を砕いたのである。生まれたての火や火種から火を起こす（熾こす）ためには空気を集中的に送らなければならない。火吹竹以前を考えてみると人が口をすぼめて息を吹くという行為が浮上してくる。

柳田國男の『海南小記』の中に次の一文がある。[*10]「竈神に醜い神像を作るのは、今尚東北一般の風である。之を火男と謂つたのがヒョットコと為り、火吹きと謂つたのが潮吹の面になつたかと思はれる。」――柳田はまた、『桃太郎の誕生』の中で、ヒョットコ→ヒョウトク→水から出てきた小童、といった文脈も示唆している。

折口信夫は芸能の視点から面をとらえ、以下のように述べている。[*11]「田楽とても、面を用ゐることは相応にあつたもので、殊に、狂言に使はれるうそぶき――後のしほぶき――の如きは、田楽から出たものと謂はれる。即もどきと言ふものである。（中略）もどき面は、条件として、口を尖して突き出して居る。所謂すげみ口である。面のつくりの上から言へば、細く飛び出た両唇を横に曲げた方が、打つ上からも保存の上からも便宜なのでさう言ふ形に傾いて行つた。うそぶきと言ふ名は、鶯を寄せる口笛を吹くことで（後略）」（傍点原文）――。

岩手県や宮城県に伝わる昔話系の、竈神につながる小童がヒョウトクやショウトクの名を負う例があり、これがヒオトコ（火男）・ヒョットコと脈絡を持つことは理解できるのであるが、私が見た宮城県の竈神は口が尖っても曲がってもいなかった。竈神は異様に大きく黒々として角と牙のない鬼のような面貌だった。ヒョットコ・火男の名にふさわしいのは現実的にはオカメ・ヒョットコの口の尖った面である。口をすぼめ火を吹いている面相を固定化したものとして納得できる。

静岡県焼津市藤守、大井八幡神社で毎年三月一七日に田遊びが行われる。中で振取《ふっとり》役が付ける面は口をすぼめ左に曲げ口辺に皺を寄せている〔写真③〕。潮吹き面とも呼ばれるが、この田遊びを見るたびに、火男と潮吹きの関係がすっきりしなかった。静岡県浜松市天竜区水窪町の西浦田楽に登場する三番叟の面も、口辺に皺を寄せ口を尖らせてはいるがこちらは口が曲ってはいない。藤守の面も西浦の面も古色が滲んでおり、世上に出回っているオカメ・ヒョットコのヒョットコ面との懸隔があまりに大きい。折口説にも惹かれはするが、いま一度、ヒョットコ＝火男説にもどってみたい。始原の時代、火を起こし、火を熾こし、火を守るのは神聖な仕事であったはずだ。『古事記』の倭 武《やまとたける》東征伝の中に「御火焼《みひたき》の老人《おきな》」が登場する。こうした存在を神格化すれば、火を管理する火男となる。道化と化した火男は、聖なる火の管理者が火から離れて零落した姿だと見ることはできないだろうか。火男の淵源に海の小童がかかわっていることや、ヒョットコ面に合わせて潮吹き面という呼称が浸透していることにも注目しなくてはならない。火を起こすすぼみ口、とがり口は水を吹くすぼみ口にもなる。火男は、火を起こす力を持つばかりでなく、火の危急においては水を吹いて火を鎮める呪力を持つとも信じられたのである。火男は偉大なる火の管理者

写真③　振取の潮吹き面（焼津市藤守大井八幡神社の田遊び、撮影・八木洋行）

たることを期待された存在だったとも考えられる。折口説は機を改めて学びなおしてみたい。

1――日本国語大辞典第二版編集委員会『日本国語大辞典』（第二版・小学館・二〇〇二年）。
2――柳田國男『火の昔』初出一九四四年（『柳田國男全集』14・筑摩書房・一九九八年）。
3――稲田浩二ほか編『日本昔話事典』（弘文堂・一九七七年）。
4――前掲・注2に同じ。
5――富山昭『静岡県の年中行事』（静岡新聞社・一九八一年）。
6――鈴木牧之『秋山記行』一八二八年擱筆、初刊一九三二年（宮栄二校注『秋山記行』東洋文庫・平凡社・一九七一年）。
7――柳田國男「鳥柴考要領」初出一九五一年（『柳田國男全集』19・筑摩書房・一九九九年）。
8――前掲・注2に同じ。
9――前掲・注2に同じ。
10――柳田國男『海南小記』初出一九二五年（『柳田國男全集』3・筑摩書房・一九九七年）。
11――折口信夫「日本文学における一つの象徴」初出一九三八年（『折口信夫全集』17・中央公論社・一九六七年）。

第八章　イロリもろもろ

一　イロリと五感

民俗を学ぶ旅を続ける中で、イロリのキャクザに迎えられ、語りに耳を傾け、かつもてなされたことがたびたびあった。石川県白山市の旧白峰村へは焼畑の民俗を学ぶために五回ほど通った。苛《いら》原《はら》という山中の平地には、焼畑を営むために春から秋にかけて暮らす出作り用の家屋が建てられていた。長坂吉之助さん（明治二八年生まれ）の山の家は出作り小屋といった呼称を拒む堂々たる萱葺の二階建てだった。写真①は昭和五四年一〇月二八日、二度目に長坂家を訪れた時のものである。イロリのキャクザに迎えられた。自在鉤はあるものの五徳も併用され、そこには薬罐が掛けられていた。頑丈な火棚は煤にまみれて黒く鈍く光っていた。この火棚ではアマボシと称して焼畑で収穫した稗の穂を乾燥させたこともある。四尺四方のイロリにはブナ・ミズナラなどのホタが燃されて

写真① 長坂吉之助家の出作り小屋にあったイロリ（石川県旧白峰村苛原）

いたが、カカザとキジリの隅にはとりわけ太いホタが入れられていた。

酒好きの吉之助さんは午後三時、ヨコザに座して語りを続けながら一升瓶の酒を茶碗に注いでうれしそうに口に運んだ。そして、私の茶碗にも「萬歳楽」という銘柄の酒をつぎ、勧めてくれた。和手拭を独自な形で頭に巻いた奥さんは、折々相槌を打ちながらコンニャクの胡桃和えや蕪漬を勧めてくれた。酒が進むと吉之助さんは稗・粟の「穂搗《ほか》ち唄」を歌ってくれた。

〽江戸の弾左門の世盛り見られ　臼が七カラ杵百丁
〽穂を搗くには搗きようがござる　腰にシナ入れ手を下げて

吉之助さんは当時八四歳、声は朗々とし張りがあった。——こうしている間にも、ホタは燃え、その木の香ばしい匂いが鼻孔に迫り、平素嗅いだことのない山の香りは私の心を始原世界へ誘い、深い郷愁に誘った。夕ぐれは早かった。暇を乞い、再度の訪《おとな》いの許しを得て帰路についた。暮色の中、木々の紅葉は息を呑むばかりだった。冷えが迫りくる山道を、落ち葉を踏みしめながら下りた。衣類に滲みついたあのイロリの木の芳香はふとした瞬間に匂い立った。のみならず、帰宅した翌日も苛原に赴いた折に着ていた服からはあのイロリの木の匂いが立ち、吉之助夫婦の温顔と語り口、そして「穂搗ち唄」が蘇った。

イロリは嗅覚を刺激する場でもある。

山つきのムラや山中のムラムラではイロリの燃料に事欠くことはない。しかし、平地や盆地の中央部に暮らす人びとはイロリの燃料調達に苦慮し、種々くふうを凝らして燃料を探索した。津軽平野では「サルケ」、横手盆地では「ネッコ」と呼ばれる泥炭をイロリの燃料として利用した。サルケもネッコも湿地や水田を掘り起こし、採掘・乾燥させてイロリで燃した。[*1]

以下は青森県つがる市稲垣町繁田の尾野桂さん（昭和一〇年生まれ）による。——レンガ状に切ったサルケは、高さ一間半・二間四方のニオ（本来のニオは刈稲を円錐形に積み上げたもの）に積んで雨除けとして藁の屋根を掛けて保存した。サルケはイロリで燃した。母屋の中の土間の隅に当面使う分のサルケを積み、ムシロを垂らしておく。さらに、イロリのヨコザの対位置であるキシモトの脇に小分けしたサルケを箱に入れておく。キシモトに座る者がサルケを燃す。来客があると、「よく来たね」などと言って、切り餅状に割ったサルケを種火を囲むように立てた。暖のもてなしである。しばらくすると、暖かくはなるが同時に煙くなった。

サルケを燃やすと土臭かった。その臭いは衣類に染みついた。金木（現五所川原市）の中学校へ通っていたところ、岩木川右岸、山つきの生徒たちから「川向こう（左岸）の生徒はサルケ臭い」と言われた。それに対して、山つきの生徒はヒバの匂いがするとも言われていた。山つきの家ではイロリでヒバを焚いていたのである。繁田には山がないので、大晦日でもイロリの木は一本程度で、あとはすべてサルケだった。それにしても、環境差によるイロリの燃料のちがい、その燃料によるニオイ・カオリのちがいが衣服に染みついて生活圏のちがいを印象づけるという話は衝撃的だった。

岡倉天心は『茶の本』[*2]の中で次のように述べている。「主人は、客が皆着席して部屋が静まりきり、茶釜にたぎる湯の音を除いては、何一つ静けさを破るものもないようになって、始めてはいってくる。茶釜は美しい音をたてて鳴る。特殊のメロディーを出すように茶釜の底に鉄片が並べてあるから。これを聞けば、雲に包まれた滝の響きか岩に砕くる遠海の音か竹林を払う雨風か、それともどこか遠き丘の松籟かとも思われる。」——

釜鳴りや鉄瓶の音は民家のイロリにもある。その音の醸《かも》す静寂の中に身を置いたこともあった。故老や老婦人が燃料を整えつつ鉄瓶の湯を落ちつける。そして、その湯を、茶葉を入れた急須に注ぐ。キャクザに迎えた者に茶を出してくれる。

写真②は埼玉県秩父市荒川字白久の山口元吉（明治二九年生まれ）家である。昭和五七年五月のことだった。なお、同家では馬鈴薯・甘藷・トウモロコシ粉の団子・渋柿などをイロリの灰で焼いて食べたと聞いた。

写真③は富山県南砺市相倉の池端家、茶釜の湯沸かしのために火の調整をしているところである。茶釜には柄杓も添えられている。

写真②　鉄瓶の湯を急須に注ぐ（埼玉県秩父市荒川字白久、山口元吉家）

平成二五年一二月一日、熊狩について学ぶために新潟県村上市山熊田から山形県鶴岡市温海川《あつみがわ》にかけての、山中の出羽街道ぞいに歩いた。鶴岡市越沢の伊藤佳之さん（昭和三〇年生まれ）が熊について詳しいと聞いたので同家を訪れた。佳之さんは近くの野良に出ていたが早速もどってきて炉縁のキャクザに招じ入れ、話を聞かせてくれた。イロリといっても積雪地帯の多くの農家がそうであるように、伊藤家でも、イロリの跡、炉縁の中に薪ストーブを据えたものだった。四寸幅の炉縁

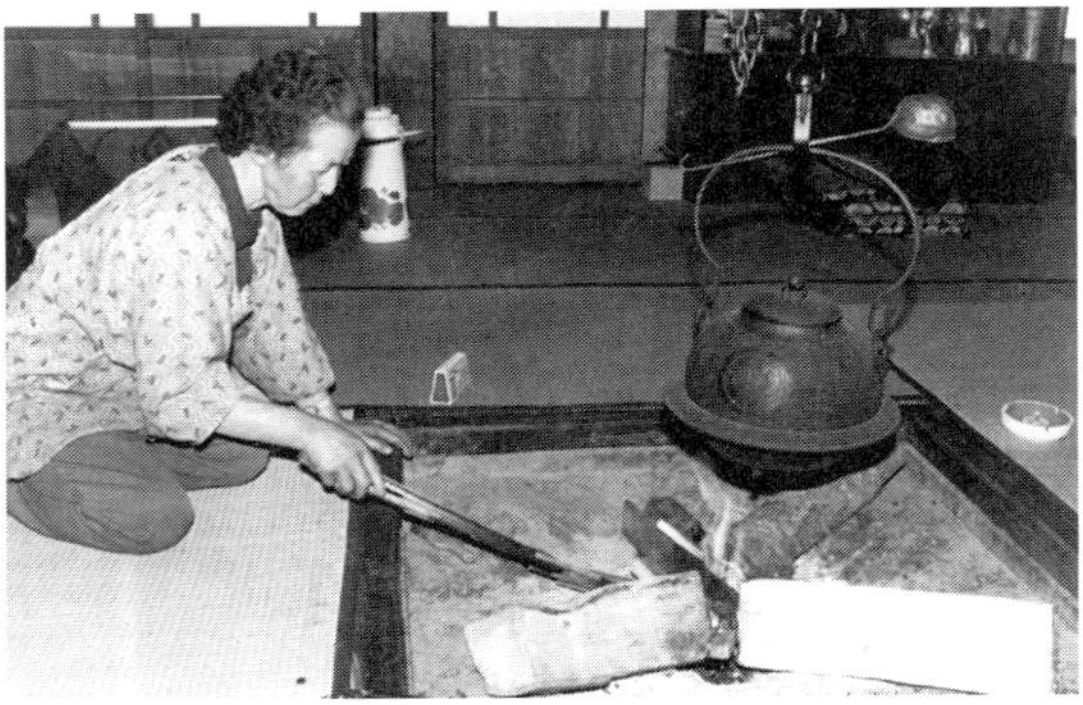

写真③　イロリの火を整える（富山県南砺市相倉、池端家）

写真④　コーヒーと赤蕪による炉辺のもてなし（山形県鶴岡市越沢、伊藤佳之家）

はしっかりと畳との境を区切っていた。狩猟談義に興がのり始めた頃、奥さんがコーヒーと赤蕪の漬物を運んできてキャクザの炉縁に並べてくれた「写真④」。白いコーヒー茶碗の中の褐色のコーヒー、それに桃色をした赤蕪のコントラストが美しい。この赤蕪は伊藤夫妻が自家の焼畑で育てた蕪を自ら漬けたものである。蕪には爽やかな酸味とほのかな甘みが混っていた。コーヒーと赤蕪という組み合わせは斬新だし、これを現代の炉端でもてなされ、心はとても豊かになった。

イロリには匂いがあり、音があり、炉辺には色もあって、味もある。そして煙が眼にしみる。もとより暖をもてなされる。

二　灰の行方

昔話「花咲爺」の中では灰の持つ再生呪力、再生促進呪力が語られている。[*3] 灰は暮らしの中で様々な形で利用されてきた。イロリは、時を溯るほどより多くの灰を吐出してきた。もとより近代以降もイロリは多くの灰を生み出し、灰の利用も盛んだった。ここでは、そのイロリの灰の行方を追ってみたい。

静岡県浜松市北区引佐町川名の山下治男さん（大正一三年生まれ）は「丑の日にイロリの灰を出してはいけない」と語っていた。また、初霜の日にイロリの灰を畑に入れると作がよくなるという伝承を耳にしたこともある。イロリの灰を出す日に関する伝承もあったことがわかる。

〈木地椀の洗剤〉　ユルイの灰は大切にした。木地系の木器・木地椀はいくら洗っても色がくすんでしまう。その木地椀を洗う洗剤として使われていたのがユルイの灰である。野原家で食器を木地椀から陶器に替えたのは昭和一四年のことだったという。引き続いて陶器の茶碗もユルイの灰で洗った。さらに、食糧として重要な役割を果たしていた栃の実のアクヌキにも、ユルイの灰は欠くことのできないものだった。（富山県南砺市利賀《とが》村阿別当《あべっとう》・野原ことさん・大正四年生まれ）

〈栃の実のアクヌキ剤〉　さかるさんは一八歳の年、水窪《みさくぼ》町大野の北下家から同町押沢の平賀家へ嫁いだ。嫁いでから五年間ほどは平賀家の灰の管理は二通りに行われていた。イロリの灰は姑が管理し、風呂場や竈の灰は嫁であるさかるさんが管理した。イロリの灰に限って姑が管理していたのは、イロリの灰を栃の実のアクヌキ（サポニン・アロインの除去）に使用していたからである。栃の実のアクヌキには上質の灰が必要なのだが、それはイロリで燃すカシ類・ナラ類などの太いホタ木によってできたのである。姑は五年の間に、灰を使っての栃の実のアクヌキ法を細くさかるさんに教え、さかるさんがアクヌキ法をしっかり身につけた上でイロリの灰の管理もさかるさんにまかせたのである。（静岡県浜松市天竜区水窪町押沢・平賀さかるさん・明治三五年生まれ）

主婦権を象徴する「カカザ」というイロリの座位の譲渡はイロリの灰の管理のみならず、味噌作り、醬油作り、漬物作りその他の技術や習慣の伝承の後になされるのが本来の形だった。イロリの灰は、栃の実のアクヌキ以外にも、タフ・コギノなどと呼ばれる藤の繊維で織った布を作る際、藤の内皮を煮る時に使った。さらには、山菜のアクヌキ、洗剤、コンニャクづくりの媒介剤としても力を発揮した。

〈アク焼き＝藍染めの発色剤〉　山形県南陽市小滝の奥に昭和五〇年代に消滅した水林と言う七戸のムラがあった。明治時代から昭和三〇年頃までのこのムラの主たる生業は「アク焼き」だった。以下はそのアク焼きに力を入れた大場宇蔵さん（明治三三年生まれ）による。アクは、コナラ・ミズナラ・クヌギ・ケヤキなどの堅木の白い灰を焼きしめ、黒い飴状にしたもので、藍染《あいぞ》めの色出しに用いられた。アクを作るには、まずその原料にする灰が必要だった。水林の七戸の夫婦がみなおのおの、山本・小滝・荻・太郎などの民家を訪い、イロリの灰を買って回った。大正から昭和初年にかけて灰一升一銭としたものだった。一日回って男で四斗、女で三斗、塩叺《しおかます》に入れて背負って帰った。水林には灰を焼くアクガマ（一間四方・高さ尺五寸）と呼ばれる特殊な竈が三基あった。一日中焼いて二俵のアクを得ることができた。アク焼きは夏はとりわけ苦しい仕事だった。アクは飴状なので笹を敷きながら俵に詰めた。アクは一俵一六貫で、上山の染物屋、福島の問屋などに送った。大正から昭和の初年にかけて一俵七円だった。

〈紙漉き原料コウゾのアクヌキ剤〉　静岡県榛原郡川根本町は大井川流域の山間部で、茶の生産地として知られている。焙炉《ほいろ》で茶揉みをしていた時代には、ムラの中、地域一帯の中で、製茶と焙炉用和紙の紙漉きが連鎖していた。以下は川根本町崎平の堀井惣一さん（明治四四年生まれ）による。堀井家は茶農家でもあったが、焙炉和紙を漉く紙漉きを兼ねていた。製茶は春から夏、紙漉きは冬季を中心とするのでその生業複合は合理的だった。

紙漉きは材料収集から始まる。一二月から四月上旬まで毎日紙を漉くため、一一月いっぱいはコウゾ（楮）の買い入れ、さらには、コウゾのアクを抜き、漂白につなげるための媒介材料となる灰を集めなければならない。コウゾの粗皮を剝き、ゴミを除き一旦乾燥させてから水にひやかし、灰（後に苛性ソーダになる）を入れて釜で煮るのである。約二〇キロのコウゾの皮を煮るためには四斗樽一杯の灰が必要だった。しかも、その灰はカナギ灰といって、カシ・ナラ・ギョウブなどの堅い木の灰でなければ効力が薄い。千頭《せんず》・小長井・崎平など大井川の川岸にあるイエイエのイロリの灰はアクヌキの力が極めて弱い。それは、増水時などに上流から流され、水にさらされ続けた大井川の河原木を燃料にしているからである。堀井さんはカナギ灰を焚いたイロリの灰を求めるために、大井川左岸山中の坂京というムラまで出かけていた。一年間のイロリの灰を集めておいてもらい、灰を受けとり、自分で漉いたホイロ紙を一帖か二帖謝礼として置いてきたのである。

〈灰をめぐるマチ家と農家の関係〉　地方都市の商家・民家の下肥《しもごえ》を近郊の農家が汲み取り、それを畑の肥料に使ったことは広く知られるところであるが、灰も下肥と同様にマチからムラへと運ばれていたのである。以下は長野県飯田市の旧郊外宮ノ上で農業を営んでいた北原良男さん（大正一五年生まれ）による。マチ家では竈・風呂場・イロリ・炬燵《こたつ》などで薪や炭を使った。当然のことながら常に一定量の灰が出るのだが、それを自家で処理することはできなかった。その灰を近郊の農家が汲み取りと同様、マチの檀家（得意先）を回って集めていたのである。北原家では、吾妻町の五戸の檀家から下肥も灰も集めていた。各戸に焼酎瓶を預けておき、それに灰を入れてもらうようにして定期的に回収した。焼酎瓶の灰は叺《かます》に入れて家に運ぶ。叺は人の背なら二〜三俵、馬なら四俵、リヤカーで一〇俵運べた。灰は、水田の荒代掻きが終わったところで、タタ刈りと呼ばれるコナラのヒコバエを刻んだもの、下肥とともに田に入れた。汲みとりの下肥と灰の謝礼として盆・暮に三升一臼分の餅を贈っていたが、昭和三〇年代後半にはムラ側とマチ側の立場が逆転した。

〈タバコ・イロリ・灰・アク小屋〉　栃木県大田原市旧黒羽町の南方というムラのある谷を歩いたこ

とがあった。庭の片隅に土蔵に似ているものの異様に小さく、美しく堅牢な建物を設けている農家が多く見かけられた。亀山石・大谷石の切り石を使った高さ四尺・奥行き四尺・幅二尺ほどで切妻式のトタン葺きで、前面に二つの口がついている。これはタバコの栽培肥料にするために灰を保存しておくためのアク小屋と呼ばれる小型の蔵だった〔写真⑤〕。以下は南方浅ヶ沢の菊池松男さん（大正一一年生まれ）による。灰はイロリ、風呂場・竈から取ったがイロリが中心だった。菊池家の母屋は一〇間×五間と大きい。玄関を入ったところの土間をダイドコロと呼ぶ。その奥がカッテ（一二・五畳）、土間の右が厩、土間の左側を中間《なかま》（一二・五畳）と呼ぶ。カッテと中間にはイロリがあった。またこの二部屋には天井が張られていない。天井のない二部屋に棹を渡してタバコの葉を乾燥させた。タバコの葉を縄にはさんで干すことを連干しと呼ぶ。タバコの葉は下から順に初葉・土葉中・相中・本葉・天下・天葉と呼ぶ。初葉・土葉中を初めに摘んで連干しにする。土葉中の下で茎を切り、茎に竹釘を斜めに刺して鉤状にし、相中以上の葉を逆さにして棹にかけて干す。これを幹干しと言う。イロリのある部屋の棹に茎つきのタバコ葉を吊り並べ、イロリの熱で乾燥させるのである。湿気の多い時には火継ぎの時に使うボクトと呼ばれる太木を燃やし続けた。イロリの上にはヒムロと呼ばれる火棚があり、ヒムロではコン

写真⑤　アク小屋（栃木県大田原市南方田中）

写真⑥　灰小屋（富山県砺波市東開発、今村家）

ニャク芋を乾燥させた。そのヒムロの上の棹でタバコの葉が乾燥されたのである。イロリの火でタバコの葉を乾燥させる。そのためにイロリで火を焚く。多量の灰が出る。その灰をアク小屋に収納しておきタバコ栽培の肥料にする。この地ではタバコをめぐってイロリの力が連鎖していたのである。

〈融雪剤・肥料として灰と灰小屋〉　砺波平野の散居村は山から離れており、燃料の確保に心を砕いてきた。以下は富山県砺波市東《ひがし》開発《かいほつ》の今村守さん（昭和八年生まれ）による。竈には主として稲藁を用いた。イロリは九〇%がカイニョ（屋敷林）のスンバ（杉の枯葉）だった。風呂には薪を使った。薪と炭は川向こう（庄川右岸）の山手から求めた。右のように大量の藁とスンバを燃し続けるので大量の灰が出る。その灰は灰小屋に収納された。灰小屋は四尺×五尺ほどの妻入り瓦葺きでアズマダチ民家を小型にしたような瀟洒な意匠である［写真⑥］。一見、残り火からの火災が心配になるのだが土壁・トタンを使用し、防火の配慮がなされている。灰は雪消しと肥料に使った。当地は雪国ではあるが、水田の裏作に大麦を栽培していた。大麦には雪消しが必要だったのである。肥料としては、馬鈴薯・里芋・夏野菜・蔓豆などの畑作物に施された。田へはソリで運んだ。東開発地区を歩くと今村家の灰小屋と類似の美しい灰小屋を多く見かけることができる。

三　仮設炉と地炉

山道や人里から離れた山裾の道などをたどっていると、山小屋、出作り小屋、田小屋、作業場などを見かけることがある。そうした折に素朴なイロリやイロリの祖形のごときものに遭遇することもあった。写真⑦は愛知県北設楽郡豊根村の山田で見かけた田小屋のイロリである。自在鉤も炉縁も整ったイロリであることがわかる。秋の稔りの季節に稲を狙って集まる猪を追うために泊まりこむこともできる。火を囲みこむための波トタンや雑然と積まれた焚木の量が印象に残る。写真⑧は高知県吾川郡仁淀川町で三椏《みつまた》が栽培されている焼畑地にあった片屋根式山小屋で見かけたものである。山から伐り出してきた木の鉤を使ってそこに薬罐を掛け湯を沸かしたことがわかる。炉縁もなく、燃えさしの木片が残っていた。これは仮設炉であり、地炉である。

写真⑦　田小屋のイロリ（愛知県北設楽郡豊根村）

写真⑨は静岡県島田市の旧川根町内山中の畑小屋である。後方に肥料の袋が見える。まことに粗略で華奢ではあるが自在鉤の基本要素を整えている。吊り手が針金であるが止め木もあり、

写真⑧　山小屋の炉（高知県吾川郡仁淀川町椿山）

写真⑨　畑小屋の自在鉤（静岡県島田市旧川根町）

写真⑩　炭焼き小屋の炉鉤（同右下）

写真⑪　山の三脚炉（静岡県榛原郡川根本町旧中川根山中）

それも魚の形をしている。鉤の部分も針金で作られている。これでも小形の薬罐は吊るすことができるのである。写真⑩も旧川根町の炭焼き小屋で見かけたものだ。これは自在鉤ではなく、針金の先に小型の木鉤を結びつけたものである。針金の上端の縛り方を調節すれば、鉤に掛けた薬罐などの底と火の間隔を調節することができる。鉤の下の土が濡れており、焚かれた火を処理した跡であることがわかる。

写真⑪は静岡県榛原《はいばら》郡川根本町の旧中川根の山中で見かけたものである。見にくく読みとりにくい写真であるが、これは三本の細木を組んだ三脚である。棒の交点を結び、足を三方にひろげて安定させる。頂の結び目から、先端を鉤状に曲げた番線を垂らして薬罐などを吊るすのである。燃料の効率をあげるために、トタンの端と石とで火床を囲んでいる。屋外仮設の炉である。このように三本の棒を使って綱や針金で鍋や鉄瓶などを吊るす仮設炉は、狩猟・渓流漁撈・山林労務などで、適当な据え石がない場合などには、多く設けられた。

萱野茂はアイヌの三脚炉について次のように述べている。*4「祝いごとやまつりで人が集まる時には、雪の中でも必ず外で火を焚き、太い棒でケトゥンニ（三脚）を組んで、その三脚から縄で鍋をつり下げていたものでした。」——仮設の炉である。沖縄の火の神は三つの石を並べたもので、これが三石竈の象徴であり、火の神三宝荒神の祖形であるとは知られているが、三本足の三脚炉も始原の火床として力を持っていたことにも注目すべきである。

昭和五七年六月一三日、焼畑のことを学ぶために静岡市葵区口坂本の藤若菊次郎（明治四二年生

写真⑫　屋内の地炉（静岡県静岡市葵区口坂本）

まれ）家を訪れた。写真⑫⑬はその時撮影したものである。⑫でわかる通り、当家のイロリは地炉（地上炉）である。母屋の土間の居間寄りに鉄棒型の自在鉤が吊られており、鉤には鉄瓶が掛けられている。六本の薪がホドに向けて入れられており、炉縁はない。火床の手前に円形座布団をのせた極めて低い座り台が置かれているのはどちらの写真からもわかる。⑬の右端に焚木が積まれているのも見え、⑫を見ると座り台の向いにカシキザとも呼ぶべき座があるのもわかる。その前には餅焼き網がのせられた五徳がある。⑬を見ると、藤若家のイロリは居間にはなく、土間の地炉一つであることが知れる。食器棚は居間ではなく土間の突き当たりにある。窓は櫺子《れんじ》窓である。⑫の右端、⑬のガラス戸の上部に薬草が乾燥保存されていることが知れ、当家が、伝承を守った暮らしぶりをしていることがわかる。

さて、写真⑫で最も注目すべきことは、土間の突き当たりの壁面に電気冷蔵庫が据えられていることである。地炉と電気冷蔵庫が共存する情景は極めて象徴的な図柄だと言える。

屋内の土間で火を焚く地炉の発生は古く、縄文弥生遺跡から多くの炉の遺跡が発見されている。

写真⑬　居間から土間の地炉を望む（同右）

先に紹介した写真⑧は地面で焚いた火で鉤に掛けた薬罐を使って湯を沸かしている。こうした始原の匂いを纏うイロリが近代に入っても母屋の土間で見られたのである。これは決して稀なるものではなかった。「土座住まい」と称して屋内の土間に藁を敷き、その上にムシロを敷いて居室にするという住居が近代に入っても生きていた。*5 事例は山形県・長野県・滋賀県などに見られた。このような住まいにおいては、当然のことながらイロリも同一平面である土の上に作られることになる。

土座住まいを知っている滋賀県長浜市余呉町小原の太々野功さん（昭和一一年生まれ）は以下のように語っていた。入口の土間に面して二〇畳の広さのダイドコロと呼ばれる居間があった。土間とダイドコロの間には境木が置かれていたが、ダイドコロには稲の籾殻を敷き、その上にムシロを敷いただけであるから、それは土間と同一地平である。ダイドコロの土間寄りにイロリがあった。イロリではバンギと呼ばれる長さ一メートルほどの太薪を焚いた。ムラには共有のバンギ山があり、毎年堅雪の三月に伐り出した。

これまで本書の中で見てきたじつに多くの床上のイロリは、写真⑫のような地炉や、右に見た土座住まいの地炉が床上に上ったものなのである。

日本の民家の火所は地炉系・イロリ系のものばかりではない。いま一つカマド（竈）が存在する。関東地方の古墳時代後期の遺跡からは住居の突き当たりに竈の跡が発見される例が多い。浜松市の伊場遺跡でも一三基の竈跡が確認されている。民家のカマヤ造り（分棟造り）なども含めて竈についても調査を深めなければならないのであるが、これについては稿を改める。

四　北のアペオイ・南のヂール

1　アイヌのアペオイ

北海道沙流《さる》郡平取町二風谷《にぶたに》を最初に訪れたのは昭和五九年八月二四日のことだった。その折貝沢イワコさん（明治四四年生まれ）と知りあい、昭和六〇年にも二度貝沢家を訪れた。イワコさんは和人だが、幼少時に苫小牧《とまこまい》の山で炭焼きをしていたウモンというアイヌの人にもらわれて、そこで育てられ、アイヌの生活習慣やアイヌの文化を身につけた人である。貝沢家では伝統的なアイヌの民俗文化を守り、アットゥシを織り、イロリを残し、イロリを守っていた。以下は、イワコさんの語りによるが、語彙解説等は萱野茂『アイヌの民具』[*6]によるところもある。

貝沢家のチセ（アイヌの伝統的な住居）に入った時、まず、アペオイ（イロリ）の存在感に圧倒された。チセの中央に、奥に向かって長く大きいアペオイがある。幅三尺五寸、長さ六尺五寸ほどである〔写真⑭〕。炉縁のことをイヌンベと呼びこれは普通ナラかサクラで作る。萱野によれば、イロリ作りのことを「火の寝床作り」と呼び、暮らしにとって重要な火を尊ぶことからこう呼ぶのだという。三〇センチほど掘りさげ、一番下に汚れていない落葉を、その上に玉砂利を敷く。さらにその上に清浄な砂を敷くのだという。イロリの上には丸太をしっかりと組み結んで作ったトゥナ（火棚）がある。それは貝沢家のもの〔写真⑭〕によってもわかるが、二風谷アイヌ文化資料館のトゥナ〔写真⑮〕の方がより明確である。トゥナにはオニガヤを編んだ簀が敷かれている。トゥナの設置はイロリから舞い上がる火の粉が天井裏に火を移すことを防ぐのを目的にしたものだとされるが、トゥナの上で稗・粟その他を乾燥させるというのは本土と全く同じである。イワコさんは春焼きの焼畑で、一年目＝稗・粟・イナキビ（黍）・トウキビ（トウモロコシ）、二年目＝大豆・小豆、三年目＝稗・トウキビという輪作を行った。稗は脱 のためにどうしてもトゥナで乾燥させる必要があった。稗は皮を除いた後、イロリの鉤に吊った鍋で粥にした。粥が煮えるとウンバイロ、トゥシップとも呼ばれるウバユリの根から採取した澱粉を鍋に入れて搔き混ぜて食べた。ウンバイロの澱粉採取に際して出る沈殿部の可食部分を団子にして稗粥に入れることもあった。大正後半からは粥か

写真⑭　貝沢家のアペオイ（イロリ）。鋸歯型段鉤と木枠が連動する形式の吊り鉤が見える（北海道沙流郡平取町二風谷）

写真⑮　トゥナ（火棚）の構造（二風谷アイヌ文化資料館、同上）

ら飯にかわった。飯もイロリの鉤にかけた鍋で煮た。米が煮えたってきたところへ稗・粟・黍などをのせて蒸し煮にしてから混ぜるという方法だった。

稗はピヤパと言い、ノギの長い毛稗がうまい。古くはこの稗を半搗きにして粥を作り、発酵させて酒を作り、熊送りや正月に飲んだという。

モチ種の粟・黍を精白して水につけ、笊《ざる》にあげて水を切って臼杵ではたいて粉化する。これを平

右：写真⑯　トゥナから吊られた鮭（同右）
左：写真⑰　トゥナの上で鮭の開きを燻乾させる（同右）

らげて円形にしたものをシトと称した。粟・黍混合のシトもある。粢《しとぎ》に当たるものである。これをトゥナの上の簀に並べておき、必要な時にイロリの火で焼いて食べた。熊送りには、熊のおみやげだとして柳またはミズキの尺五寸ほどの棒に粟のシトを五個刺して供えた。

熊・鹿・ムジナなどを捕獲すると、解体後その肉を茹であげてトゥナの上にのせて乾燥させる。こうして干した肉のことをサカンケカムと呼ぶ。サカンケカムは粥に入れたり、山菜とともに塩汁にしたりして食べた。また、茹でなおして食べる方法もあった。

写真⑯は貝沢家のアペオイのトゥナから吊られ燻乾された鮭である。鮭や鱒をこのようにして焙乾するのであるが、干した魚のことをサッチェプと呼ぶ。サッチェプは五〇年もつとも言われている。写真⑰はトゥナの上に吊られているアタッと呼ばれる開き干しの鮭である。このように見てくるとトゥナ・火棚は、穀物・肉・魚など様々なものを焙乾・燻乾保存するために大きな力を果たしてきたことがわかる。本土の火棚利用と全く同じである。萱野茂の前掲書の計測図を見ると、上・下二段構造のトゥナがあったことがわかる。このタイプは、本土における火棚とアマ天井の二重性、イロリの垂直力利用で共通するところがある。

炉鉤のことをスワッと称する。アイヌの人びとが使った鉤は、逆U字の枠型に二段の横木を付けた吊り枠と、枠の横棒に掛けるための四段の下向き鋸歯型刻みを入れ、その下に鍋鉉を掛けるための上向き鉤二段をつけた鉤棒を組み合わせたものである。逆U字の枠の素材は、コクワ・シラクチヅルなどとも呼ばれるサルナシである。鉤棒はイタヤカエデ・ナラなどで作られる。枠の横木に鉤棒を掛ける鉤は下向き、鍋を掛ける鉤は上向きで計六段の刻みをつけたもので、鍋底と火の間隔を調整するための優れたくふうが見られる［写真⑭］。この形式は岩手県遠野市の鉤［269ページ写真②］と同じ形式である。萱野茂はこの鉤について次のように記している。[*7]「炉かぎはいつも家の中にいて、あたりを見渡すことのできる場所にいるので、家中のできごとを何でも知っていると信じられていました。それで、何か物が紛失したときなどスワッアットゥスレ（炉かぎにまじないをさせる）といって、炉かぎを細い紐できっちりしばり、「さあ、捜しなさい。失せ物が見つからないといつまでも紐はほどかないぞ」というと、本当に失せ物は出てくると信じられていたものです。子供の頃、たまたま紐でしばられている炉かぎを見て不思議に思ったものでした。」――本土で類似の伝承を耳にしたことがある。

静岡県浜松市天竜区水窪町塩沢の大原明喜さん（昭和八年生まれ）は次のように語っていた。「ユルイの鉤は失せ物をした時に答えを出してくれる」。ユルイの鉤に念じて一心に祈ると失せ物が出てくると言われていた。

写真⑱は貝沢家のイロリである。イロリの奥（左）の正面が上座（ヨコザ）である。ヨコザのことをロルンソまたはアペートと呼ぶ。ロルンソの前の両隅に径一〇センチほどの台木が下を灰に埋められた状態で据えられている。これは木工細工をする際の削り台で、材はエンジュ、イヌンペサウシぺと呼ばれる。祭りや神事に用いられるイナウ（木を削った祭具）もこの台木の上で削られる。

写真⑱　イロリに立てられた削り台とイナウ（北海道沙流郡平取町二風谷、貝沢家）

この削り台をヘカチペカクル（子供を受ける男）、ヘカチペカマッ（子供を受ける女）と呼ぶこともあるが、これは削り台が子供を火傷から守ってくれる呪力を持つと信じられていたことを物語っている。

写真⑱にはいま一つ注目すべきものがある。それはアペートの前に立てられたイナウである。これは火の安全を祈ってアペオイの火の神に捧げられたイナウである。このイナウの素材は柳かミズキである。アペオイのイナウは本州のイロリにおける荒神幣・正月のオタカラと同じ信仰心意によるものである。

セチアパ（入口）の土間の奥正面をアペート（ヨコザ）とし、

アペートの右をシソ（右座・本当の座）と呼び、シソの上手に主人（チャコロクル）、下手にその妻（チセコロメノコ）が座る。その下手に女家族がつく。アペートの左をハラキソ（左座）と称し、男の客はハラキソの上手に座った。アペートの向い、キジリに当たる座はアペーケシウトゥルと呼ばれた。女の客はアペーケシトゥルの近くに座った。イワコさんは子供の頃、シソの上座（主人の座）に座って叱られたことがあったという。アペートを通るなとも言われたという。アペートは跡とり息子の座だとも語った。さらに、ポンチセと呼ばれる前小屋があり、ここを隠居の老人小屋にしていたとも語った。

2　沖縄のヂール

三つの石を火の神として祭る沖縄での煮炊の中心は竈である。亜熱帯で寒さが厳しくない沖縄ではイロリの火で暖を採る必要もない。しかし、沖縄の離島や農村部にはイロリがある。ヂール（地炉）と称し、地上または床上に枠どりをしたイロリが作られた。沖縄の炉は出産前の妊婦、出産後の産婦に暖を採らせることを主たる目的としていた。

①沖縄県南城市知念久高《ちねんくだか》（久高島）でのお産は二番座の裏の部屋で行われた。産後、ジューピーと称して灰を入れた大鍋でハマボウの木を焚いて、産婦の暖を採る。壬《みずのえ》の日に山に入って薪を用意しておき、産後、親戚の女たちが火を焚く。（西銘しずさん・明治三七年生まれ）

②沖縄県八重山郡竹富町小浜（小浜島）では産屋に七・五・三のタレをつけた注連縄《しめなわ》を張る。部屋

の隅の外側の軒下にマヤマ（水字貝）を吊り、水字貝の鉤に蓑笠を吊るす。風が吹くとそれが揺れて音を立てる。その音が魔除けになると伝えられている。産室にはツカ（炉）が作られる。三尺四方の木枠の中の底に土、上に砂が入れてある。そのようなツカで、産婦を温めるために堅い木を焚き続ける。産婦を温める火焚きのことを「シラタモノ」と呼ぶ。産褥熱を避け、体力回復させるための静養だとしてこれを一か月ほど続けた。（大嵩秀雄さん・明治三八年生まれ）

産屋に張られる注連縄や水字貝は産屋に侵入せんとする悪しきもの防除するものである。水字貝に吊られた蓑笠の音も魔除けになると考えられたのである。蓑笠は訪れ神の装身具であり、これを産屋の外に吊るというのは、この家には今常世からの訪れ神が滞在しているという証である。よってこの家には新しい命の誕生を脅かす悪しきものは入ってくることができないぞ、訪れ神の祝福を受けているぞ、というシグナルになっているのである。[*8]

写真⑲　ヂール（沖縄県国頭郡国頭村安波、与座家）

『沖縄大百科事典』には「ジールウリ（地炉下り）」という項目があり、以下の記述がある。[*9]

「産の忌み明けのこと。沖縄本島ではジールシジチ（地炉退き）といって、産後七日間を基準に産室のしめ縄をはずして一般の客の入室も認めた。宮古諸島では八日ソーズバリ（精進晴れ）一〇日ソーズバリなどと称してこの日に地炉にあたるのをやめて産室を片付け、〈アガル太陽《ティダ》拝《ウガ》マシ〉や〈名付祝い〉をした」。産とヂールの深い関係がわかる。

もとより沖縄のヂールの利用は出産時のみに限られたものではない。写真⑲は沖縄県国頭《くにがみ》郡国頭村安波《あは》の与座家のヂールである。炉縁には内枠もあり深さもある。さらには火棚もあり、火棚には鍋が吊られている。基本構造は本土のものとの共通性を持っており、ヂールでの煮沸は可能である。琉球弧、奄美の加計呂麻《かけろま》島で、パパイヤを串ざしにしてイロリで焙乾するという話を耳にしたことがある。

1――野本寛一「地下埋蔵燃料の民俗」(『民俗誌・海山の間』岩田書院・二〇一七年)。
2――岡倉覚三『茶の本』初出一九〇六年(村岡博訳・岩波文庫・一九二九年)。
3――野本寛一『生態と民俗――人と動植物の相渉譜』(講談社学術文庫・二〇〇八年)。
4――萱野茂『アイヌの民具』(すずさわ書店・一九七八年)。
5――森隆男「土座住まい」(日本民俗建築学会『写真でみる民家大事典』柏書房・二〇〇五年)。
6――前掲・注4に同じ。
7――前掲・注4に同じ。
8――沖縄県八重山郡竹富町古見《こみ》(西表島《いりおもて》)の仲本セツさん(昭和三年生まれ)から以下の民俗を聞いたことがあった。古見では、稲の穂の出る直前のお産を嫌い、そのような時に生まれた子は縁起がよくないとされた。稲の出穂直前に生まれた子のことを「ヤドファヤー」と称し、家人はヤドファヤーが生まれるとクバ笠をかぶる習慣があった。のみならず、ヤドファヤーが生まれるとその家では七五三の注連縄を門口に張り、母屋の正面の軒に棒を立てかけて、その棒に蓑とクバ笠と水字貝を吊ったものだという。不思議なことに、穂が出たあとに子供が生まれてもこのようなことはしなかったという。――八重山をはじめ、琉球弧では水字貝を魔除けにする例は多く見られるのだが、棒に蓑笠は、八重山郡石垣島川平の訪れ神「マユンガナシ」の姿に酷似している。古見のヤドファヤーの家にも、ヤドファヤーを守るために訪れ神がやってきたのである。棒（杖）と蓑笠（クバ笠・クバ蓑）と水字貝があればヤドファヤーが悪しきものに侵される心配もない。ヤドファヤーの家に訪れ神が滞在しているからである。この水字貝は魔除けではあるが訪れ神のみやげである。出穂前の人の出産の忌避は、未熟稲の忌避につながるものであるが、訪れ神の守護によって生まれ、守られた健やかな子は稲作を阻害する心配はなく、むしろ稲の豊穣につながると考えることができる。

9――「ジールウリ」（沖縄大百科事典刊行事務局『沖縄大百科事典』沖縄タイムス社・一九八三年）。

第九章　イロリ消滅からの思索

一　イロリと家父長制

イロリをめぐる座位・座称、その実態については先に事例を以って確かめてきた。このことについては、高取正男も次のように記している。[*1]「炉端の座席はきわめて厳重に守られ、とくにヨコザとカカザは家長と主婦の座として、日常生活の焦点になっていた。たとえ親でも、いったん隠居して家長や主婦の座を息子夫婦に譲れば、そのときからヨコザ、カカザに坐らぬものとした。実際に、イロリの端でヨコザと呼ばれるところに坐ってみると、炉端はもちろん、勝手とか台所の土間から厩まで、日常に家族全員が起居し、家内作業をする場所をひとめで見回すことができ、家族の動静を掌握する家長の座として、まことにふさわしいことがよくわかる」――。

北原白秋・釈迢空（折口信夫）にその才能を高く評価されていた静岡県伊豆の国市大仁の歌人穂

積忠（明治三四年生まれ）はイロリのヨコザにかかわる次の歌を残している。[*2]

亡き父もここの横座におもひけむ　われも思ひをり　老いにけらしも

家父長制の時代のヨコザの継承を詠んだのものである。

私が幼少年期を過ごした家は静岡県牧之原市松本の農家だった。私が満一歳にならないうちに父は日中戦争で戦死していた。昭和一三年（一九三八）から、私と母は野本家の次男である父の実家に身を寄せていた。その家には私より一歳年下の従弟、父の兄の長男がいた。温和な子供で、仲良く過ごしていた。その家にはダイドコと呼ばれる板張の居間に三尺四方のイロリが残っていた。すでに火棚や自在鉤は取り除かれてはいたが、炉縁はしっかりとしており、冬季にはそのイロリに炭火を入れていた。ただし、春から秋にかけては炉縁に合わせて作られた蓋板がはめられ、閉ざされていた。

その家では私の曾祖父に当たる野本喜一郎が健在だった。喜一郎は、慶応元年（一八六五）八月二〇日生まれで昭和一七年（一九四二）二月一八日に没している。それは私が国民学校に入学する前のことで、その頃の喜一郎は両手に杖を握って突きながら歩いており、時々杖を振りまわしていた。家人は、みな「爺さんは耄碌《もうろく》している」と語っていた。骨太で大柄な人でいつも無精髯を生やしていた。子供には白い髭髯の一本一本が妙に太く見えた。手も大きかった。昼飯時などに呼びに行っても反応はなかった。

私が高校生になった頃には野本本家から独立して母と二人で別居していた。ある日、母は珍しく、私の記憶が定かでない頃の居候時代のことを語った。喜一郎、母、幼い私、幼い従弟の喜彦（野本本家の「喜」の字を継承している）、その他の者が居間にいる折、まだ耄碌していなかった喜一郎はヨコザに座って、二人いる幼児の中の喜彦を膝にのせ、「この子はこのヨコザに座る子だ」と言って頭を撫ぜたのだという。その折、勝ち気な私の母は腹立たしく、悲しい気持ちになったと語った。この話は、家父長制や「家」に関心の薄いその頃の私に強く響くものではなかった。喜一郎は明治一六年（一八八三）二月一〇日に父茂作から家督を相続し、昭和一三年（一九三八）三月一六日に隠居届を出している。

ヨコザに座ることのできない者の思いや運命は多種多様であるが、富山県南砺市利賀《とが》村ではヨコザに座れない二、三男を「オッツアマ」と呼ぶ。オッツアマの実態と悲哀については述べたことがある。[*3]もとよりヨコザを守る者には重い責任もあり、別な悩みもあった。

男衆、男どんや女中などのイロリの座位は、キジリのさらに後や隅になるのが普通だった。しかし、例外もあった。以下は山形県酒田市天神堂の佐藤恒男さん（大正九年生まれ）の体験と伝承である。佐藤家は「多右衛門」という屋号の地主で、恒男さんの子供の頃には下男三人・下女二人が住みこんでいた。佐藤家のイロリは冬には炬燵《こたつ》になっており、燃料は炭だった。佐藤家のイロリ座には特色があった。主人の座がヨコザ、右手がキャクザ、ヨコザの対位はスエザと呼ばれていた。

そのスエザが下男・下女の座と定められていたのである。スエザに下男・下女が座る例は他地にもあるが、佐藤家の場合は、たとえスエザに家族が座っていても、下男・下女がやってくれば必ずその座を明け渡すことになっていた。この約束ごとは厳しく守られていた。

天神堂は庄内平野の中にあり、山からは遠く離れており、炭焼きができる地ではなく、炭の入手も容易ではなかった。佐藤家の炭の確保はすべて使用人によって行われていたのである。炭の入手先は旧東田川郡朝日村だった。使用人たちは朝日村へ住みこみで炭出しに出かけた。山中の炭小屋から部落まではソリが利かないので背負い出しをしなければならない。佐藤家の使用人たちは、その搬出労務を担当し、その労賃として炭を受け取ったのである。そして、その炭を佐藤家に入れていたのだった。右の事情が、身分的格差を色濃く残存させる昭和初年の庄内平野、佐藤家のイロリ座の慣行を特殊なものにしていたのである。旧朝日村と天神堂を含む旧本郷村の間には炭の流通が多く、冬季はソリで、他の季節にはムタマと呼ばれる帆舟で運ばれていた。

地方によっては民家の、イロリのある部屋で部落常会を開くことがあった。岐阜県下呂市萩原町尾崎でもそのような時代があった。当地ではイロリのキジリのことをセセナイと呼び、経済力のない者や発言力のない者はセセナイ近くに座るならいだった。二村彰さん（昭和元年生まれ）は、若い頃父親から、「常会でセセナイに座るような者になるな」と言われたという。家父長制的なイロリの座位が村落共同体の集まりの中でも生きていたのである。

滋賀県高島市朽木《くつき》小入谷《おにゅうだに》には「婿に行ってもヒタキザにまわるな。ヨコザに座れ」という口誦句があった。

明治四年（一八七一）の戸籍法で戸主制が始動し、家族の婚姻、養子縁組、居所指定などの権利が戸主に与えられた。明治三一年（一八九八）には長子単独相続法が施行され、明治憲法下では家父長制が道徳の基本理念として生きた。こうした流れはイエの中で生き続けてきた前近代的な価値観と連動した。イロリの座位やイロリをめぐる家族の関係を固めることにも繋がった。その家族のあり方は国家主義、軍国主義と連動することになった。家父長制は昭和二二年（一九四七）の民法応急措置法によって廃止され、現行憲法下で家父長制的なイエの在り方は消滅へと向かった。

二　イロリと団欒

時を溯るほどに火所としてのイロリの総合力と求心力は強かった。炉辺は家族の集う場であり、対話・談笑・団欒の場でもあった。そこは語りの場であり、伝承の場でもあった。家父長的な座位が守られ、そうした空気がある中でもイロリは団欒・談笑・語りの場であった。火所としての総合力が分化するにつれ、求心力は弱くなる。

文部省唱歌に「冬の夜」という歌がある。[*4]

一、燈《ともしび》ちかく衣縫う母は　春の遊びの楽しさ語る。　居並《いなら》ぶ子どもは指を折りつつ　日数《ひかず》かぞ

えて喜び勇む。　囲炉裏火《いろりび》はとろとろ　外は吹雪

二、囲炉裏のはたに縄なう父は　過ぎしいくさの手柄を語る。　居並ぶ子どもはねむさ忘れて耳を傾けこぶしを握る。　囲炉裏火はとろとろ　外は吹雪

炉端の家族、語り、イロリの火——外の吹雪との対照でイエの炉辺の暖かさを浮上させている。この歌が発表されたのは明治四五年（一九一二）である。富国強兵策の流れの中での「いくさの手柄」が語られるのだが、これを除けば平和である。一には母の語りが、二には父の語りが登場する。この歌は、炉辺が貴重な語りの場であることを示しており、また炉辺が夜なべの場であったことも示されている。この歌の中にはいま一つ注目しておきたいことがある。それは「燈ちかく」である。この燈はイロリの火でもなくイロリの隅に立てられた燈台の火でもない。秉燭《ひようそく》でもなく、行灯《あんどん》でもない。ランプだと考えてよかろう。庶民の暮らしに電灯が導入される前である。ランプの登場という火の分化があってもイロリは強い求心力を持っていたのである。この歌の中には炉辺の暖かさ、炉辺の楽しさ、炉辺の語り、家族の絆を強めるイロリの力が描かれている。

イロリ・炉辺は、昔話や伝説の語りの場でもあり、伝承の場でもあった。それは広く民俗全般についても言えることである。野村純一はイロリの座位と昔話の語りについて以下のように述べている。[*5]「女は嫁いだ時にはじまって主婦権獲得以後、かなりの後までも実家から携えてきた昔話を語る機会を持たぬのが通例であった。その家のヨコ座・カカ座に位する者が、孫、子に昔話を語って

いる間は寡黙の中に忙しく立振舞っていなければならない。ある意味では意志の如何を問わず、たとえ一時的にでも子供たちと共に婚家の昔話を享受する側にまわるわけである。一般にこの期間に彼女たちは、はからずも実家の昔話とは異質の話に逢着する。伝承系列を異にする語り口に途惑うのもこの頃である。それと共に、未知の昔話を習得していつの間にかその種類と数を加えて行くことも忘れてはならない。実際私は、すでにそうした例に一度ならず出会ってきた。」——昔話や伝説を語ること、聞くことは大きな楽しみであり、聞く子供たちにとっては情操の涵養、モラルの学びにもなっていた。それは炉辺で行われていたのである。

ドイツの建築家ブルーノ・タウトは昭和八年（一九三三）五月三日から昭和一一年（一九三六）一〇月中旬まで日本に滞在し、各地をめぐった。庶民の暮らしの中にも電灯が入っている時代である。タウトの『日本の家屋と生活』[*6]の中に描かれたイロリと炬燵に関する部分を以下に示す。

「田舎でも木炭は非常に高価なので、農家ではたいてい長い薪を先のほうから炉火にくべて、だんだん短く燃やしていく。煙で目が痛くなることとは保証してよい。私は京都付近の山中にある農家で正月の数日を過したことがある。農業と果樹栽培、狩猟を業としている一家の人たちといっしょに、この家の祖父母を上座に据え、ぱちぱちとはぜて燃える囲炉裏をかこんで坐った。その和やかな雰囲気は、実に都会人の羨望おく能わざるものであった。煙は部屋いっぱいに籠もっている、それだから程よい位置に座を占めて涙を出さないようにするには、いささか工夫を必要とした。土間には天井がないので、煙は自由に屋根裏まで昇っていく。そこで煙の達する限りの木材は、どこも見事な栗色に煤けている。このような色調は、とうてい人工的に出せるものでない。梁には、斧で削っただけの太い、或は曲った木材を使っているが、煙はこれらの梁ばかりでなく、藁縄でくくった野地の竹までも濃い煤色に染めあげている。こうして煙は、屋根の上に取付けた煙抜きか、さもなければ棟の両端に設けた三角形の孔から外へ出て行くのである」——。

ここには、イロリがもたらす家族の和やかな団欒が指摘されている。さらに、ホタを燃やすことによって起こる煙の問題が指摘されているのであるが、煙の問題については既にふれている。

タウトは同じ著作の中で炬燵についても述べている。「冬になると囲炉裏に炬燵櫓《こたつやぐら》（まるで小さな机のようだ）を置き、その上に広い炬燵蒲団をかけて縁《へり》を四方へ垂らすのである。綿の入った厚いキモノを着て、炬燵のまわりに坐ったり胡座をかいたりする、そして手足を掛蒲団の中に埋めると下のほうからほかほかと温かくなってくるのである。一家の人たちは、こぞって炬燵へ集まり、いろいろな話にうち興じるばかりでなく、ここで食事もする。しかし時としてお互いの体があまり近づきすぎることがある。炬燵は東北地方に限らず、日本の諸方で普通に見かける冬の設備である」——。

イロリをベースにした炬燵について述べているのであるが、このイロリは、チャノマ・イドコ・ダイドコロなどと呼ばれる居間に設けられたホタ焚きイロリではなく、四間取り民家で言えばヨリツキ・オオエ・デノマなどと呼ばれる南面、土間寄りの間などに設けられることが多かった炭火イロリだと考えられる。この引用部分でも一家団欒が描かれている。

明治一一年（一八七八）に来日し、広く日本国内を旅したイギリスの女性イザベラ・バードも炬燵について述べている。[*7]「火鉢にあたれば、手と胸はまずまず暖かくなりますが、体のそのほかの部分は震えているか、大ばさみくらいの大きさの炭ばさみでまだ消えていない炭をそっと積み重ねているかなのです。最後の頼みは炬燵で、わたしはよく威厳をわきに放り出してこれを利用します。炬燵は日本では「おなじみのもの」で、炭を入れた鉢に四角い木の枠がかぶせてあり、この枠が大きな綿入れのキルトすなわち布団を支えているもので、ふとんの中にそっと入り、布団をあごまで引張り上げたまま、暖かくて無精でだらしのない夕べをすごします。ひとつの炬燵に五人か六人、いいえ、もっとおおぜいの人々があたれます。いまこの瞬間にも日本の家庭の半分が炬燵で体を寄せ合っているのはまちがいないと思います」――。

ここに描かれている炬燵は、櫓炬燵《やぐらこたつ》・置き炬燵と呼ばれるもので、タウトの記したものとは異なる。置き炬燵は畳の普及とともに盛んに利用されるようになったと考えられる。昼間、採暖、団欒に使用することもできるし、就寝時に複数名で利用することもできる。

置き炬燵とは別に抱き炬燵もあるのだが、いま一つ忘れてならないのは掘り炬燵である。掘り炬燵は室町時代に禅僧が使い始めたものだとされる。掘り炬燵の発生には、炉を掘り下げる踏み込み炉も影響していると考えられる。踏み込み炉は農作業にかかわり土足などで直接踏み込めるようにくふうされたもので、東北地方から北関東に見られたという。長野県下高井郡木島平村馬曲《まぐせ》の芳澤定治さん（大正一〇年生まれ）はこれを「フンゴミゴタツ」と呼んでいた。上の炉縁は杉材で五尺四方、深さは膝丈、下の炉縁は三尺四方の杉材だった。昼飯はフンゴミゴタツで食べたという。

タウトの記した炬燵、バードが書きとめた置き炬燵は暖を恵む存在にとどまることなく、人を結集する力を発揮し、一家団欒を促進する場ともなっていた。さらには食事の場ともなっている。これらの機能は、ホタ焚きイロリが長い時の流れの中で培い、果たしてきたものだった。そして、この力は昭和三〇年代以降、電気炬燵に継承されてきたのだが、生活様式の変化、石油ストーブの普及、空調設備の普及などによって、電気炬燵も減少の歩みを進めている。始原の火からイロリへ、イロリから炬燵へ、炭火炬燵から電気炬燵へと継承されてきたものは、採暖、団欒の求心力だった。それは、イロリの持つ火の平面放散力を基点とする。さらに、イロリの火力は単に平面にとどまることなく、立体的に放散された。炬燵は平面性を継承しながらも熱の放散を布団で包み込むことによって保温力を増し、燃料消費を抑止してきた。

イロリの持つ平面性・開放性は人を結集する点において強い力を発揮してきたのである。この点からすれば、壁面に固定設置された西洋式の暖炉はある種の側面性を持つことになり、平面的な広がりの限定から人の結集力を弱める場合もある。

三　イロリの変容と残照

イロリの変容はまず都市部で顕著に進み、後に奥深い山地にまで及んだ。採光要素はカンテラ・

ランプ・電灯へと分化・進展した。煮沸要素は竈や焜炉の普及充実へと徐々に進み、それはプロパンガスの普及によって一気に進んだ。採暖要素は炬燵・電気炬燵の普及によってイロリへの依存度は低下した。空調設備がとどめを刺した。ここではこうしたイロリの変容のごく一部を瞥見し、さらに、消滅への一途をたどった、イロリの残照とも言うべきものの事例を眺める。その残照の中から未来に対する微かな示唆を読みとることができるのかもしれない。

①炊飯や煮炊用のクド（竈）を作ったのは昭和四〇年のことだった。そのクドは釜口一つだった。それまでは飯もイロリで鍋を使って煮た。味噌汁も湯沸かしもイロリだった。外竈は、カズムシ（楮《こうぞ》蒸し、結い）、味噌豆煮、豆腐づくり（結い）に用い、餅搗きにはそれとは別に仮設の外竈を作って使った。炬燵を使うようになったのも昭和四〇年のことだった。

（長野県飯田市南信濃須沢・大澤彦人さん・大正一五年生まれ）

②釜口一つの竈を作ったのは昭和三〇年のことだった。それまではすべての煮炊きをイロリで行なっていた。竈を作ってからイロリは炭火の炬燵にした。竈を作っても竈では飯だけ炊き、副食物には焜炉を使うという方法がしばらく続いた。

（長野県飯田市南信濃木沢中立・白澤秋人さん・昭和四年生まれ）

③ユルリ（イロリ）の上の火棚のことをサゲと呼ぶ。サゲは竹でできていた。サゲでは椎茸・柿・魚などを乾燥させ、濡れものを乾かすこともあった。一口のヘッツイ（竈）があったが、ユルリが中心で、飯も味噌汁もユルリで煮、湯もユルリで沸かした。肉はユルリで煮てはだめだと言わ

れていた。昭和三二年に台所改善運動で竈を築いた。

（静岡県浜松市天竜区水窪《みさくぼ》町大沢・別所賞吉さん・昭和八年生まれ）

④ヘッツイを築いたのは昭和二九年だった。それまではすべての煮炊きをイロリに頼っていた。

（水窪町針間野・林実雄さん・大正一〇年生まれ）

⑤イロリを使って煮炊きしたのは昭和三〇年までで、その後は竈と焜炉にした。

（長野県下伊那郡大鹿村鹿塩沢井・池田栄さん・昭和五年生まれ）

浜松市天竜区水窪町の民家には、表側にイノマと呼ばれる居間、その奥にデイ、デイの奥（裏）がカミデイ、イノマの奥（裏）がヘヤと呼ばれるナンドといった四間どりを基本とする形が多かった。これに、土間、ウセヤ（臼屋＝臼碾き部屋）、物置、味噌部屋などが付加されることもあり、各部屋の広さが変わることもあった。以下は水窪町大野の水元な於恵さん（大正五年生まれ）による。

⑥水元家のイノマ・デイはともに一二・五畳で二部屋ともにイロリがあった。他に、月小屋の代りにも使われたウセヤにもイロリがあった。イノマとウセヤのイロリにはカナギを焚き、デイのイロリは自在鉤がはずされており、ここにはオキ（燠・炭）を入れ炬燵として使われていた。水元家のイロリ以外の火所としては以下がある。大クド＝紙漉き原料の楮、即ちカズ蒸し、味噌豆蒸し、脱孚・精白前の稗蒸し、葬祭行事用の炊事などに使われた。土クド＝炊飯・蒸しものに用いた。ただしな於恵さんが水元家に嫁いできた昭和一二年には土クドはなく、代りに大正クドと呼ばれる鉄製のクドが内庭（土間）にある大クドの隣に置かれていた。大正クド＝炊飯・芋蒸し・

餅用の糯米蒸しなどに使った。水元家の大正クド導入は昭和一〇年のことである。イノマのイロリ＝煮もの・汁もの・湯沸かしなど。

水元家の土間から大正クドが姿を消したのは昭和一七年のことだった。この年水元家ではカズ蒸しの大クドを崩して「西洋クド」と通称されるタイル貼りの竈を築いた。焚き口が二箇所、向って右に五升釜、左に四升釜、中央奥に茶釜を掛けた。西洋クドを築いてからイロリの役割が急速にクドに吸引されていくことになる。そして現在、土間の部分にも床が張られ、ウセヤと土間の部分は連続してダイニングキッチンと化している。

右に見てきたのは天竜川水系のムラムラにおけるイロリの煮沸力の分化であり、イロリの煮沸力が竈に分化・移転してゆく年代と竈の様式などである。⑥のみ大正クド＝昭和一〇年、西洋クド＝昭和一七年と際だって早いのであるが、①②③④⑤はいずれも高度経済成長期である。イロリ依存地帯にしても竈の設置が極めて遅かった。しかし、これらの分化・移転・変容の特色は、いずれもそのエネルギー源が木であり、薪であるということである。

こうした変容は地方により、イエの家族構成・生業・経済力・価値観などによって多種多様だと言ってよい。写真①は長野県下伊那郡大鹿村鹿塩小字中峰の古屋敷頼高（明治三二年生まれ）家のイロリである。昭和五八年二月一一日の撮影である。イロリの炉縁はしっかりしているのだが自在鉤も灰もなく、ホドに当たる部分には煙突つきの薪ストーブが置かれ、その釜口には大型の薬罐が二つ置かれている。キジリ側には焚き口をイロリのホドに向けた簡易竈が床上に設置されており、煙突も備えられている。この簡易竈は、イロリのホドが生きており、太木が焚かれていた時代、火所の中心をなしていたイロリが、その中心性の吸引力によって土間ではなく、床上に設置せしめたものであることがわかる。煮沸にかかわる火所の変容、その多様性を物語るものである。薪ストーブに焚く小枝や灰取りの用具も見える。

写真①　床上竈と薪ストーブ（長野県下伊那郡大鹿村鹿塩中峰、古屋敷家）

イロリの機能分化・変容・消滅についてはいくつもの波があった。長野県飯田市南信濃漆平島《しっぺいじま》の山崎寛美（大正一三年生まれ）家でプロパンガスを入れたのは昭和三五年のことだった。これを機にイロリの煮沸機能は不要となった。同じく飯田市南信濃押出《おしで》の森下一幸（大正一四年生まれ）家でプロパンガスを入れたのも昭和三五年のことだった。既に採光源としての機能を電灯に譲っていたイロリは煮沸機能をガスコンロに奪われ、一気に存在感を喪くし、暖房・採暖機能をその座ごと電気ゴタツに譲ることになった。飯田市南信濃・上村地区、いわゆる遠山谷においては昭和三二年から四〇年にかけて煮沸熱源としてプロパンガスが行きわたったのであった。[*8] そして、順次ダイニングキッチンも普及したのである。

写真②　薪ストーブ用の薪（山形県米沢市太平、大竹家）

採暖・暖房に果たしてきたイロリの力は、薪ストーブ・電気炬燵・石油ストーブ・空調暖房に代替されていった。とは言え、その転換は年表のように截然と整理できるものではない。生活にかかわる自然環境・生業環境・イエごとの家族構成・経済力・価値観などによって多種多様である。

イロリの煮炊きの機能がプロパンガスや電子レンジに移り、システムキッチンに組み込まれた後もイロリの炉縁の中に薪ストーブを置き、薪をふんだんに焚いて暖を採るという家は多い。それは東北地方、新潟県、岐阜県、長野県などの寒冷ではあるが薪は入手しやすい山のムラムラに特に多く見られる。平成二六年三月三日、岩手県岩手郡雫石町鶯宿小字切留という谷のつまりのムラに住む横田捷世さん（昭和一八年生まれ）を訪ねた。あたりはまだ雪が深かった。屋敷の前には大量の薪が整然と積まれていた。横田さんからブナの芽と熊狩りの関係や南部馬の話などをじっくり聞かせていただいた。その間薪ストーブは絶え間なく焚かれており、外歩きに耐えるように厚着をしていた私は汗ばむ体に困惑するほどだった。平成二九年四月五日、山形県米沢市の南山中、太平の大竹勇夫さん（昭和一〇年生まれ）方を訪れた。やはり薪ストーブで暖をもてなされた。屋敷の入口には写真②のように大量の薪が積まれていた。写真③は岐阜県飛騨市河合町角川の中斎徹さん（昭和九年生まれ）と同家の薪ストーブである。炉縁には中枠があり、煙突には火傷防止のネットが巻かれており、湯茶の対応ができるようになっている。写真④は長野県下伊那郡大鹿村釜沢の内倉仁さん（昭和一七年生まれ）と同家の薪ストーブである。訪れたのは平成三〇年三月二一日、外は雪だったが家の中は意外に暖かく、薪は焚かれていなかった。しっかりとした炉縁があり、ヨコ

写真③　薪ストーブと中斎徹さん（岐阜県飛騨市河合町角川）

写真④　内倉家の薪ストーブ（長野県下伊那郡大鹿村釜沢）

ザ・キャクザもイロリ時代そのままに生きていた。キャクザの炉縁でお茶の接待を受けた。同家には石油ストーブもあったが、語りは炉縁で続いた。薪ストーブで焚く薪の樹種はコナラ・ミズナラ・エンジュ・リョウブなどがよいという。そして薪ストーブの底に一定量の灰をおかなければだめだともいう。

四　現代に生きるイロリ

野村宣鎮さん（昭和七年生まれ）の本宅は長野県下伊那郡阿智村清内路《せいないじ》の本村にある。同家では本宅から北方へ約四キロ入った大桜というところに出作り小屋・山小屋などと呼ばれる別宅を持っている。呼称には似合わない二階造りである。山小屋周辺に定畑七反歩・山林二〇町歩を持っているので、毎年四月二六日から一〇月五日までの間小屋で暮らす。私が大桜の出作り小屋を訪ねたのは平成二三年五月二三日のことだった。写真⑤は野村家の出作り小屋のイロリで、その折撮影したものである。炉縁は三尺に一間であるが、奥手左には焜炉、焜炉の上には鉄灸、そしてその奥には炊飯用の竈が据えられ釜が掛けられている。竈の右手には焚木がある。野村さんは私を迎え入れ、まず杉の枯葉をホドに置き点火して鉄瓶で湯を沸かし、お茶を淹れてくれた。野村さんの左側には一尺ほどの板が張られ、その上に火箸、ナイフ、リンゴが置かれている。この板は先に述べたフミバ・キセルコロバシ・ネコイタといった部分を機能強化し、拡幅したものである。野村さんは、話が進むにつれ、お茶を淹れ足し、リンゴの皮を剥いてもてなしてくれた。平成二〇年代に生き生きと生活感を滲ませて機能するイロリである。

新潟県新発田《しばた》市滝谷新田を最初に訪れたのは平成元年一二月二一日のことだった。その折は佐久間友一さん（昭和三年生まれ）から熊狩り・マス漁について学んだ。再度教えを乞いたくて佐久間家を訪ねたのは平成二六年三月二一日のことだった。友一さんは惜しくも亡くなられ、長男の進さ

写真⑤　出作り小屋のイロリ（長野県下伊那郡阿智村清内路小字大桜）

写真⑥　イロリのある暮らしを守る（新潟県新発田市滝谷新田、佐久間家）

写真⑦　櫓煙出しのある萱葺屋根（山形県米沢市六郷町長橋、坂野家）

ん（昭和二五年生まれ）が家を継いでいた。進さんからは熊狩り・山菜採取などについての語りを聞いた。語りの場は炉辺だった。

佐久間家のイロリは健在、現役で働いていた［写真⑥］。進さんのヨコザに腰を据えての語りは現役猟師としての迫力に満ちていた。炉縁の幅は八寸ほどあり、余裕をもって茶托を置くことができた。ホドには炭が入っていた。このイロリでは薪やホタは焚かれてはいない。自在鉤は写真⑥で見る通り代々使い込んだものである。鉤には鉄瓶が掛けられ、灰の中には五徳・火箸・灰均しなどがある。脇机の後には鞣《なめ》した熊の皮が敷かれている。外にはまだ深々と雪が積もっていた。

米沢盆地の自然暦を知りたくて山形県米沢市六郷町長橋に向かったのは平成二四年四月二〇日のことだった。遠方からも目立つ大きな萱葺屋根を目ざした。それはこの地で稲作を続けて九代目になるという坂野雄一さん（昭和三三年生まれ）が守っている農の家だった。棟の中央にヤグラケムリダシ（櫓煙出し・櫓破風とも）のある威厳をとどめて瀟洒な萱葺屋根は、職人によって補修作業が進められている最中だった［写真⑦］。この家の主が伝統を守って暮らしていることがわかった。
招じ入れられた部屋にはみごとな自在鉤が吊られており、それがヤグラケムリダシと連動していた時代があったことが知れた。写真⑧に見る通り、自在鉤の下のイロリは板で塞がれていた。しかし、その板は黒光を発するほどに清められており、その上には煎茶道具が並べられていた。雄一さんは長身の身を折って正座し、煎茶を淹れてくれた。そして、誇りを持って稲作に力を入れていることを語った。

当家の自在鉤は、民家に残っている自在鉤としては、管見の限りにおいて最も豪華で手のこんだものだった［写真⑧⑨］。止め木と鉤筒の竹を繋ぐ弦には打出の小槌が取りつけられている。鉤筒の

写真⑧　煎茶の席として生きる炉辺（同右）

写真⑨　吉祥の飾りを施された自在鉤（同上）

写真⑩　現代に生きるイロリ（岐阜県恵那市明智町、保母家）

下端と弦を受ける部分には合金が巻かれ、吉祥の絵図が刻まれている。また、鉤筒の真竹を巻いた二箇所の合金帯の間には鶴・亀を刻んだ合金板が嵌めこまれている。さらに鉤を回転させる中継の金具には「福」の字が刻まれていた

写真⑪　炉端の焚木箱（同上）

［写真⑨］。自在鉤が家格の象徴として飾り職人に特注された時代があったことが示されている。また、イロリと自在鉤を大切に守り続けてきたこともわかる。

それよりも、当主が先代、先々代の心を受け継ぎ、この国の伝統を守ってイロリの跡のキャクザに客を迎え、客をもてなすという暮らしぶりに注目したい。

平成二八年一一月一五日、クロスズメバチの民俗を学ぶために岐阜県恵那市明智町に入った。駅

から約四キロほど東南山中に入ったところに大久手というムラがある。同地で農業を営む保母清さん（昭和一一年生まれ）方を訪ねたところ、別棟に招じ入れられた。そこには三尺に一間のみごとなイロリがあった〔写真⑩〕。自在鉤は同家で代々使ってきたものだが、炉縁は清さんの代に作ったものでケヤキがつややかだった。炉辺には、細かく切りそろえた焚木と焚き付け、火吹竹を入れた木箱〔写真⑪〕や煎茶の茶器をのせた盆がある。鉤には鉄瓶が掛けられていた。清さんはヘボと呼ばれるクロスズメバチのこと、棚田・天水田とモグラの被害などについて語りながら焚木に点火し、湯を沸かしにかかる。湯が沸いたところでゆっくりと煎茶を淹れてくれた。そして、清さんは語った。――自分は自動車の運転免許を持たないし、自動車も持たない。その代わりにイロリのある暮らしを楽しんでいるのだ。外は晩秋の気が澄んでいた。

静岡県浜松市天竜区水窪町西浦と長野県飯田市南信濃八重河内《やえごうち》（遠山谷）の間の嶮岨《けんそ》な道を結んだのが、標高一〇八二メートルの青崩《あおくずれ》峠である。青崩というおどろおどろしい名は中央構造線にかかわる破砕帯に起因している。この峠の信濃側、峠に最も近い位置に、消えたムラ島畑《しまばた》があった。島畑で最後までがんばり旅館「島畑」を営んでいたのは山崎語（昭和二五年生まれ）家だった。「島畑」は四代目庄兵衛の時代には馬宿を営んでいたと伝えられる。「島畑」は隔離された宿で静かだった。アヅマダチを思わせる白壁と黒い木組の調和が美しい宿で、長野県知事を務めた田中康夫氏も心の宿として折々投宿していた。島畑が解体を余儀なくされたのは三遠南信自動車道路工事に先立つ平成二五年のことであるが、かかわる青崩トンネルのこともあり、「島畑」は平成一九年四月、

写真⑫　イロリを囲む（長野県飯田市南信濃八重河内、いろりの宿・島畑）

飯田市南信濃八重河内本村に「いろりの宿・島畑」を開いた。江戸時代の馬宿以来のイロリが纏う食の民俗などで旅人をもてなす宿である。広い座敷に自在鉤が吊られた炉が五座ほどあり、炉辺におのおのテーブルが固定され、座して膝下を床に入れることができる踏み込み炉式になっている。炉の一面、テーブルの一面に二人ずつ座ることができる。自在鉤に吊るした鍋では炭火で牡丹鍋（猪鍋）が煮え、火床の灰では串刺しのアマゴが焙られる。その他、鹿肉のミンチカツ、季節の山菜や茸も出るし遠山谷の名物二度芋やソバボットリが出ることもある。写真⑫は平成二一年八月、柳田國男記念伊那民俗研究所で行った遠山谷の共同調査合宿の折のものである。

柳田國男は明治四一年（一九〇八）七月一三日、徒歩で中山峠越えで椎葉《しいば》村に入り、七月一八日胡桃峠を越えて椎葉を去った。当時、宮崎県東臼杵郡椎葉村は僻陬《へきすう》の地で、柳田は焼畑に関心を持ってムラに入ったのだが、狩猟に強い関心を抱いてムラを出ている。このことは『後狩詞記』[*9]に詳しい。私は昭和五一年に初めて椎葉村に入ってから、その後足繁く椎葉に通った。民家に泊めていただいたり、寺に泊めていただいたこともあった。いくつかの民宿や上椎葉の旅館にも泊まった。

平成一一年は柳田の『後狩詞記』出版九〇周年の年であり、一〇月一七日に後藤総一郎氏と私が記念講演に招かれた。その夜宿泊したのが椎葉村松木の「森の民宿・龍神館」だった。食事の部屋は板張りで、中央に三尺と二間の炉が切ってあった。その後は椎葉村へ入るたびに龍神館に泊まった。主の椎葉英生さん（昭和一六年生まれ）は山のことに詳しく、山菜や茸、渓流魚・猪なども食卓にのせ、時にイロリの炭火で焼いてくれた。龍神館が開館したのは平成七年のことで、それは宮崎県のフォレストピア事業と呼応してのことだった。大学のゼミ合宿をしたこともあり、有志の学生と入っていた折に「供犠論研究会」という研究会のメンバーと合流したこともあった。

ノンフィクション作家の飯田辰彦氏も同じ頃椎葉に通っており、私と入れちがいで龍神館へ泊まっていた。平成一四年一〇月三〇日、飯田氏の『山人の賦、今も――宮崎県椎葉村の民俗』（河出書房新社）が刊行された。その年の一二月二二日夜、椎葉村で飯田氏と交流のあった方々が龍神館で飯田氏の出版祝いを開いた。たまたま逗留していた私も席に連なったのだが、顔見知りの人びとも多かった。件の長いイロリのある部屋である。写真⑬

写真⑬　細長いイロリを囲む祝宴（宮崎県東臼杵郡椎葉村松木、森の民宿・龍神館、中央右飯田氏、左筆者）

はその折のものだ。イロリの部屋ではこのような宴も開くことができる。この日イロリの炭火で焙られたのは串刺しのヤマメだった。串は人数分だけ灰の中に円形に挿し立てられていた。ヤマメは焙られる間に、灰の上に油を垂らした。参加者の中から、この油を保存しておき耳だれの薬にしたという伝承が披露された。参加者がおのおの焼けたヤマメの串を手にし食べ終えた後にも、炭の周辺にしたたった油の跡が点々と円形に残っていた。

現在は山のムラの過疎化が進み、猟師も高齢化し、かつ減少しているが、高度経済成長期には各地で狩猟も盛んだった。猟師の中には、母屋のイロリがなくなっても、その自在鉤を使って、別棟などに大きなイロリを設け、猟師仲間や近隣の人びとを招いて獲物を共食する部屋を設置している例もあり、たびたび遭遇したことがある。

高知県高岡郡檮原《ゆすはら》町茶屋谷の中岡家は父の代から猟師の家で、俊輔さん（昭和二二年生まれ）は二〇歳の時から銃を持った。父の代には猪が少なく年に四頭ほどしか獲れなかったが、今は猪が増えて俊輔さんの狩猟組では年間四〇～五〇頭の猪を捕獲する。解体・分配の後、写真⑭の部屋で共食する。立派な自在鉤が吊られている。当地では猪の皮下脂肪のことをオジと呼び、猪はオジが多いほどうまいと言われている。オジは牡丹鍋に入れる。心臓はサシミにすることもあるし牡丹鍋に入れることもある。ロースのことを鞍の下と称し、この部分を叩きにする。鰹の土佐づくりと同様に炭火で肉の外周を焙り、薄く切って生姜醤油をつけて食べる。写真⑭に見える鉄灸は大型で網が置かれている。牡丹鍋の他に塩焼きの肉も食べたのである。

写真⑮は長野県下伊那郡大鹿村鹿塩、池田家の猪鹿などの獲物共食の部屋である。写真⑭と同様大きなイロリで、肉の食法に応じ、また、大きさに応じて串や鉄板がうまく処理できるよう、鉄棒が井桁に備えられている。部屋の正面には立派な三の又の角を持つ牡鹿の首の剝製が飾られている。

山形県西置賜郡小国町樋倉で熊をメルクマールとするマタギとして活躍した佐藤静雄さん（大正七年生まれ）は山中のマタギ小屋について次のように語っていた。マタギ小屋は二間に三間で、二

写真⑭　猪肉共食の炉座（高知県高岡郡檮原町茶屋谷、中岡家）

写真⑮　狩猟の獲物、鹿や猪を共食する部屋（長野県下伊那郡大鹿村鹿塩小字沢井、池田家）

間側の一方に入口を設け、イロリは中央に作った。通常の座位とは異なり、入口から奥を向いて右手が上位でヤマサキ（主領）の座、その向いが古参猟師の座、入口に近いところは新参、入口から風が入って寒いからである。入口の向いの座は煙がくるので若手の座と定められていた。自在鉤はなく、鍋は綱で吊った。綿のモモヒキの上に麻のタッツケをはき、上はドンブクと呼ばれる綿入れを着た。寝る時はカモシカの背皮をかけ、カモシカの手袋をはめた。最長二〇日間も山に居るので鬚とイロリの煤で真黒になった。

おおかたの日本人の暮らしの中からイロリが姿を消してから時が流れた。イロリの消滅、その纏う民俗の消滅という表現を使ってもよいと思う。イロリが持つ複合的な機能を徐々に分化させてきた状況についてはこれまで見てきた通りであるが、中心的機能である煮沸・焙焼機能と採暖機能の決定的な代替についてふれておく。自動炊飯器は一九五五年以降、電子レンジは一九九〇年代に九〇％普及。プロパンガスは一九五〇年代以降都市ガスが供給されない地域を中心に浸透し、一九六一年には都市ガスを上回ったとされる。現今はダイニングキッチンが一般化し、ＩＨクッキングヒーターも普及している。イロリの採暖機能は、一九六〇〜七〇年代、石油ストーブに座を譲り、電気炬燵は一九五五年以降に多くの家庭に入った。エアコン（空調設備）も一般化して久しい。

システムキッチン、ダイニングキッチンを組みこんでの母屋の建て替えが進む中でイロリの座の喪失は決定的になった。人がより快適な居住状況を求めるのは当然のことであり、われわれはその恵みを享受してきた。もはやこの流れを拒むことはできない。時に佇《た》ち止まってみて、イロリの消滅とは何だったのかについて考えてみることも必要であろう。懐旧の感傷ではなく、前に進むための示唆を掬いあげるためである。イロリの消滅は、人類始原の時代から続いてきた「火」との直接的なかかわりの喪失だと言ってよかろう。人は住まいの快適さを志向する中で、人と火の距離を次第に遠いものにしてきたのである。「火の不可触化」と「火の不可視化」が極端に進んだ。電気に代替された部分が多いのだが、その電源はいずれも遠い。こうした状況の中で、人は火に手をかざして暖を得ること、炎に照らし出される家族や仲間の表情を見ることもなくなり、団欒も減った。火の熱さも忘れ、焚木の香りも忘れた。灰に挿し立てられたゴヘイモチが狐色になり、鼻孔をくすぐる香ばしい匂いも遠い存在となった。火の観念化が進んでいるのである。一方、火の不可視化や不可触化は火に対する畏怖と感謝の念を忘却せしめた。密閉され、整った採暖条件で冬を過ごすことのできる現代人は、不じゅうぶんな衣料、隙間風を防ぎきれない住居、決してじゅうぶんではない食べ物で厳しい冬を過ごし、イロリの暖に心身を温めていた先人たちのイロリの火に対する思いにおのれの思いを及ぼすことはできない。

イロリの機能分化で最も注目すべき特色を示しているのは茶室とその炉ではなかろうか。イロリの持つ煮沸機能をふまえて接客機能に特化し、それを深化進展させたものである。炉を中心としての点茶の儀礼はもとより、室の設《しつら》い、掛軸や花に至るまでその総合性はみごとである。

茶室でない庶民の居間の炉辺での接客や語りについては先に述べてきた通りである。イロリの持つ複合的な機能やイロリが纏ってきた様々な民俗を多様な形で未来に継ぐことは可能なはずである。

茶の湯の炉に倣いたい。山形県米沢市六郷町の坂野家の例、写真⑧⑨に見るように、自在鉤と炉座の保存によってイエの記憶を定かにし、自在鉤の工芸を鑑賞し、ここを接客の場として継続することができる。岐阜県恵那市明智町の保母家の例、写真⑩⑪は庶民の茶室、庶民の炉であり、火の色も、釜の音も楽しめ、思索もでき、接客もできる。長野県飯田市八重河内の「いろりの宿・島畑」［写真⑫］、宮崎県東臼杵郡椎葉村松木の「森の民宿・龍神館」［写真⑬］は、営業の核にイロリを置いたものであるが、客からすれば、外部化したイロリとその纏う民俗にここで再会し、外部化した炉辺で団欒・交流を楽しむということにもなる。

前章「イロリと五感」の節で石川県白山市旧白峰村長坂家のイロリでホタの香りを恵まれたことを記した。ホタ、太い焚木の燃える時の暖色と匂いについて忘れがたいことがある。愛知県の奥三河のムラムラに伝承される「花祭り」は広く知られるところである。その魅力にとりつかれて毎年通ったり、徹夜を続けながらいくつかのムラの祭りに参じたりする者がおり、そうした外来者は「花ぐるい」と呼ばれる。自らそう称する者もいる。そして、夜を徹してのこの祭りの特色を「煙い、眠い、寒い」と表現する。「煙い」というのは、湯釜の火を焚く太いホタが一晩中継がれているからである。帰路につく頃には顔からコート、ズボンに至るまで、香ばしい木の香りが深く染みついている。長野県遠山谷の霜月祭りも同様である。たとえば、全く別のところ、白峰村の長坂家のイロリでホタの匂いを嗅いだ瞬間に、花祭りの鬼と「テーホへ　テホへ」という言葉が甦ってくるのである。

湯立ての竈、祭りの炉は神聖ではあるが共同体の火である。小正月のドンド焼き・トンド・左義長などの火も共同体にかかわる信仰の火である。こうした行事の火、火の行事を大切に守り継がなければならない。子供たちに火の力・火の美しさと恐ろしさを実感させたい。キャンプファイヤーや町内イベントの焚火でもよい、火を体感する機会を作りたい。

1――高取正男「座敷づくり」(『民俗のこころ』高取正男著作集3・法蔵館・一九八三年)。
2――穂積忠『叢』(白玉書房・一九五五年)。
3――野本寛一『「個人誌」と民俗学』(岩田書院・二〇一三年)。
4――文部省唱歌「冬の夜」『尋常小学校唱歌(三)』明治四五年(一九一二)三月(堀内敬三・井上武士編『日本唱歌集』岩波文庫・一九五八年)。
5――野村純一『昔話伝承の研究』(同朋社・一九八四年)。
6――ブルーノ・タウト『日本の家屋と生活』(篠田英雄訳・岩波書店・一九六六年)。
7――イザベラ・バード『イザベラ・バードの日本紀行』(時岡敬子訳・講談社学術文庫・二〇〇八)。
8――後藤総一郎『遠山物語』初出一九七九年(ちくま学芸文庫・一九九五年)。
9――柳田國男『後狩詞記』初出一九〇九年(『柳田國男全集』1・筑摩書房・一九九九年)。

追い書き

本書で扱っているような問題に心惹かれ始めたのは昭和五〇年代前半のことだった。静岡県出版文化会から刊行されている『母と生活』という雑誌に連載を依頼され、「庶民列伝――民俗の心をもとめて」という題で昭和五二年五月から五四年四月まで回を重ねた。それは、個人の語りに耳を傾けることから始まった。民俗学で扱う項目にこだわることなく、生い立ち・生業、それも自然環境との深いかかわり・戦争体験などの細部が語られ、そこから多くのことを学んだ。[*1] その後もライフヒストリー的な聞き書きを続けたのだが、そうした中で、民俗にかかわる部分をより多く聞きとる形をとり、これを「個人誌」と呼んできた。[*2] 民俗学の資料は個人の体験や伝承を聞きとることによって得られるものが多い。それらは、すべて語り手の記憶に基づくものである。

記憶は日々に遠のく。放置すれば風化の後に消えてしまう。記憶している人の命が果てれば記憶も消滅する。記憶の中には、当然のことながら秘めて幽界に持ち去って然るべきものもある。記憶の主体が個人である以上、語るべきか否かは個人の心次第である。しかし、中には共有すべき記憶もある。そう思われるものについては支障のない限りお話しいただいた。

柳田國男の著作の中には、『木綿以前の事』『火の昔』『明治大正史・世相篇』*3などのように「変容」に耳目を凝らし、時に、心情にまで心を寄せているものもある。人や家庭、社会のあり方に指針を示すものもある。今にして思えば、もっと早く、もっと本格的に柳田の試みた方法を継承すべきだったと思う。私が盛んに歩いていた頃には、若い日に読んだこれらの著作を内部に潜在させていると言うに過ぎなかった。積極的に意識化して進むべきだったのである。

聞きとりを続ける中で、「今聞いておかなければならない」という問題に気づき、焦燥感を抱き続けてきた。常に追われるような思いがあった。しかし、「近代の記憶」というテーマの意識化は決して強かったとは言えない。突き詰めてこなかった悔いは深い。民俗学的な調査方法は、常に〝時間との競争〟という宿命を帯びている。

私自身の記憶も日々色褪せ、朦朧としてきているものもある。今のうちに書きとめておくべきことも多い。

私が菅山村立国民学校（現静岡県牧之原市）に入学したのは昭和一八年（一九四三）のことだった。祖父は没し、父は戦死、伯父は南方に出征中、家をとりしきっていたのは祖母の千代（明治二六年生まれ）だった。入学祝いの膳には半分に切られた身欠鰊《みがきにしん》がのっていた。配給の品である。入学祝いは「スポーツマンナイフ」という耳なれない商標を捺されたナイフで、私がほしかった「肥後《ひご》守《かみ》」ではなかった。学校には奉安殿《ほうあんでん》があり、校舎の外壁の板張りには木製の巨大なプロペラが固定されていた。力自慢の高等科の男子たちがこれを力まかせに手動で回転させ、回転数を競っていた。そのプロペラは大井航空隊から寄贈されたものだと言われていた。

学校には「模型飛行機大会」という行事があった。学年ごとに階梯を踏まえた様式の模型飛行機を全員で作って飛行距離を競ったのである。一年生だけは学校に残り、二年生以上は相良《さがら》海岸に赴き、広い海浜で飛行機を飛ばした。一年生は、紙飛行機だが折紙式のものではなく、糊を使って貼る形だった。二年生は、色染めされた黍《きび》ガラを胴として厚紙で翼を作った。三年生は、長さ三〇センチほどの割箸状の木の先に板を型切りした木の錘《おもり》をつけ、翼はヒゴと紙で作ったグライダーだ。四年生は、胴木の先にプロペラをつけゴムを巻く形で、翼はヒゴと紙で作った。五年生は、胴も翼も四年生のものより大型にしたプロペラ機だったと思う。六年生は、グライダーで頭部の木の錘も大きく、胴は上下二本の細木の間に筋交いを波状に入れ、両翼には、ヒゴを支え、かつ翼に重みをつけるための木の小片を複数箇所に入れるというものだった。

高等科の生徒の模型飛行機は、国民学校の一、二年生にとっては巨大なものに見えた。それはグライダーで三角胴だった。三面を構造的に組んで紙を貼ったもので、主翼はとりわけ大きく、尾翼・垂直尾翼も立派だった。もちろん飛行距離も驚異的だった。下級生たちは、みな自分も早く、より大きい飛行機を作りたいと思ったのであるが、三角胴には皆特別の憧れを抱いていた。三角胴の優勝者は英雄だった。

学校では慰問袋に入れるために作文を書かされ、絵を描かされた。同級生の八木勝美君の作品は今でも記憶している。彼は、鉄兜をかぶった兵士を描いた。兵士の頬や口もとは黒いクレヨンで描かれた髭髯でおおわれていた。そして、その横に「戦地のおじさん栗のイガ」と書かれていたのだった。子供ごころに、その比喩表現のみごとさに驚かされた。

家の北方に向けて三キロほど進めばそこは牧之原台地である。そこに横須賀鎮守府所属の飛行場が建設された。昭和一七年（一九四二）三月完成、四月には第一三連合航空隊に編入され、大井航空隊と称された。練習航空隊に指定され、偵察教育がなされていた。練習機と呼ばれる赤い機体の小型機が吹き流しをつけて毎日家の上空を飛行して南に向かった。大人たちは、相良海岸の沖にある愛鷹岩《あしたかいわ》に向かって飛ぶのだと語っていた。愛鷹岩は八大竜王の島だと伝えられていた。

私の父は昭和一三年（一九三八）二月二八日、日中戦争で戦死していた。それは、私が満一歳にもならない時だった。したがって、私は父親に関する記憶を全く持っていない。学齢前後の私に対して、近隣の人びとや遠縁にあたる大人たちはよく次のように語りかけた。「お父さんの敵討《かたきう》ちをしなければならない」「大井航空隊に入って飛行機乗りになって仇を討つのだ」――異口同音のように聞かされた。家の後方に大井航空隊があったことも関係している。入学して一年、二年とたつうちに、自分の運動神経の鈍さを自覚するようになっていた。私は、子供ながら内心困惑した。「飛行機乗りには勉強もできて、運動神経も良くなければなれない」と聞いていたからである。子供である。平素はそんなことは忘れているのだが、大人たちから仇討ち話を聞かされると「自分には無理だろう」という思いが浮かんできて、かすかに心が疼いた。

一方、絵本の中には航空服の似合う兵士が夜空を仰ぐ凛々《りり》しい姿が描かれていた。そして傍には軍歌の歌詞が書かれていた。

恩賜の煙草いただいて　明日は死ぬぞと決めた夜は　荒野の風もなまぐさく　ぐっと睨んだ敵空に　星がまたたく二つ三つ——

歌詞は記憶しているし、今でも歌唱することができるのだから、よほど心に響いていたものだと思われる。

しかし、私が軍国少年になる前、国民学校三年生の夏に戦争は終わった。家の中のラジオから流れてくる玉音放送は裏庭の柿の木の下で聞いた。もとより意味は理解できなかった。「軍国少年以前」とも言うべき年齢だったのだが、私の心の中には幼い日の葛藤が古傷のように残っている。教科書に墨塗りもしたが、少年の私にとって釈然としなかったのは、国語の考査で旧字体を書いて数箇所罰点をもらったことだった。

高校二年生の頃だったろうか。めずらしく母が戦時中のことを口にした。——育った家の前方に滝谷という姓の農家があった。滝谷家の後継の長男善一さんが戦地から無事に帰還した。ムラびとたちが集まって賑やかに帰還・凱旋祝いをした。「滝谷善一君、凱旋万歳」——万歳三唱の声が聞こえた。母はその万歳の声を家の前の茶畑の中で聞き、しゃがみ込んで泣いたという。善一さんの帰還はムラびとと同様よろこばしいことなのだが、自分の夫はいくら待っても絶対に帰ってくることはないのだという思いがこみ上げてきて泣けたのだという。私がその母の気持を噛みしめることができたのは、『万葉集』の防人《さきもり》の歌を読んだ時だった。「防人に行くは誰《た》が夫《せ》と　問ふ人を見るが羨《とも》しさ　物思《ものも》ひもせず」（四四二五）という歌は心に沁みた。この「羨しさ」は深刻である。防人の歌には虚構性があるという説もあるのだが、万葉時代の悲しい「羨しさ」が近代にも存在したことは、人間として何とも情けないことだと思った。

父を戦争に奪われた私は、幼い頃から父がいないという前提で育ち、暮らしてきたので、それはごく自然のこととなり、苦痛を感じることはなかった。父のいないことに困惑を覚えたのは自分が父親になってからだった。――父親に肩車をしてもらったことも、手をつないでもらったこともない。怒鳴られたこともない。反面教師としての父親像すらないのである。父にかかわる感動が皆無である。「手探りでの父親」にしかなれなかった。とにかく父親像がないのだ。父親像が伝承されなかったのである。のみならず父親が伝えてくれるはずの伝承世界のすべてが断絶されたのである。長男が反抗期を迎えた頃、「たまには家に居てください」という妻の言葉に対して、「俺は親父なしで育った。父親が生きているだけで上等だ」と嘯《うそぶ》きつつ民俗を学ぶ旅を重ねてきた。ひどい父親だった。戦死の影響はその子供に及ぶばかりではなく、戦死者の孫、さらには曾孫にまで及ぶことがある。戦争の痕、そのおそろしさは、深く潜行し、尾を引くのである。

妻がある時呟いた。「満一歳にならない幼な子と別れて出征して行ったお父さんの気持ちはどんなだったでしょう」――戦地でわが子の成長を想像する。見たい。会いたい。会えない。――こうした思いを抱きながら戦地で倒れた不帰の父親は数えきれない。

平成二九年、私の母は父の命日一月二八日に一〇三歳で父のもとへ旅立った。母が保管していた父の遺品の中に私が見たことも聞いたこともなかった小さな手帳があった。それは、父が従軍中に折々のメモを記したものである。鉛筆書きの文字の中には薄くてよく読みとれない部分もあった。その手帳の中に、おそらく日中戦争中に兵士たちの間でひそかに歌われていたと思われる子守唄が記されていた。判読してみると、それは叙事性を帯びて六番まで続くものだった。

〽ねんねんころりよ　ねんねしな　坊やの父さん国のため　遠く戦《いくさ》に行きました
〽ねんねんころりよ　ねんねしな　戦闘済んで草に寝て　夢に坊やを見るでせう
〽ねんねんころりよ　ねんねしな　坊やの父さん強いから　きっと凱旋《がいせん》なさるでせう
〽ねんねんころりよ　ねんねしな　父さん土産《みやげ》は何かしら　小さい喇叭《らっぱ》か鉄兜《てつかぶと》
〽ねんねんころりよ　ねんねしな　もしも戦死なされたら　いえいえそんな事はない
〽ねんねんころりよ　ねんねしな　勝って帰った父さんは　大きくなったと言はれませう

夫を戦地に送り、幼子を守り育てる母の立場で作詞されたものだ。これを読んだ時、異国の戦地で、母国に残してきた幼いわが子を思う若い兵士の心が胸に迫った。八〇歳を超えた身に、全く記憶のない父の思いが深々と沁みた。

様々な子守唄に出会ってきたが、このような子守唄は全く耳にしたことがなかった。このような唄が歌われることがあってはならない。

街角でアコーディオンを弾き、ハーモニカを吹く白衣の傷痍《しょうい》軍人、松葉杖で電車の中に立つ白衣・戦闘帽の傷痍軍人、胸には傷痍軍人徽章が光っていた。おのおのの胸には深く複雑な思いを刻んでいたことであろう。その姿を見かけなくなってから久しい年月が流れた。

人びとは経済グローバル化の奔流にさらされ、競争原理は暮らしの隅々まで浸透しつつある。また、人口減少の波もひたひたと寄せている。そうした中で産業構造はこれまで見たこともない形に変容しようとしている。様々な格差が生じ、その固定化の兆《きざし》も語られる。

衣・食の外部化は進み、冠婚葬祭もまた外部化した。商業主義は華美な消費を煽り、虚飾に身を委ねる風潮も蔓延する。さらには、ＩＴやＡＩの進展に伴って思考や主体まで外化するのではないかと危惧される。こうした流れの中だからこそわれわれ自身の座標が問われるのであるが、それは個々の主体性の結集によって定まるはずだ。ここで方途を誤ると、近代以降も身分的な格差による苦渋を舐めた人びとと、戦いの犠牲になり、また苦難を受けた多くの人びとと、倹約を旨とし、地道に生きてきた先人たちの生き方――、その重い経験、記憶を無にすることになる。立ちどまって考えるべき時であろう。

1――野本寛一『庶民列伝――民俗の心をもとめて』初出一九八〇年（白水社・二〇〇〇年）。
2――野本寛一『「個人誌」と民俗学』（岩田書院・二〇一三年）。
3――柳田國男『木綿以前の事』初出一九三九年（『柳田國男全集』9・筑摩書房・一九九八年）、同『火の昔』初出一九四四年（『柳田國男全集』14・筑摩書房・一九九八年）、同『明治大正史・世相篇』初出一九三一年（『柳田國男全集』5・筑摩書房・一九九八年）。

＊　＊　＊

本書を構成する基礎資料には以下のものがある。

「環境と民俗連鎖」（近畿大学文芸学部『本川根町・千頭の民俗』一九九八年）
「木地屋終焉記」（近畿大学民俗学研究所『民俗文化』第一一号・一九九九年）
「茶業を中心とした生業要素の連鎖と複合」（近畿大学文芸学部『本川根町・上岸、藤川の民俗』二〇〇〇年）
「近代の記憶」（上野市『上野市史　民俗編・上巻』二〇〇一年）
「近代の記憶」（近畿大学文芸学部『近江八幡市・島学区の民俗』二〇〇二年）
右の基礎資料の収集執筆に際しては上野市市史編さん室・近江八幡市市史編纂室・本川根町教育

委員会・近畿大学文芸学部・同民俗学研究所の御支援を受けた。なお、本書所収に当たっては大幅な加除を行った。本書第Ⅱ部「イロリとその民俗の消滅」は書きおろしである。

本書が成るについては全国各地の人びとの御協力をいただいている。個人的な問題についても積極的に語って下さり、イロリの撮影などについても御快諾くださったこと、ありがたいことだった。ここに感謝のまことをささげたい。また、七月社を立ちあげたばかりの西村篤氏は、本書の内容を是とし、乱雑な手書きの原稿をお引き受けくださった。ここに感謝の心をこめて筆を擱く。

平成三〇年七月七日

野本寛一

[著者略歴]

野本寛一（のもと・かんいち）

1937年　静岡県に生まれる

1959年　國學院大學文学部卒業

1988年　文学博士（筑波大学）

2015年　文化功労者

2017年　瑞宝重光章

専攻——日本民俗学

現在——近畿大学名誉教授

著書——

『焼畑民俗文化論』『稲作民俗文化論』『四万十川民俗誌——人と自然と』（以上、雄山閣）、『生態民俗学序説』『海岸環境民俗論』『軒端の民俗学』『庶民列伝——民俗の心をもとめて』（以上、白水社）、『熊野山海民俗考』『言霊の民俗——口誦と歌唱のあいだ』（以上、人文書院）、『山地母源論1・日向山峡のムラから』『山地母源論2・マスの溯上を追って』『「個人誌」と民俗学』『牛馬民俗誌』『民俗誌・海山の間』（以上、「野本寛一著作集Ⅰ～Ⅴ」、岩田書院）、『栃と餅——食の民俗構造を探る』『地霊の復権——自然と結ぶ民俗をさぐる』（以上、岩波書店）、『大井川——その風土と文化』『自然と共に生きる作法——水窪からの発信』（以上、静岡新聞社）、『自然災害と民俗』（森話社）、『季節の民俗誌』（玉川大学出版部）、『民俗誌・女の一生——母性の力』（文春新書）、『神と自然の景観論——信仰環境を読む』『生態と民俗——人と動植物の相渉譜』（以上、講談社学術文庫）、『食の民俗事典』（編著、柊風舎）、『日本の心を伝える年中行事事典』（編著、岩崎書店）ほか

近代《きんだい》の記憶《きおく》——民俗《みんぞく》の変容《へんよう》と消滅《しょうめつ》

2019年1月22日　初版第1刷発行
2019年4月10日　初版第2刷発行

著　者……………………野本寛一
発行者……………………西村　篤
発行所……………………株式会社七月社
〒182-0015　東京都調布市八雲台2-24-6
電話・FAX　042-455-1385
印　刷……………………株式会社厚徳社
製　本……………………榎本製本株式会社

Printed in Japan　ISBN 978-4-909544-02-5　C0039